히틀러의 모델, 미국

미국의 인종법은 어떻게 나치에 영향을 미쳤는가

히틀러의 모델, 미국

미국의 인종법은
어떻게 나치에 영향을 미쳤는가

제임스 Q. 위트먼 지음
노시내 옮김

마티

국립중앙도서관 출판예정도서목록(CIP)

히틀러의 모델, 미국: 미국의 인종법은 어떻게 나치에 영향을 미쳤는가
제임스 Q. 위트먼 지음; 노시내 옮김.
— 서울: 마티, 2018
240p.; 152×225mm

원표제: Hitler's American model : the united states and the making of nazi race law
원저자명: James Q. Whitman
색인수록
영어 원작을 한국어로 번역
ISBN 979-11-86000-64-9(03340): ₩15,000

인종 차별 주의[人種差別主義]
나치 주의[--主義]
미국(국명)[美國]

342.3-KDC6
320.56-DDC23
CIP2018015391

일러두기

— 원서에서 이탤릭으로 표기된 부분 중 저자가 강조한 내용에 한해 밑줄로 표기하였다.
— 미주는 모두 저자의 것이며, 옮긴이 주는 본문 괄호 안에 삽입하고 '옮긴이'라고 표기하였다.

루이스 B. 브로드스키의 유령에게 바침

독일어 원문 번역 및 인용에 관하여   9

서론   11

1장 나치 깃발과 나치 시민의 창조   29
제1 뉘른베르크법: 뉴욕 유대인과 나치 깃발에 관하여   32
제2 뉘른베르크법: 나치 시민 창조하기   41
미국: 인종차별적 이민법의 세계적 선도자   46
미국의 이등시민권   50
나치가 힌트를 얻다   55
시민법 수립 과정: 1930년대 초반의 나치 정책   60
나치가 미국식 이등시민권을 고려하다   70
미국 시민법에 나치가 기울인 관심에 관하여   80

2장 나치 혈통과 나치 명예의 수호   85
혈통법 수립 과정: 거리 충돌과 정부 부처 내 갈등   93
거리 충돌: "명료한 법"에 대한 요청   94
정부 부처 내 갈등: 프로이센 제안서와 미국의 사례   96
보수 법률가들의 저항: 귀르트너와 뢰제너   99
1934년 6월 5일에 열린 회의   105
나치의 미국법 지식의 출처   124
미국의 영향에 대한 평가   135
"잡종"에 대한 정의: 한 방울 규칙과 미국 영향의 한계   138

결론 나치의 눈에 비친 미국　　　　　　　　　　143

　세계 인종주의 역사에서 차지하는 미국의 위치　　149

　나치즘과 미국식 법문화　　　　　　　　　　　　158

감사의 말　　　　　　　　　　　　　　　　　　175

추가로 읽어볼만한 문헌　　　　　　　　　　　　177

옮긴이의 글　　　　　　　　　　　　　　　　　　183

주　　　　　　　　　　　　　　　　　　　　　　187

찾아보기　　　　　　　　　　　　　　　　　　　227

독일어 원문 번역 및 인용에 관하여

독일어 자료는 따로 주가 없는 한 모두 저자가 직접 번역한 것이다. 독자는 http://press.princeton.edu/titles/10925.html에서 주요 부분을 살펴볼 수 있다. 특히 2장에서 상세히 논의되는 1934년 6월 5일 회의록은 독일 형법과 형사소송법의 역사를 기록한 *Jürgen Regge and Werner Schubert, eds., Quellen zur Reform des Straf-und Strafprozeßrechts*(Berlin: De Gruyter, 1988)을 참조했다. 이 문헌의 제2권(vol. 2: 2, pt. 2)에는 회의록의 원본과 나중에 회의 참석자들이 간추린 축약본이 모두 실려 있다. 회의록은 일종의 속기록으로 원본 전체를 인용하기에는 지나치게 길어 발췌 인용했음을 미리 알려둔다.

서론

이 법리는 하나만 제외하면 우리에게 완전히 최적입니다.
저 나라 사람들은 오로지 유색인종과 메스티소나
물라토 같은 혼혈인에게만 관심이 있습니다.
그러나 우리의 관심사인 유대인은
유색인종에 포함되지 않습니다.

— 롤란트 프라이슬러, 1934년 6월 5일

아돌프 히틀러가 제국의 총통이 된 지 약 1년 반이 지난 1934년 6월 5일, 나치 독일의 저명한 법률가들이 모여 회의를 열었다. 나치 인종주의 정권의 악명 높은 반유대주의 법인 뉘른베르크법의 입법을 기획하는 회의였다. 의장은 프란츠 귀르트너 제국 법무부 장관이었고, 앞으로 수년간 독일 유대인 핍박에 핵심 역할을 담당할 여러 관료가 이 회의에 참석했다. 뉘른베르크법의 초안 작성을 주도한 베른하르트 뢰제너, 그리고 이후 나치 인민재판소장으로서 20세기 야만적 사법제도의 대명사로 두고두고 꼽히게 되는 무서운 인물 롤란트 프라이슬러도 이 자리에 참석했다.

중요한 회의였으므로 성실한 나치 관료들은 새로운 인종정책의 탄생이라는 결정적 순간을 기록하고 보존하기 위해 속기사에게 실시간으로 회의록을 작성케 했다. 이 회의록이 드러내는 놀랄만한 사실은 이 연구의 출발점이기도 하다. 회의에는 미국법에 관한 길고 상세한 논의가 포함되어 있었다. 회의 앞머리에서 귀르트너 법무장관은 미국 인종법에 관한 보고서를 발표했다. 법무부 관료들이 이 회의를 위해 특별히 세심하게 준비한 자료였다. 또한 회의 중에 참석자들은 반복해서 미국식 인종주의 법 모델을 거론했다. 특히 놀라운 점은 회의 참석자 중에서도 가장 과격한 나치들이 미국식 접근법을 독일에 적용할 것을 가장 열렬히 주장했다는 사실이다.

앞으로 살펴보겠지만, 미국 인종주의 법에 대한 나치의 관심을 기록한 문헌은 이 회의록 말고도 더 있다. 1920년대 말에서 1930년대 초 사이에 히틀러 본인을 비롯한 수많은 나치들이 미국의 인종주의 법률에 진지하게 관심을 기울였다. 실제로 히틀러는 자서전 『나의 투쟁』에서 미국이야말로 뉘른베르크법이 목표로 하는 종류의 건전한 인종주의 질서 창조에 진전을 본 "유일한 국가"라고 칭찬했다.

이 책의 목적은 뉘른베르크법 제정 과정에서 나치가 미국 인종주의 법에서 영감을 얻으려 애썼던 잘 알려지지 않은 역사를 기록하고, 그 사실이

나치 독일, 인종주의 근대사, 그리고 특히 미국에 관해 우리에게 어떤
시사점을 주는지 묻는 데 있다.

유대인과 기타 집단에 대한 나치의 박해와 대학살은 20세기 최고의 끔찍한
죄악으로 우리 모두에게 각인되어 있기에 나치 정책 입안자들이 미국
정책에서 어떤 식으로든 영감을 얻었다는 개념은 너무나 불쾌한 상상일지
모른다. 게다가 타당성도 없어 보인다. 아무리 미국에 부인할 수 없는
결점이 있다 해도 우리는 미국을 파시즘과 나치즘을 상대로 싸워 1945년에
결국 승리를 거둔 자유와 민주주의의 본고장으로 인식하기 때문이다. 물론
나치가 득세하던 시대에 미국이 인종차별 국가였다는 점, 특히 짐 크로
인종분리법을 시행하던 남부에서 인종차별이 심했다는 점은 누구나 아는
사실이다. 1930년대에 나치 독일과 미국 남부는 남부 출신 두 역사학자의
표현을 빌리면 "거울에 비치는 이미지"였다.[1] 그 둘은 뻔뻔하고 무자비하기
이를 데 없는 인종차별 정권이었다. 1930년대 초반에 독일 유대인은
폭도들과 정부에 박해당하고 구타당하고 종종 살해당했다. 같은 시기에
미국 남부의 흑인도 박해당하고 구타당하고 종종 살해당했다.[2]

　　그럼에도 미국법이 나치의 인종박해 정책에 직접 영향을 주었을지
모른다는 생각은 선뜻 수긍이 안 된다. 아무리 1930년대 인종주의
정권들 사이에 유사점이 있었고, 아무리 미국 인종차별의 역사가
지독했다 하더라도, 우리는 나치즘을 궁극적으로 어디에도 비교할 수
없는 끔찍한 현상으로 여기는 일에 익숙하다. 나치가 저지른 범죄는
"네판둠"(nefandum), 이른바 "극악"으로의 가공할 타락이다. 미국이
히틀러에게 어떤 식으로든 영감을 제공했다는 상상은 아무도 하고 싶어
하지 않는다. 어떤 경우에도 나치가 인종주의에 관해 한 수 배우겠다고

다른 나라를 살펴볼 필요가 있었다고는 도저히 믿기지 않는다. 더구나 아무리 미국에 결점이 있었다 한들 나치가 하필이면 자유에 기반을 둔 위대한 헌법 전통의 본거지를 참조했을 가능성은 미미하지 않겠는가.

그래서 그런 주장을 하는 사람은 지금껏 거의 없었으나 마크 마조워가 2008년에 펴낸 『히틀러의 제국』중 예리한 한 문단은 주목할만한 예외였다.[3] 다른 학자들은 미국은 당연히 나치의 인종법에 직접 영향을 주지 않았거나 적어도 유의미한 영향을 끼치지는 않았다며 우리 대다수가 이미 당연한 사실로 치는 것을 힘주어 강조했다. 두 나라에 어떤 유사점이 있었든 간에 나치는 극악무도한 행위를 스스로 주도했고 미국은 히틀러에게 아무 힌트도 주지 않았다는 것이다. 이 문제에 가장 지속적인 관심을 기울인 사람은 독일 변호사 안드레아스 레트마이어다. 뉘른베르크법에 관한 그의 1995년 박사학위 논문에는 나치가 미국법을 참고했음을 보여주는 수많은 자료 중 일부를 연구한 내용이 담겨 있다.[4] 자료를 검토한 레트마이어는 나치에게 미국은 인종차별법이 있는 국가의 "모범 사례"였다는 당혹스러운 판결을 내렸다.[5] 하지만 미국이 뉘른베르크법에 영향을 주었다는 것은 "사실과 다를 뿐 아니라 완전히 잘못된 생각"이라고 그는 강력히 주장했다. 미국은 어쨌거나 유대인을 "백인종"으로 분류했고, 나치가 보기에 그것은 대실수였다는 것이 그의 논거였다.[6]

다른 학자들도 비슷한 결론을 내렸다. 예를 들어 미국 법역사학자 리처드 번스틴은 이렇게 적고 있다. "나치 논객과 '법률가'들이 드물게 잠깐씩 짐 크로 법을 참고했던 일은 내가 볼 때 지적 영향의 실제 출처라기보다는 비난을 모면하려고 자생적 법규 및 정책과 대충 관련 있어 보이는 선례를 끌어대려는 시도에 불과했다."[7] 이와 비슷하게 잘츠부르크 대학교의 마르쿠스 항케 교수도 "미국 인종분리법의 영향은 그다지 중요하지 않았다"고 주장한다.[8] 최근에는 옌스-우베 귀텔이 2012년 저서에서 나치 정책에 있어서 "미국 인종분리법은 놀랍게 사소하다"고 언급했다. 나치는 미국을 시대에 뒤떨어진 자유주의 세계관에서 도무지 헤어나오지 못하는 나라로 간주했다고 귀텔은 주장한다.[9] 미국이 영향 요인으로 지목될만한 이유가 없다는 것이다. 이 학자들은 모두 나치가 미국법을 거론했던 일을 잘 알고 있다. 하지만 나치가 그런 발언을 한 것은 국제사회의 비난에 직면해 자신들의 인종차별 정책과 비슷한 정책이 다른 나라에도 존재한다는 그럴듯한 구실을 내세우기 위함이었다고 공통된 의견을 제시하며 듣는 이를 안심시킨다.[10] 나치는 미국을 비아냥거리려 했지 배우려 했던 것은 아니라는 주장이다.

그러나 자료를 냉정히 살피면 좀 다른 그림이 그려진다. 상상만 해도 혐오스럽지만, 나치가 미국의 인종법 사례에 지속해서 상당히, 때로는 심지어 열렬히 관심을 쏟은 것이 사실이다. 미국 사례를 배우는 일은 나치에게 아주 확실한 관심사였다. 앞으로 살펴보겠지만, 사실상 미국 모델을 활용하자고 가장 활발히 주장한 자들은 나치 중에서도 가장 극렬한 계파였다. 나치의 미국법 참조는 결코 드물거나 잠깐씩이 아니었고, 정책 입안이라는 맥락에서 이루어진 나치의 미국법 논의는 국제사회에 제시할 나치 정권의 프로파간다를 고안하는 것과는 아무 상관이 없었다. 더 중요한 사실은, 미국 남부의 짐 크로 법이 나치 법률가들의 관심을 끈 유일한 사례이기는커녕 일차적인 핵심 사례조차 아니었다는 점이다. 1930년대 초에 나치는 미국 연방과 각 주의 다양한 사례를 참고했다. 나치가 참조한 미국은 남부만이 아니라 그보다 훨씬 더 광범위한 차원의 인종주의 국가 미국이었다. 게다가 역설적인 사실은 나치가 미국의 행태를 지나치게 무자비하다고 생각해 미국의 사례를 거부한 일도 있었다는 점이다. 1930년대 초 나치의 눈에는 심지어 과격파가 보기에도 미국 인종법이 종종 극심하게 인종주의적으로 보였다.

여기서 바로 강조해야 할 사실은 나치가 결코 이구동성으로 미국을 예찬하지 않았다는 점이다. 나치는 자유주의와 민주주의에 대한 미국 정부의 확고한 의지에 극렬한 거부 반응을 보였다. 나치는 중부유럽에 미국을 단순히 복제해놓는 일에는 전혀 관심이 없었다. 그럼에도 나치 법률가들은 미국을 인종차별법 창조에 있어서 혁신적인 세계 선도자로 여겼고, 또 그렇게 여길만한 근거도 없지 않았다. 나치가 보기에 개탄할 점이 많았지만, 모방할 점도 많았다. 실제로 뉘른베르크법 자체가 미국의 영향을 직접 받았을 가능성이 있다.

나치가 미국의 인종법에서 영감을 얻어 자기들 나름의 인종주의 박해 정책을 고안했다는 명제는 확실히 고역스럽다. 나치즘의 범죄에 조금이라도 연루되고 싶은 사람은 아무도 없다. 그러나 사실 나치의 역사를 꼼꼼하게 공부한 사람이라면 대단히 놀랄 일도 못 된다. 최근 몇 년 동안 역사학자들은 미국의 다양한 관행, 정책, 업적이 나치의 관심과 심지어 경탄을 자아냈다는 상당한 증거를 연구해 발표했다. 나치는 특히 정권 초기에 미국을 명백한 이념의 적으로 결코 간주하지 않았다.

　　부분적으로 나치는 지구상의 다른 여러 나라와 똑같이 꽤 순진한 이유에서 미국에 기대감을 드러냈다. 미국은 강하고 부유하고 창의적이어서 미국을 가장 미워하는 적들조차 그 나라에서 우러러볼만한 점을 발견했다. 1918년부터 대략 한 세기 동안 미국의 찬란함은 거부하기 어려운 매혹이었다. 2차 세계대전 이전의 독일 인종주의자들은 1차 세계대전 이후 미국이 "세계 정상의 강국"으로 떠올랐다고 여겼다.[11] 그러니 나치가 비록 미국 사회의 자유민주주의 의지를 조롱하면서도 한편으론 다른 나라들처럼 세계 최강국에서 무슨 교훈을 얻을 수 있을지 탐색한 것은 의외라고 할 수 없다. 다른 나라들처럼 나치도 미국의 정력적인 산업 혁신과 다채로운 할리우드 문화에 감탄했다(그러나 미국 문화에 관한 나치의 흥미는 "흑인 음악" 재즈에 대한 혐오감 때문에 크게 반감되었다).[12] 특히 히틀러는 『나의 투쟁』에서 미국이 창출해낸 "풍성한 발명품들"에 경탄을 표했다.[13] 이는 나치 독일 특유의 현상이 아니었다.[14]

그러나 역사학자들은 나치의 관점과 목표에 미국의 몇몇 측면이 특별히 매력적이었다고 밝힌 바 있다. 그중 일부는 1930년대 초 미국의 정치 상황과 관련이 있었다. 1930년대 초반에 나치가 프랭클린 루스벨트의 뉴딜 정책을 빈번히 칭찬했다는 묘한 사실은 잘 알려진 지 오래다. 1936년이나 1937년까지도 나치 언론은 루스벨트를 총통의 기상으로 "독재 권력"을 장악하고 "담대한 실험"에 나선 인물로 칭찬하며 눈에 띄게 호의적으로 평가했다.[15] 1930년대에 독일에서 종종 "파시스트 뉴딜"로 불리던 뉴딜 정책은 대체로 긍정적으로 언급되었다.[16] 나치가 유대인 출판업자로부터 빼앗아 일종의 나치판 『라이프』로 변질시킨 고급 주간지 『베를리너 일루스트리르테 차이퉁』은 루스벨트를 영웅화하는 사진을 여러 장에 걸쳐 게재했고,[17] 히틀러 청소년단의 소식지 『의지와 권력』 같은 저질 나치 신문은 루스벨트를 "우리의 총통처럼 기강 있는 당 유격부대"만 갖춘다면 절대로 실패하지 않을 "혁명가"로 묘사했다.[18] 한편 루스벨트는 독일 유대인 박해를 염려하고 "독재자들"을 강하게 비판하면서도 1937년까지, 심지어 1939년까지도 히틀러를 따로 지목해 비난하는 일을 조심스럽게 자제했다.[19] 그렇다고 1930년대 초에 두 나라 정부 사이에 깊은 친선 관계가 있었던 것은 아니지만 아직 무조건적 적대감이라는 먹구름이 독미 관계에 확실하게 드리웠던 것도 아니다. 이와 관련하여 정치학자 아이라 캐츠넬슨이 최근 강조한 대로 뉴딜 정책이 인종분리 정책을 시행하던 미국 남부의 정치적 지지에 심하게 의존했다는 점에 주목할만하다.[20] 1930년대 초 북부와 남부의 민주당원들은 상당히 좋은 관계를 유지하고 있었고, 뒤에서 다루겠지만 바로 이 시기에 나치는 백인

우월주의라는 공통의 이념을 기반으로 미국과 "친선 관계를 도모할" 수 있기를 고대했다.[21]

물론 나치 독일 언론이 미국 뉴딜 정책에 보인 호의의 중요성은 대수롭지 않게 치부할 수 있다. 히틀러가 루스벨트로부터 영감을 얻어 독재자가 됐다고 주장하는 사람은 없고, 루스벨트도 어쨌거나 헌신적인 민주주의자로서 불길한 긴장의 시대에 입헌 정치를 수호했다.[22] 설령 미국과 독일이 둘 다 대공황이라는 거대한 도전에 직면하여 비슷하게 "담대한 실험"을 시행했다 하더라도, 그 사실 때문에 양국이 자동으로 친밀한 동반 관계가 되는 것은 아니다.[23] 그리고 나치가 미국 남부의 인종주의를 어떻게 바라보았든 간에, 남부 백인들은 대체로 히틀러를 지지하지 않았다.[24] 아무리 나치가 뉴딜 시대의 미국을 잠재적 동맹국으로 간주했다 해도, 그 사실이 당시 미국이라는 나라의 실체가 어땠는지를 반드시 알려준다고 할 수는 없다.

그렇지만 ─ 독미 관계에 관한 최근 연구들이 바로 이 부분에서 더 큰 곤혹감을 안겨주는데 ─ 역사학자들은 가장 확실하게 범죄에 해당하는 나치의 정책, 특히 나치 우생학과 나치의 살기등등한 동유럽 점령에서도 미국의 영향을 포착해냈다.

우생학부터 살펴보자. 유전적 결함 없는 "건강한" 사회 건설을 목표로 하는 무자비한 우생학 정책은 1930년대에 나치가 품은 야심의 핵심을 차지했다. 나치 정권은 집권하자마자 유전적 결함이 있는 자녀 출산 금지법을 통과시켰고, 1930년대 말에는 가스를 이용한 처형을 포함해 홀로코스트의 전 단계라 할 수 있는 체계적인 안락사 정책을 시행했다.[25] 이제 우리는 이 참사의 배경에 미국 우생학 운동에 대한 꾸준한 관심이 도사리고 있었다는 사실을 알고 있다. 역사학자 슈테판 퀼의 1994년 저서 『나치와의 연관성: 우생학, 미국 인종주의, 독일 국가사회주의』는 1930년대 말까지 미국의 우생학 옹호자들과 나치 우생학 옹호자들 간에 활발한 상호 교류가 있었고, 실제로 나치가 미국을 "모델"로까지 바라보았다는 점을 밝혀 세상을 깜짝 놀라게 했다.[26] 양차 세계대전 사이 기간에 미국은 단순히 조립 라인 대량생산과 할리우드 대중문화 부문에서만 세계를 선도한 것이 아니었다. 미국은 역사학자 로스롭 스토더드와 『위대한 인종의 소멸, 또는 유럽 역사의 인종적 기반』을 펴낸 매디슨 그랜트 변호사 같은 인물들이 이끄는 이른바 "과학적" 우생학 분야에서도 국제적 선도자였다. 이들은 정신박약자를 거세하고 유전적으로 열등하다고 여겨지는 이민자의 유입을 차단하자고 주장했다. 이들의 가르침은 미국뿐 아니라 영국, 오스트레일리아, 캐나다, 뉴질랜드 등 다른 영어권 국가의 이민법에도 반영되었다.[27] 퀄은 미국의 우생학이 나치 독일에도 강력한 영향을 주었고, 독일에서 그랜트, 스토더드 및 기타 미국 우생학 옹호자들의 저작물을 인용하는 일이 다반사였다고 밝혔다.

물론 우생학과 관련해서도 그 중요성을 축소하려 들자면 충분히 그럴 수 있다. 미국 우생학 옹호자들은 가증스럽기는 해도 대대적인 안락사를 주장하지는 않았고, 나치가 극도로 살인적인 방향으로 돌진하기 시작하던 1930년대 말은 미국 우생학과의 직접적인 연관성이 옅어진 시기였다. 어차피 우생학은 당시 꽤 존중받을 만한 이론으로 간주되어 미국과 나치 독일의 국경을 훌쩍 넘어 널리 확산되던 하나의 국제 운동이었다. 세계 우생학의 역사는 독미 관계 내로만 한정해서 설명할 수 없다. 그러나 미국 사례에 대한 나치의 관심은 1930년대 초 우생학에서 멈추지 않는다. 역사가들은 1940년대 초의 악몽 같은 홀로코스트 기간에도 같은 경향을 포착했다.

바로 여기서 가장 곤혹스러운 증거가 일부 드러난다. 역사학자들은 나치의 동방 팽창정책이 미국이 서부 정복 과정에서 원주민을 상대로 벌인 전쟁에서 영감을 얻은 것임을 밝혔다. 우생학과 달리 이 부분은 좀 더 독미 관계에 한정되는 이야기다. 나치는 독일이 동쪽으로 영토를 집어삼키며 확장을 도모하여 "레벤스라움"(Lebensraum), 즉 "생활권"을 확보해야만 한다는 사명감에 시달렸고, 이때 "독일 제국주의 세대와 히틀러 본인에게 모범이 된 제국은 미합중국"이었다.[28] 나치의 눈에 미국은 영국과 나란히 "인종적으로 동류이자 대제국 건설자로서 존중받아야 할" 나라로 자리매김했다.[29] 나치가 보기에 영국과 미국은 둘 다 장대한 정복 사업에 나선 "노르딕 인종의" 정치체였다.

벌써 1928년에 실제로 히틀러는 "홍인종 수백만을 총살해 그 수를 몇십만으로 줄였고 요즘은 얼마 안 되는 잔존 인구를 우리에 가두고 감시하는"[30] 미국의 방침을 칭찬하는 연설을 했다. 그리고 1940년 초 대량 학살의 시기에도 나치 지도자들은 자기들의 무자비한 동유럽 점령을 언급할 때면 꼭 미국의 서부 정복을 함께 들먹이곤 했다.[31] 역사학자들은 독일의 대외 정복과 말살 정책을 미국의 서부 영토 확장에 비유하는 히틀러와 다른 지도자급 인사들의 수많은 언급을 모아 정리했다. 이 인용문들을 읽고 있으면 오싹할 지경인데 이런 사실의 중요성을 부인하려 드는 역사학자도 있다.[32] 그러나 대다수 학자는 부인하기에는 증거가 너무 묵직하다고 여긴다. 예컨대 노먼 리치는 "미국의 서부 확장"은 "백인이 '열등한' 원주민을 무자비하게 밀어내던 과정이며, 이것이 히틀러의 '레벤스라움' 개념 전체에 모델 역할을 했다"고 힘주어 결론 내린다.[33]

이 모든 사실을 조합하면 나치가 미국 사례에 얼마나 큰 관심을 보였는지에 대한 하나의 이야기가 구성된다. 조심스럽게 풀어놓아야 할 이야기다. 신중한 단서를 붙이지 않은 채 미국을 나치 독일의 "결정적인" 모델로 규정하는 일은 분명히 지나치다. 그러기에는 미국을 향한 나치의 태도가 양면적이었고 나치의 정책들도 토착적 기반에 근거하는 경우가 너무 많았다. 앞으로 살펴보겠지만, 미국은 적어도 그 장점이 빛을 발하는 순간에는 나치가 몹시 혐오하던 것들을 너무 많이 체현하는 나라였다. 나치가 아무리 미국에서 선례와 유사점과 영감을 찾아냈다

할지라도 결국은 독자적으로 제 갈 길을 찾아갔다. 그럼에도 이 모든 연구 업적들에서 엄연히 드러난 사실은, 나치가 미국에서 선례와 유사점과 영감을 정말로 찾아냈다는 점이다.

이런 배경을 고려하여 나는 독자들이 이 책이 제시하는 증거를 곰곰이 생각해주기를 부탁한다. 나치가 인종박해 정책을 뉘른베르크법에 명시하려고 계획하던 1930년대 초, 그들은 헨리 포드가 대중을 위해 자동차를 대량생산하던 방식, 할리우드가 대중적인 영화 시장을 구축하던 방식, 프랭클린 루스벨트의 통치 방식, 미국식 우생학, 미국의 서부 확장에만 큰 관심을 보인 것이 아니라 미국의 인종차별법 제정 기법과 법리에서도 배울 점을 찾았다.

　이제껏 학자들이 이 역사를 기술하지 못했던 이유는 두 가지다. 그들은 엉뚱한 곳을 들여다보았고, 잘못된 해석 도구를 이용했다. 첫째로, 학자들은 번지수를 잘못 찾고 있었다. 귀텔이나 항케 같은 학자들은 확연히 미국적인 맥락에서 문제를 제기했다. 미국인들은 과연 "짐 크로 법"이 나치에 영향을 주었는지를 질문한다. 여기서 "짐 크로 법"이란 미국 남부에서 시행되고 1950년대 초에서 1960년대 중반까지 미국 민권운동의 투쟁 대상이었던 교육, 대중교통, 주거 등에서의 인종분리 방침을 의미한다. 미국의 인종분리법이 나치에 영향을 주었는지 연구하던 귀텔과 항케는 영향이 미미하거나 없었다고 결론 내린다. 너무 성급한 결론이었다. 나치는 미국의 인종분리 정책에 대해 알고 있었고 관심도 있었다. 나치 중 일부는 짐 크로 법을 독일에 도입할 가능성에 분명히 흥미를 느꼈다. 중요한 강령을 담은 나치의 문서가 짐 크로 인종분리법을 예로 들어 자기들 주장의 근거로 삼았고, 주요 나치 법률가들이 독일에도 비슷한 법을 도입해야 한다고 심각하게 제안했다.**34** 그러나 귀텔과 항케가 내린 결론의 주된 문제점은 이들이 잘못된 질문에 답하고 있다는 점이다. 인종분리는 여기서 가장 중요한 문제가 아니다.

사실 나치 정권에게 미국 남부식 인종분리는 별 관심사가 아니었다. 이유는 간단하다. 나치 정책에서 인종분리는 그다지 핵심 사항이 아니었기 때문이다. 뉘른베르크법은 인종분리에 관해 아무 말이 없다. 1930년대 초 나치 정권의 입장에서 더 시급한 관심사는 다른 두 분야였다. 하나는 시민권, 다른 하나는 섹스와 생식이었다. 나치는 인종 오염을 방지하기 위해 "각국은 자국의 인구를 순수하고 혼혈이 아닌 상태로 유지할 권리를 보유한다"**35**라는 명제에 헌신적이었다. 이들은 그 목표를 위해 확실한 인종 구분에 근거한 시민권 체제를 확립하겠다는 결의를 굳혔다. 더 나아가 유대인과 "아리안족"의 혼인을 금지하고 두 공동체 구성원 간의 혼외정사를 범죄화하기로 작정했다.**36**

이 두 측면에서 나치는 미국법의 선례와 권위를 발견하고 반겼다. 나치가 종종 강조했듯 1930년대의 미국은 인종차별 입법에 관한 한 선두에 서 있었다. 1924년 이민법(Immigration Act of 1924)으로 절정을 이루는 일련의 미국 이민 및 귀화법은 "출신 민족"을 따지는 인종 구별표에 의거하여 미국 입국 가능 여부를 정했다. 히틀러도 『나의 투쟁』에서 인종을 구분하는 미국 이민법을 칭찬했으나 미국 법학자들은 그 구절을 묘하게 도외시해왔다. 주요 나치 법률 사상가들도 히틀러를 본받아 반복해서 그 사실에 대해 열변을 토했다. 또한 미국은 법률상으로나 실질적으로 흑인, 필리핀인, 중국인 등의 집단에 적용할 일종의 이등시민 지위를 창조하는 데 선도적이었다. 나름의 형식으로 유대인을 이등시민으로 만들기에 여념이 없었던 나치에게 그 점 역시 지대한 관심사였다. 혼혈 문제에 관해서도 미국은 선두를 달렸다. 미국은 혼혈금지법(anti-miscegenation law)의 모범을 제공했다. 나치 법률가들은 미국 남부뿐 아니라 전국 30개 주의 정책을 꼼꼼히 조사하고 분류하고 토론했다. 나치는 미국 말고는 모델로 삼을 혼혈 관련 법률이 있는 나라를 찾아내지 못했다. 첫머리에서 언급한 1934년 6월 5일 회의에서 귀르트너 법무부 장관도 그 사실을 강조했다. 이민, 이등시민권, 혼혈에 관한 한 미국은 과연 고도로 정교하고 가혹한 인종차별법을 갖춘 "모범 사례" 국가였다. 나치 법률가들은 뉘른베르크법 제정 과정과 이후 해당 법률의 해석과 적용에도 미국 모델과 선례를 반복해서 참조했다. 이 사실은 결코 "놀랍게 사소하다"고 할 수 없다.

　　나치의 입법 과정에 미국이 영향을 주었을 가능성을 무시하는 학자들의 또 다른 문제점은 자기 주장을 증명하기 위해 잘못된 해석 도구를 사용했다는 점이다. 이제껏 우리 문헌들은 둔감한 해석적 접근법을 취했다. 다시 말해 직접적이고, 변형이 없고, 심지어 원본 그대로의 모방일 때에만 비로소 "영향"을 논할 수 있다고 전제했다. 미국의 인종차별법이 특별히 유대인을 겨냥하지 않았으므로 나치에게 영향을 주었다고 볼 수 없다는 레트마이어의 자신 있는 주장도 바로 그와 같은 전제에서 나왔다. 항케도 마찬가지다. 1930년대 초의 독일법은 "가스실로 향하는 계단의 첫걸음"[37]이었다는 점에서 나치법은 미국법과 다르다고 선언한다. 단순히 "분리하되 평등하다"(separate but equal)는 원칙을 적용하는 미국 인종분리법과는 달리, 독일법은 말살 정책의 일부였다는 논리다. 그러나 항케뿐 아니라 여러 학자가 제시하는 이 같은 주장은 그 역사적 전제에 오류가 있다.[38] 뉘른베르크법의 입안자들이 1935년에 이미 유대인 말살을 목표로 했다는 전제는 절대로 사실이 아니다. 나치의 초기 정책은 유대인을 국외로 추방하거나 아니면 적어도 국내에서 주변부로 소외시키는 데 중점을 두었고, 그 정도의 목표를 어떻게 달성할 것이냐에 관해서도 나치 정책 입안자들 사이에 심각한 의견 충돌이 있었다.

　　여하튼 나치법과 미국법이 완벽하게 일치해야만 "영향"을 논할 수 있다는 이 모든 학자들의 전제는 중대한 해석적 오류다. 앞으로

살펴보겠지만, 미국법이 유대인에 관해 아무 말이 없었어도 나치
법률가들은 미국법을 가져다 부당하게 활용하는 데 아무런 어려움을
느끼지 않았다. 비교법의 견지에서 "영향"이 직접적인 모방에만 국한되는
경우란 거의 없다. 영향이란 번역, 창조적 적용, 선택적 차용, 권위의 발동
등을 아우르는 복잡한 작용이다. 모든 차용자는 부분 수정과 보강을 하게
마련이다. 그 점은 나치나 다른 정권도 다 마찬가지다. 모든 차용자는 외국
모델을 기초 삼아 그것을 자신들의 상황에 알맞게 개조한다. 차용자가
악랄한 인종차별주의자여도 그 점은 마찬가지다.

　　가감 없는 차용을 통해서만 영향이 미치는 것은 아니다. 영향은
영감과 예시를 통해서도 미친다. 뉘른베르크법이 모습을 갖춰가던 시대인
1930년대 초 시점에 미국은 나치 법률가들에게 상당한 영감과 예시를
제공했다.

이런 문제를 논하기란 여간 거북한 일이 아니다. 나치의 인종차별 정책이
다른 서구 정권의 영향을 받았느냐 혹은 심지어 비슷했느냐 하는 문제를
냉정하게 바라보기 어려운 이유는 여러 가지다. 나치즘과 그것을 대체한
전후 유럽의 질서 사이에 존재하는 연속성을 시인하는 것만큼이나 어려운
문제다. 나치의 범죄를 상대화하려는 것처럼 보이고 싶은 사람은 아무도
없다. 이해할만한 일이지만 특히 독일인들은 변명론으로 보일 여지가 있는
논의에 참여하는 일을 일반적으로 꺼린다. 현대 독일은 나치즘을 거부할
뿐 아니라 히틀러 치하에서 일어난 일에 대한 독일 책임의 부정을 단호히
거부하는 자세를 도덕적 기반으로 삼는다. 바로 그런 이유로 외국의 영향을
암시하는 일은 독일에서 대체로 금기시된다. 반대로 다른 나라들은 자국이
나치즘 발생에 어떤 식으로든 연루되었다는 비난을 절대로 원치 않는다.

우리가 나치즘에 영향을 주었다면 결코 돌이킬 수 없는 방식으로 우리 자신을 오염시킨 것이라는 느낌을 극복하기 어렵다. 어쩌면 서구 세계는 가장 깊은 심리의 층위에서 진정한 "네판둠"을 식별해야 할 필요를 느끼는 것인지도 모른다. 그 유례없는 현대적 공포의 심연에 맞서 우리는 자신을 규정할 수 있다. 그것은 온전하게 유일무이한 "극악"이며, 행여나 우리가 도덕성을 상실할까 봐 일부러 우리 옆을 스쳐 지나가는 일종의 암흑성 같은 것이다.

하지만 물론 역사는 그 일을 수월하게 만들어주지 않는다. 나치즘은 과거나 미래와 아무런 연결 관계도 없이 따로 뚝 떨어진, 그저 악몽 같은 역사적 '괄호'가 아니다. 그리고 인종주의 참사로 치자면 전례가 전혀 없었던 것도 아니다. 나치가 단순히 서구 전통의 선하고 정의로운 측면을 파괴하려고 어두운 지하세계에서 갑자기 솟아난 악마이기 때문에 그들을 무찔러 유럽의 진정한 인도와 진보의 가치가 복원된 것이 아니다. 서구의 통치 전통 내에 나치가 작동할 수 있었던 토양이 존재했다. 나치즘과 그 이전 및 이후의 역사는 <u>분명히</u> 연속 선상에 놓여 있었다. 나치가 의지한 선례와 영감은 <u>분명히</u> 존재했고, 미국의 인종법은 그중에서도 두드러졌다.

그렇다고 해서 1930년대의 미국이 나치 국가였다는 얘기는 아니다. 20세기 초중반의 미국법은 종종 처참한 수준이었지만, 그래도 나치 국가는 아니었다. 미국법에 내재했던 인종주의는 찬란했던 인도주의, 평등사상과 공존하고 경쟁했다. 히틀러에 매료된 사람도 일부 있었지만, 생각 깊은 미국인들은 나치즘을 경멸했다. 미국에서 히틀러를 지지했던 법학자 가운데 가장 유명한 인물은 미국 법사상의 선구자 로스코 파운드 하버드 법대 학장으로 1930년대에 히틀러에 대한 호감을 숨기지 않았다.[39] 반대로 미국을 싫어한 나치 법률가도 얼마든지 있었다.

핵심은 미국과 나치 인종주의 정권이 똑같았다는 데 있는 것이 아니다. 나치가 그토록 공개적으로 당당히 인종차별을 용인하는 나라에서 자유주의 경향이 강한 것을 한탄하고 이상하게 여기면서도 미국의 법적 인종 질서에서 발견한 예시와 선례를 높이 평가했다는 것이 바로 핵심이다. 우리는 세상의 모든 악을 미국의 책임으로 돌리거나 미국의 인종주의 역사만을 강조하는 단세포적 반미주의를 거부할 수 있고 또 그래야 마땅하다.[40] 그렇지만 미국사와 미국이 국외로 미친 영향의 역사에 관해 제기되는 까다로운 질문들을 회피하는 일에는 변명의 여지가 없다. 미국이 세계에 미친 영향은 미국인이 자국에 관해 자랑스러워하는 것들로만 한정되지 않는다. 미국의 과거에는 우리가 잊고 싶어 하는 측면도 담겨 있다.

그 사실을 고려하지 않는다면 우리는 독일 나치즘의 역사는 물론 더 나아가 전 세계 인종주의 역사의 큰 그림 속에서 차지하는 미국의 위치를 이해할 수 없게 된다. 1930년대 초에 나치 법률가들은 혼혈금지법과 인종차별 이민법, 귀화법, 이등시민법 등을 기초로 하나의 인종법을 고안하는 작업에 열심이었다. 그들은 외국 모델을 찾았고, 다름 아닌 미합중국에서 그 모델을 발견했다.

1장
나치 깃발과
나치 시민의 창조

인종적으로 순수하고 아직 혈통이 섞이지 않은 게르만족이
아메리카 대륙의 지배자로 부상했으며,
이들은 인종 오염의 희생자가 되지 않는 한
지배자의 지위를 유지할 것이다.

― 아돌프 히틀러, 『나의 투쟁』[1]

1935년 9월 16일 자『뉴욕타임스』를 지금 다시 보면 묘한 점이 있다. 그날의 머리기사는 큼직한 볼드체의 표제로 근대 인종주의 역사의 가장 암울한 순간을 다음과 같이 보도했다. "나치 독일이 스와스티카를 공식 국기로 확정; '모욕'에 대한 히틀러의 대응."[2] 양차 세계대전 사이에 제정된 악명 높은 인종법인 나치의 뉘른베르크법이 전날 공포된 사건을, 다른 대다수의 미국 신문과 마찬가지로 『뉴욕타임스』는 그렇게 보도했다. 지금 우리가 뉘른베르크법에 관해 기억하고 혐오하는 내용은 그 밑에 조금 덜 공격적인 폰트로 덧붙였다. "반유대인법 통과. '아리안족'이 아닌 자의 시민권 및 다른 인종과 혼인할 권리 박탈." 바로 이것이 오늘날 우리가 "뉘른베르크법"으로 일컫는 조치, 즉 홀로코스트로 향하는 인종주의 국가가 독일 땅에 전면적으로 확립되었음을 알리는 조치였다. 그렇다면 왜 미국 언론은 그 내용을 헤드라인으로 뽑지 않았을까?

이에 대한 해답은 뉘른베르크법의 정치적 기원과 관련이 있다. 그리고 그것은 1930년대 초 나치 독일과 뉴딜 시대 미국의 복잡하고도 이중적인 관계를 증명한다. 1933년에서 1936년에 이르는 공포와 불확실성의 시대에 미국을 바라보던 나치의 시선은 반미 감정, 미국 유대인에 대한 증오, 미국 입헌주의에 대한 경멸로 점철되는 순간이 있었는가 하면, 또 한편으로는 장래 친선관계에 대한 희망과 양국 모두 "노르딕 인종" 우월주의 유지에 헌신하는 친척 국가라는 믿음을 드러내던 순간도 있었다.

미국 언론매체를 장식한 9월 16일 자 표제들은 미국 유대인을 향한 나치의 증오와 연관이 있었다. 사실 뉘른베르크법은 스와스티카 깃발에 가해진 "모욕"에 대한 나치 독일의 대응으로서 세상에 소개된 측면이 없지 않다. 여기서 문제의 "모욕"은 뉴욕시에서 발생했다. 이것이 바로 1935년 7월 말에 일어난 이른바 '브레멘 사건'으로, 폭도들이 독일 여객선 브레멘호에 걸린 스와스티카 깃발을 잡아 뜯어낸 사건이다. 폭도들은 체포됐지만, 유대인 치안판사 루이스 브로드스키가 이들을 석방했다. 이런 브로드스키의 결정에 자극받은 나치들은 뉘른베르크법을 구성하는 세 개 법률 가운데 첫 부분에 해당하는 제국 국기법을 선포하여 스와스티카를 독일의 유일한 국가 상징으로 명시했다. 그러므로 독일에서 스와스티카의 승리는 어느 정도 미국의 자유주의 경향과 미국 사회에서 유대인이 점유하는 위치에 대한 나치의 거부감을 상징한다고도 말할 수 있다.

그러나 우리가 현재 기억하는 뉘른베르크법의 다른 두 부분, 즉 독일 유대인으로부터 시민권 및 다른 인종과 혼인할 권리를 박탈하는 법은 제국 국기법과는 사정이 달랐다. 그것들은 미국에 대한 거부로서 세상에 제시되지 않았다. 사실 히틀러와 괴링은 뉘른베르크에서 그 두 가지의 반유대인법을 새로 공포할 때 루스벨트 정부와 미국에 대한 친근감을 드러내는 연설을 곁들였다. 그리고 불편한 진실은, 이 장과 다음 장에서 살펴보겠지만, 오늘날 우리가 뉘른베르크법으로 일컫는 그 두 가지 반유대인 조치가 미국식 가치관에 대한 독일의 명백한 거부이기는커녕 미국 인종법 모델에 대한 상당한 관심과 존중의 분위기 속에서 고안되었다는 사실이다. 그리하여 뉘른베르크법은 독일법을 이전보다 더 유의미하게 미국법과 가까이 연결해놓았다.

제1 뉘른베르크법: 뉴욕 유대인과 나치 깃발에 관하여

요즘 우리가 "뉘른베르크법"이라 할 때는 총 세 개의 법 가운데 두 번째와 세 번째 법만을 지칭한다(나치 시대의 독일인들도 마찬가지였다).[3] 그중 하나는 유대인을 일종의 이등시민으로 전락시킨 '시민법'이고, 다른 하나는 유대인과 "아리안족"의 혼인과 성관계를 범죄화한 '혈통법'이다. 그러나 1935년 9월 15일 뉘른베르크에서 열린 나치들의 이른바 "자유의 전당대회"에서 공포된 법률은 사실상 세 개였다. 또 뉘른베르크에서 펼쳐진 정치 상황과 1930년대 초 나치 법조계에서 미국이 차지한 위상을 묘사하기 위해서라도 미국 신문들이 보도했던 사건, 즉 뉘른베르크법 중 첫 번째 법에 해당하는 '제국 국기법'의 제정과 그 원인을 제공한 브레멘호 사건부터 설명하는 것이 적절하다. 제국 국기법의 역사는 1930년대 초 뉴딜 시대 미국에 대한 나치의 태도에 적개심과 잠정적 우호감이 흐릿하게 병존했음을 살펴볼 수 있는 하나의 창문이다.

브레멘호 사건은 1935년 7월 26일 뉴욕에서 발생했다. 그 무더웠던 여름은 외교 충돌과 히틀러 반대파와 지지파 시위대 간의 거리 폭력으로 얼룩졌다.[4] 경찰 사건 보고서에서 "공산주의 동조 세력"이 포함된 것으로 묘사된 1,000여 명 규모의 시위대는 그날 밤 대서양 항해선 중 최고 속도를 자랑하던 독일 엔지니어링의 자부심 '브레멘'를 습격했다.[5] 시위자 가운데 배에 기어오르는 데 성공한 다섯 명은 스와스티카 깃발을 잡아 뜯어 허드슨강 속에 던져버렸다.

그 다섯 명은 체포되었으나 그로 인해 발생한 외교 위기가 수 주 동안 불길하게 이어졌다. 사건 직후 미국 국무부는 "독일의 국가 상징물이 … 마땅히 받아야 할 존중을 받지 못한" 점에 대해 유감을 표하는 서한을 보내는 등 상황을 가라앉히려고 노력했다.[6] 뉴욕 거리에서 히틀러를 향해 어떤 적개심이 표출되었든 간에 당시의 역사적 시점에서 미국 행정부는 제3제국과 좋은 관계를 유지하려고 애썼다.[7] 하지만 그해 늦여름 내내 독일 언론은 그 이슈를 붙잡고 계속 달궜다. 위기는 뉘른베르크 전당대회 개최를 일주일 남겨놓은 9월 6일에 최고조에 달했다. 맨해튼 치안판사 루이스 브로드스키가 체포된 다섯 명을 석방하면서 미국의 자유를 걸고 나치즘을 맹비난하는 연설을 했기 때문이다.

뉘른베르크법을 촉발시킨 뉴욕 출신 유대인 루이스 브로드스키는 국제 외교 분쟁에 어울릴성싶지 않은 주인공이었다. 그의 이력은 20세기 초에 미국이 유대인에게 제공한 기회와 장벽 두 가지 모두의 영향을 받았다. 그는 1901년 17세라는 놀라운 나이에 뉴욕 법대를 졸업했다.[8] 그러나 20세기 초 미국 사회에서 유대인 법대 졸업생이 저명한 로펌에 들어가거나 판사로서 요직에 임용되기란 쉽지 않았다. 물론 유대인 법률가에게 나치 독일보다 미국이 훨씬 나은 장소인 것은 분명했지만, 그래도 힘든 점이 많아서 (1930년대 초의 나치 문헌도 그 점을 고소해 하는 어조로 언급하고 있다)[9] 브로드스키는 약간 다른 길을 택했다. 그는 소수 인종의 이익을 자주 도모한 뉴욕 민주당의 부정한 정치조직 태머니 홀(Tammany Hall)의 도움을 받아 "무덤"이라는 별명으로 알려진 맨해튼 남부 구치소 담당 치안판사로 임용되었다.[10]

　　"무덤" 담당 치안판사는 보석(bail) 여부를 결정하거나 야간 법정에서 즉결사건 등을 담당하는 하급 법관이었고,[11] 태머니 홀의 입김으로 임용된 법관들은 부정부패에 연루되는 경우가 잦았다. (브로드스키 역시 1931년 비리 혐의를 받았다가 벗어났다.)[12] 하지만 브로드스키는 연줄로 임용된 바로 그 하급 관료직에서 대법원 대법관이나 내림 직한 우레와 같은 시민자유주의적 의견을 판시했다. 비록 태머니 홀 정치 세력의 수혜자였을지언정 브로드스키는 (다른 태머니 홀 인사들처럼)[13] 미국 헌법상 권리의 열렬한 옹호자였다. 1931년 그는 포르노 소설의 배본을 허락하여 스캔들을 일으켰다.[14] 1935년 4월에는 그리니치 빌리지의 한 클럽에서 체포된 나체 무용수 두 명을 석방하면서 "나체를 더 이상 외설로 간주하지 않는다"고 영웅적으로 선언하여 언론의 헤드라인을 장식했다.[15] (같은 날 밤 또 다른 치안판사는 민스키 극장의 버라이어티쇼에서 체포된 나체 무용수들을 기소하는 데 아무런 주저가 없었다.)[16] 그리고 그해 9월 초에 브레멘호 사건을 맡게 되자 브로드스키는 그 기회를 한껏 이용해 미국의 가치를 선포하고 나치를 비판했다. 판결문에서 그는 스와스티카를 "해적의 검은 깃발"이라 칭하고 미국이 상징하는 모든 것에 반대된다고 적었다. 스와스티카를 휘날리는 행위는 "신이 모든 인간에게 부여한 양도할

수 없는 생명권, 자유권, 행복추구권이라는 미국의 이상과 상반하는 모든 것을 나타내는 상징물을 공연히 뻔뻔하게 과시하는 행위다. … [나치즘은] 문명에 대한 반역을 상징한다. 요컨대 생물학 개념을 빌려 표현하면, 중세 이전의 야만적인 사회적, 정치적 상태로 되돌아가는 원시적 회귀다."[17] 마음을 뒤흔드는 말이고, 구구절절이 옳다. 루이스 브로드스키의 이 단호한 발언에 신의 은총이 있기를. 그러나 과연 일개 치안판사가 그런 의견을 내도 되는지, 또는 용의자들을 석방할만한 분명한 법적 근거가 있었는지는 확실치 않다.

　어쨌든 브로드스키는 유대인이었고 그의 의견은 나치에게 미끼와도 같았다. 루스벨트 정부는 이번에도 브로드스키의 행동을 서둘러 부정했다. 정부는 브로드스키가 월권행위를 했다고 선언하도록 허버트 레먼 뉴욕 주지사에게 압력을 넣었고, 국무장관 코델 헐은 뉘른베르크법 공포일 당일에 독일에 공식 사과문을 전달했다.[18] 하지만 요제프 괴벨스 나치 선전부 장관은 이미 브로드스키의 의견을 정치적 목적으로 이용하려고 작심한 상태였다.

사실 나치에게 브로드스키의 의견은 선전용으로 쓰기에 제격인 선물이나 다름없었다. 이것은 제국의 지배자로서 입지를 굳건히 다질 반가운 기회였다. 자신이 낸 의견 때문에 브로드스키는 나치 독일의 정치 상징물을 둘러싼 갈등의 한가운데로 말려들었다. 1935년 9월 뉘른베르크에서 열릴 "자유의 전당대회"를 앞두고 있던 시점에 나치의 독일 접수는 상징적인 면에서 아직 완료된 상태가 아니었다. 1933년 1월 히틀러 집권 초기에 나치당은 파울 폰 힌덴부르크 대통령과 쿠르트 폰 슐라이허 전 총리 같은 막강한 민족주의 보수 우파와 권력을 나눠야만 했다. 이들은 바이마르 공화국의 민주주의를 혐오해서 나치와 기꺼이 협력할 의사가 있었지만, 나치의 정책과는 계속 일정한 거리를 유지했다. 이 민족주의 보수세력은 히틀러를 총리에 임명해놓고 자기들이 그를 통제할 수 있다고 자신하는 비극적인 오판을 저질렀다. 그와 같은 판단은 우리 모두 알고 있듯 일련의 사건을 거치며 급속히 잘못으로 판명되었다. 1933년 1월 30일에 히틀러가 취임한 뒤 몇 주 만에 나치는 완전 지배 체제에 바짝 다가갔다. 2월 27일 제국의회 의사당 방화 사건, 3월 5일 총선, 그리고 결정적으로 히틀러에게 독재 권력을 부여한 3월 24일 전권위임법 통과 등 독일의 독재국가 전락을 나타내는 익숙한 악몽의 수순을 밟으며.[19]

이런 가공할 상황이 전개되던 기간이나 그 후에도 힌덴부르크는 계속 대통령직을 유지했고, 1934년 여름 그가 타계한 후에도 민족주의 보수세력은 제국 정부 내에서 여전히 일정한 역할을 했다. 실제로 이들은 공식 상징물을 통해 독일에서 권력을 분담할 권리를 인정받았다. 1933년 3월 12일에 공포된 힌덴부르크 대통령의 특별 대통령령에 따라, 다른 모든 나라는 하나의 국기를 걸지만 독일 제국은 두 개의 국기를 걸었다. 하나는 대통령령에 "독일 민족의 강력한 부활"을 상징한다고 표현된 스와스티카 깃발이었고, 그것과 나란히 게양할 깃발은 전통 우파의 상징 영역으로서 "독일 제국의 영광스러운 과거"를 대표하는 단출한 흑백적 삼색기였다.[20]

카를 슈미트는 이 독특한 이중적 국가 상징을 바이마르 체제에 반대하는 세력 가운데 어느 하나를 다른 그룹보다 우위에 두지 않으면서 그와 동시에 "격식을 차려 바이마르 체제를 부정"하는 방침이라고 칭찬했다. 그것은 나치 권한의 제약을 뚜렷하게 드러냈다. 적어도 국가 상징의 측면에서 두 깃발이 함께 휘날리는 한 독일은 아직 '나치 독일'이 아니었다. 하지만 그런 방침은 나치의 입장에서 특히 강력한 관료 조직 내에 포진해 있던 수많은 전통 보수주의자에게 급진 나치 정책의 온전한 수용을 강요하지 않으면서도 충성심을 이끌어낼 수 있다는 이점이 있었다.[21]

1935년 9월 즈음에는 민족주의 보수 우익을 제거하는 나치의 작업에 상당한 진전이 이루어졌다. 슐라이허를 암살했듯 종종 살인도 서슴지 않았다. 그러나 두 개의 깃발이 나란히 권태롭게 휘날리는 상징적 무대를 아직도 억지로 나눠 쓰는 상태였다. 시위자를 석방한 브로드스키의 판결은 괴벨스에게 보수 세력의 상징을 제거할 기회를 제공했다. 괴벨스는 일기에 이렇게 적었다. "뉴욕 판사 브로드스키는 독일 국기… 를 모욕했다. 우리의 대응책: 뉘른베르크에서 의회를 소집해 스와스티카 깃발을 우리의 유일한 국기로 선포해버린다."[22] 뉘른베르크 전당대회는 나치당 일당 지배 체제로의 등극 확정을 기념하는 행사가 될 예정이었으므로 당연히 브로드스키의 동포인 독일 유대인의 숨통을 조일 계기로도 삼을 수 있었다. "자유의 전당대회"는 벌써 2년 넘게 활발히 준비한 두 개의 반유대인법도 함께 공포할 절호의 기회였다.

이렇게 해서 뉘른베르크법은 맨해튼의 유대인 치안판사에게 받은 "모욕"에 대한 "대응"으로서 세상에 제시됐다. 그러나 여기서 강조되어야 할 중요한 점은 이것이 미국이 대표하는 모든 것에 대한 부정은 아니었다는 사실이다. 미국을 비판하지 않고 뉴욕 유대인 루이스 브로드스키만 비판하는 일은 전적으로 가능했다. 루스벨트 대통령을 칭찬한 1935년 책의 독일인 저자도 언급했듯이, 어차피 뉴욕시는 "미국"과 별 관계가 없었다.

뉴욕은 "온갖 인종을 대표하는 자들"이 모여 "아이디어와 사람의 뒤범벅"을 생성하는 곳이며, "유대인이 막대한 영향력"을 발휘하는 장소로서 컬럼비아 대학교 같은 교육기관이 "급진주의"의 중심을 이루는 곳이었다. 그와 대조적으로 진정한 미국은 앵글로색슨 민족과 개신교로 대표되는 곳으로 그려졌다.[23] 독일 인종주의자들은 "유대적" 뉴욕시에 대해 수년에 걸쳐 이처럼 조롱 섞인 발언을 했다.[24]

실제로 나치 지도부는 전당대회가 열리자 자기들의 투쟁 상대는 유대인이지 미국이 아니라고 조심스럽게 선언했다. 히틀러는 새 법률에 관한 연설 중간에 일부러 루스벨트 정부를 칭찬했다. 브로드스키의 행위에 대해 "전적으로 올바르고 명예로운" 부정을 했다는 이유였다.[25] 히틀러는 뉘른베르크법의 목적은 온 세상에 존재하는 "유대적 요소"를 비난하고 국가사회주의의 "올바름"을 확인하는 데 있다고 설명했다.[26] 괴링도 새 법을 공식적으로 소개하는 연설에서 독일은 미국 국민에게 동정을 표할 수밖에 없다고 덧붙였다. 미국인들은 독일 반유대인법의 혜택을 받지 못하고 "건방진 유대인" 브로드스키의 부적절한 오만불손함을 "참고 봐줘야" 한다는 게 이유였다.[27]

물론 나치의 연설을 액면 그대로 받아들여서는 안 된다. 하지만 히틀러와 괴링의 뉘른베르크 전당대회 연설에서 드러나는, 루스벨트 정부를 존중하려는 신중한 노력과 미국 반유대주의자들의 지지를 얻으려는 악랄한 시도는 다른 수많은 자료에서 드러나는 내용과도 일치한다. 1935년에 나치는 미국에 대한 적개심을 아직 확실히 굳힌 상태가 아니었다. 미국 정부 역시 히틀러와 공존할 가능성을 아직 완전히 제쳐놓을 준비가 안 된 상태였다. 역사학자 필리프 가세르트의 조심스러운 판단에 따르면 예컨대 아무리 빨라도 1936년 초 아니면 특히 1937년에 가서야 비로소 미국은 나치 독일의 "본보기로서의 지위를 마침내 상실"하게 된다.[28] 그렇다고 해서 1930년대 초반에 양국 관계가 완벽하게 화기애애했다거나

그림 2. 뉘른베르크법 공포를 위한 제국의회 소집.
자료: 울슈타인 빌트 © Getty Images.

나치가 미국에 관해 싫어한 부분이 전혀 없었다는 뜻은 아니다. 미국
언론은 독일에서 일어나던 혐오스러운 상황을 많이 보도했고, 그런 보도는
확실히 나치 지도부에 스트레스를 안겼다. 브로드스키가 말한 "신이
모든 인간에게 부여한 양도할 수 없는 생명권, 자유권, 행복추구권이라는
미국의 이상"을 나치가 혐오한 것은 사실이다. 그렇지만 나치 집권 초기에
독일 내에서는, 미국이 아무리 한물간 자유민주주의를 고수하고 또 앞으로
인종 혼합의 위험에 굴복할지 모른다 해도 근본적으로 독일 민족과 친척
관계인 "노르딕 인종"으로 이루어진 정치체라는 인식이 확산되어 있었다.

따라서 이 시기에 독일이 미국에 관해 설명한 기록을 읽다 보면
사실상 불쾌하기 짝이 없는 느낌을 받게 된다. 알브레히트 비르트의 사례를
예로 들어보자. 권두 삽화로 판에 박힌 히틀러의 초상화를 넣어 1934년에
출간한, 나치 독자들을 위한 역사서 『민족세계사』 서두에서 비르트는
미국을 이렇게 묘사했다. "제2 천년기의 — [1차 세계]대전에 이르는 —

세계사에서 가장 중요한 사건은 미합중국의 건국이다. 그 사건을 통해
세계 지배를 위한 아리안족의 투쟁은 가장 강력한 버팀목을 얻었다."[29]
현대의 미국인들은 미국 건국의 아름답지 않은 측면을 종종 언급한다.
서굿 마셜(미국 연방 대법원 최초의 흑인 대법관 — 옮긴이)이 한탄했듯이
미국 헌법이 "시작부터 결점을 지니고 있었고, 오늘날 우리가 기본권으로
여기는 개인의 자유와 인권 존중을 달성하기 위해 수차례의 개정과 한
차례의 내전, 그리고 중대한 사회변혁을 거쳐야만 했다"[30]는 사실은 누구나
알고 있다. 또한 우리는 미국의 건립자 중 다수가 지금의 기준으로 볼 때
비난받을 만한 인식을 지녔다는 점도 알고 있다. 아무리 그렇더라도 나치가
미국의 건국을 "세계 지배를 위한 아리안족 투쟁"의 역사적 전환점으로
묘사했다고 하면 우리로서는 약간 당황스러울 수밖에 없다.

　이런 식의 묘사는 비르트가 유일한 게 아니다. 그는 1930년대 초에
나치가 세계사를 바라보던 표준적인 관점을 읊은 데 불과했다. 예를 들어
1936년 『백인종의 우월성』이라는 제목으로 두툼한 책을 낸 바르홀트
드라셔도 미국 건국은 백인 우월주의가 세계적으로 발흥하는 "최초의
숙명적 전환점"이라고 언급했다.[31] 미국은 1차 세계대전 후 "백인종의
지도자 역할"을 떠맡음으로써 수 세기에 걸친 미국 인종주의의 약속을
이행했고,[32] 미국인의 기여가 없었더라면 "백인종의 단결된 의식은 절대로
생겨날 수 없었을 것"이라고도 말했다.[33] 이 같은 정서는 주요 나치 이론가
알프레트 로젠베르크의 1933년 발언에도 반영되어 있다.[34] 한편, 히틀러
본인도 다음과 같이 힘주어 말했다. "인종적으로 순수하고 아직 혈통이
섞이지 않은 게르만족이 아메리카 대륙의 지배자로 부상했으며, 이들은
인종 오염의 희생자가 되지 않는 한 지배자의 지위를 유지할 것이다."[35]

　물론 우리는 미국에 관한 나치의 위와 같은 (그리고 앞으로 내가
더 인용할 수많은) 발언 앞에서 평정을 잃지 말아야 한다. 1930년대 초
독일에서 미국의 백인 우월주의를 한참 칭찬한 것은 사실이지만, 반면에

미국이 인종주의 사명을 다하지 못하고 실패할지 모른다는 추측도 흔했다. 나치 중에서 미국에 가장 호감을 가졌던 부류도 장기적으로 미국과의 친선관계에 의존할 수 있을지 확신하지 못했다.[36] 예를 들어 1933년 11월 『국가사회주의 월간지』에서 "미국과 우리"라는 표제로 내보낸 특집 기사는 미국과 독일의 유사성을 열렬히 강조하다가도 미국에서 앞으로 전개될 상황에 반신반의하는가 하면, 미국 언론이 내보내는 험악한 기사에 분노를 표했다.[37] 나치는 미국에 대해 자주 친근감을 표명하면서도 미국의 정확한 실체를 잘 파악하지 못했다.

그렇다 해도 이 시기의 나치 저술가들이 미국법과 미국 사회에 존재하는 인종주의를 의식하고 때때로 요란하게 칭찬한 것만은 분명하다. 또한 뉘른베르크법을 준비하는 기간 내내 미국을 불가피한 이념적 숙적이 아니라 선도자 내지는 심지어 잠재적 동반자로 여기는 태도가 일반적이었다. 나치가 관찰한 뉴딜 시대 초기의 미국은 백인 우월주의가 뿌리 깊은 나라였다. 적어도 뉴욕시 방문자는 떠날 때 그런 인상을 갖고 떠났다. 과연 얼마나 많은 "앵글로색슨족" 미국인이 1935년 괴링의 연설에 우호적이었을지 알 수 없지만, 브로드스키 같은 인물을 "건방진 유대인"으로 여기는 미국인은 확실히 많았다.

우리가 오늘날 뉘른베르크법이라는 명칭으로 기억하는 새로운 반유대인 조치 두 가지는 미국에 대한 이런 잠정적이고 불확실한 친근감의 분위기 속에서 형태를 갖추어갔다. 우리로서는 받아들이기 힘든 사실이지만, 뉘른베르크법은 나치가 미국의 인종법을 몇 달간 꾸준히, 열심히, 종종 칭찬해가며 논의하고 토론해서 얻은 결과물이었다.

제2 뉘른베르크법: 나치 시민 창조하기

괴링이 '자유의 전당대회'에서 낭독한 두 개의 반유대인법, 즉 우리가

오늘날 뉘른베르크법으로 일컫는 부분은 너무나 간략해서 주요 규정을
전부 인용할 수 있다. 『뉴욕타임스』가 정확히 보도했듯이 그중 첫 번째 법은
통상 시민법으로 약칭하는 제국 시민법(Reichsbürgergesetz)으로서 "제국
시민"(Reichsbürger)과 단순한 "국적자"(Staatsangehörige)를 구분했다.
이 법의 목적은 완전한 정치적 권리를 독일 민족(Volk), 즉 신비적으로
이해되는 독일 국가 인종 공동체의 구성원에게만 한정해서 부여하는 데
있었다(형용사는 völkisch).

제국 시민법

제1조

1항 국적자[Staatsangehörige]는 독일 제국의 보호결합체[Schutz-
verbund]에 소속되고 이에 따라 특정한 의무를 지는 자를
지칭한다.

2항 국적[Staatsangehörigkeit]은 제국과 국가의 소속 자격에 관한 법
규정에 따라 부여된다.

제2조

1항 제국 시민은 독일 혈통이나 동족 혈통인 자로서, 독일 민족과
제국을 위해 충실히 봉사할 의지와 적합성을 행동으로 입증하는
자만을 지칭한다.

2항 제국 시민권은 제국 시민증의 부여를 통해 획득된다.

3항 오로지 제국 시민만이 법 규정에 따라 완전한 정치적 권리를
행사할 수 있다.[38]

두 번째 반유대인법은 흔히 혈통법이라 약칭하는 독일 혈통과 독일
명예 보호법(Gesetz zum Schutz des deutschen Blutes und der deutschen

Ehre)으로, 유대인과 게르만족의 혼인과 성관계를 금지할 뿐 아니라 유대인이 게르만족 여성을 가정부로 고용하는 일도 금지한다. 이 법은 다른 인종 간 혼인에 관해 두 가지 특징적인 규정을 두었다. 첫째로 그와 같은 혼인은 민법상 무효였고, 둘째로 형법상 범죄를 구성했다. (또한 혈통법은 유대인에게 유대 깃발의 게양을 허락하는 냉소적인 규정을 포함하고 있다. 괴링이 전당대회에서 그 규정을 낭독하자 그 자리에 참석한 제국의회 의원들이 "폭소를 터뜨렸다"고 보도되었다.)**39** 혈통법은 누가 "유대인"에 해당하느냐 하는 난제를 미해결로 남겨두었다.

독일 혈통과 독일 명예 보호법

순수한 게르만 혈통이 독일 민족 존속의 필수 조건이라는 인식에 고무되고 독일 민족의 영원한 수호를 위한 불굴의 의지에서 힘을 얻어, 제국의회는 아래의 법을 만장일치로 제정하고 공포하노라.

제1조

1항 유대인과 독일 혈통 또는 그와 동종 혈통인 국적자 간의 혼인은
       금지된다. 그럼에도 혼인을 할 경우 그 혼인은 무효이며, 이 법을
       우회하기 위해 국외에서 혼인한 경우도 마찬가지다.
2항 혼인 무효 절차는 검사에 의해서만 개시될 수 있다.

제2조

유대인과 독일 혈통 또는 그와 동종 혈통인 국적자 간의 혼외 성관계는 금지된다.

제3조

유대인은 독일 혈통 또는 그와 동종 혈통인 45세 미만의 국적자 여성을

가정부로 고용할 수 없다.

제4조
1항   유대인이 제국 국기를 게양하거나 국기의 색상을 전시하는 것은
       금지된다.
2항   반대로 유대인이 유대 깃발을 내거는 것은 허용된다. 이 권리의
       행사는 국가에 의해 보호받는다.

제5조
1항   제1조의 금지 규정을 위반하는 자는 강제노동형에 처한다.[40]
2항   제2조의 금지 규정을 위반하는 남성은 징역 혹은 강제노동형에
       처한다.
3항   제3조 또는 제4조의 규정을 위반하는 자는 1년 이하의 징역형 및
       벌금형, 또는 그중 하나의 형벌에 처한다.[41]

당시 뉘른베르크법의 인종주의를 머리기사로 내보낸 소수 미국 언론 매체 중
하나였던 공화당계 신문『뉴욕 헤럴드 트리뷴』의 보도에 따르면, 괴링이 이
추악한 법령을 다 낭독하고 나자 전당대회에 모인 "대부분 갈색 제복을 입은
600여 명의" 제국의회 의원들이 "자리에서 벌떡 일어나" 열광을 표했다.[42]
　　여기서 우리가 던져야 할 질문은 이 같은 박해 정책을 수립하는
과정에서 나치가 미국 사례에 고무된 사실이 있었는가 하는 점이다. 우선은
질문을 정확하게 던지는 일이 중요하다. 우리는 일단 뉘른베르크법에
규정되지 않은 사항과 당시 미국법에 규정된 사항을 확인해야만 한다.
뉘른베르크법의 의도는 인종분리나 아파르트헤이트 같은 체제를 확립하는
데 있지 않았다. 나치의 두 가지 목표는 시민권에 관한 새로운 법과 함께,
미국에서는 이른바 "혼혈"(miscegenation)이라 부르는 현상, 즉 다른 인종

간의 성행위와 혼인을 규율하는 새 법을 제정하는 데 있었다. 미국에서 시민권과 혼혈은 둘 다 양차 세계대전 사이의 미국 인종법에서 핵심 요소였다. 인종분리주의는 그 일부에 불과했다.[43]

　　마지막 부분은 조금 강조할 필요가 있다. 오늘날 미국인은 자기들의 인종 관련 법역사를 돌아볼 때 남부의 짐 크로 인종분리법에 집착하는 경향이 있다. 1950년대의 브라운 대 교육위원회 판례(Brown v. Board of Education)는 근대 미국의 인종법에 대한 우리의 이해를 바꾸어놓은 획기적 전환점이었다.[44] 그래서 이후 우리는 미국의 인종 문제를 흔히 브라운 판례와 플레시 대 퍼거슨 판례(Plessy v. Ferguson: "분리하되 평등하다"고 판시하여 인종분리 정책을 인정한 판례 — 옮긴이)의 대립이라는 구도로 바라본다.[45] 미국인의 집단 기억 속에서 인종법은 다른 무엇보다 흑인과 백인의 학교 분리, 식수대 분리, 버스 뒷좌석을 흑인용으로 배정하는 등의 조치와 결부되어 있고, 바로 이 방침들이 민권운동 시대 초기에 연좌데모, 거리 시위, 폭력사태를 촉발했다. 인종법을 곧 인종분리와 일치시키는 인식은 미국이 독일에 미친 영향을 다루는 영어 문헌에도 대폭 영향을 끼쳤다. 그래서 미국 인종법이 나치에 미친 영향을 연구하는 학자들은 "미국 인종분리법"이 나치에 영향을 주었는지에 중점을 둔다.[46] 그러나 미국 인종법은 인종분리보다 훨씬 많은 내용을 담고 있었고, 양차 세계대전 사이에 유럽인들은 그 점을 잘 알고 있었다. 우리가 이 사실을 염두에 두지 않으면, 나치 법률가들이 "노르딕 인종" 국가 미국을 어떻게 바라보았는지 이해할 수 없다.

　　브라운 판례 이전의 미국 인종법은 플레시 판례가 인정한 "분리하되 평등하다"는 인종분리 원칙뿐 아니라 인디언법,[47] 반중국인 및 반일본인법,[48] 민사소송 및 선거법상의 행위무능력 규정[49] 등 기술적으로 뚜렷이 구분되는 법적 영역을 폭넓게 아울렀다. 미국은 특히 흑인, 아메리카 원주민, 필리핀인, 푸에르토리코인을 사실상으로나 법률상으로 이등시민으로 전락시키는 새로운 형식을 창조해 주목받았다.[50] 각 주 단위의 혼혈금지법들은 특히나 심했다.[51] 이 법들은 민권운동 시대가 거의 끝나가는 1967년에 이르러서야 비로소 러빙 대 버지니아 판결(Loving v. Virginia)로 폐기되었다.[52] 연방 이민 및 귀화법도 마찬가지였다.[53] 이민 및 국적법 분야의 실질적인 인종차별 관행들은 1965년에 통과된 이민 및 국적법이 1968년에 전면 발효될 때까지 존속했다.[54] 이처럼 폭넓은 미국 인종법은 일정 부분 우생학과 긴밀히 관련되어 있었다. 특히 이민법과 혼혈금지법은 인종적으로 건강한 인구를 유지하기 위한 우생학적 조치로 흔히 묘사되곤 했다.[55] 그러나 인종분리나 이등시민 생성 같은 다른 측면들은 우생학과 직접 관련은 없으며, 인구 조정이 아니라 사법적 비하라는 좀 다른 형태의 배제와 박해에 해당한다.

이 모든 분야에서 미국의 정력과 법의 혁신성은 두각을 드러냈다. 20세기 초 미국은 인종법에 관한 한 세계적인 선도자였다. 미국의 활발한 법 제정은 전 세계를 감탄시켰다. 적어도 이 부분에서 나치는 혼자가 아니었다. 다른 수많은 분야에서처럼 미국의 창의력은 이 방면에서도 빛을 발했다.

미국: 인종차별적 이민법의 세계적 선도자

미국의 혼혈금지법은 다음 장에서 중점적으로 다룰 예정이다. 여기서는 이민, 귀화, 시민권에 관한 미국법을 살펴보고자 한다.

나치 법률가들이 미국에 관해 흥미롭게 여긴 부분은 나치 세계사 학자들이 주목했던 미국 건국의 시점으로 일부 거슬러 올라간다. 나치 저술가들도 잘 알고 있었듯이 미국의 인종 배타주의 역사는 공화국 초창기부터 존재했다. 제1대 의회에서 제정된 여러 역사적 법률 가운데 1790년 귀화법은 "자유로운 백인 외국인"에게만 귀화를 허용했다.[56] 이

사실은 1936년에 한 나치 논평가가 말했듯 그 시대에 비추어 특이한
조치였다. 18세기에도 인종 규제는 있었지만 드물었다.[57]

하지만 나치(와 다른 유럽 인종주의자)가 지대한 관심을 기울인
미국은 무엇보다 19세기 말과 20세기 초의 미국이었다. 1933년에 어느
주요 나치 저술가는 미국 이민의 역사를 이렇게 요약했다. "1880년대까지
미국은 자유 지향적인 자유주의 관념 때문에 자국을 박해받는 모든
민족의 피난처로 간주했고, 따라서 이민 금지는 물론 이민 제한을 '자유'
헌법에 부합하지 않는 것으로 여겼다."[58] 그렇다고 1880년대 이전에
이민 제한이 전혀 없었던 것은 아니다. 남북전쟁 이전에 특히 중서부의
몇몇 주에서 해방된 흑인 노예의 정착을 금지하는 법률을 제정했으며,[59]
1850년대에 코네티컷주와 매사추세츠주에서는 달갑지 않은 아일랜드
이민자를 공식적으로 배제하지 않으면서도 실질적으로 유입을 제한할
의도로 문맹 테스트를 실시했다.[60] 그럼에도 전체적으로 봤을 때 미국은
19세기가 3분의 2 정도 지나갈 때까지만 해도 국경을 열어놓았으며, 유럽
이민자를 대규모로 받아들인 나라였다.

그러나 1870년대 말부터 미국 이민 및 귀화법은 방향을 틀었다.
이 전환은 아시아인이 미국에 이민을 오기 시작하면서 발생했다.[61]
19세기 말 미국 이민법은 특별히 아시아인에게 적대적이었다.[62]
1870년대에 캘리포니아주에서 제정된 중국인 배척법이 그 시작이었고[63]
1882년에는 같은 취지의 연방법이 제정되었다.[64] 일본인 이민자 역시
배척 대상이었으며, 수십 년 뒤 이것은 일본제국과 미국 간에 위험한 외교
갈등을 초래했다.[65] 그러나 19세기 끝 무렵에는 이전까지 아시아 이민자
문제로 인식되었던 배척 운동이 서서히 유럽 쪽에도 초점을 맞추어
확대되기 시작했다. 특히 중요한 1896년 법안에는 문맹 테스트를 이용해
이민을 제한하려는 의도가 담겨 있었다.[66] 그로버 클리블랜드 대통령은
이 법안을 거부했으나[67] 20세기에 들어서도 유사한 조처들이 잇달았다.

우선 1917년 아시아 이민 금지 구역법(Asiatic Barred Zone Act of 1917)이 아시아의 광대한 지역을 이민 금지 구역으로 지정하고 동성애자, 백치, 무정부주의자 등과 함께 이 지역 출신자의 이민을 금지했다.[68] 그런 다음 "출신 국가"를 따지는 두 개의 주요 이민 및 귀화 관련법이 제정되었다. 하나는 1921년 긴급 이민 할당법(Emergency Quota Act of 1921)이고[69] 다른 하나는 1924년 이민법(Immigration Act of 1924)이다.[70] 특히 후자는 공공연히 "인종을 기준으로" 삼아 동유럽과 남유럽의 달갑잖은 인종보다는 북유럽과 서유럽의 "노르딕" 인종을 선호했다.[71]

미국이 그런 방침을 도입한 유일한 나라가 아니었다는 점에 유의할 필요가 있다. 나치도 잘 인식했다시피 미국은 넓게 보아 역사적으로 특히 영국 문화권의 일부였다. 영국 제국주의는 세계 방방곡곡에 일종의 "자유로운 백인 남성들의 민주주의" 네트워크를 형성하고, J. W. 버제스 컬럼비아 대학교 교수가 1890년에 의미심장하게 칭송했던 "민족적으로 균질한" 국가들을 유지하는 데 공통으로 헌신하는 모습을 보였다.[72] 캐나다와 뉴질랜드가 그랬고,[73] 1840년대 말에 캘리포니아와 비슷하게 반중국인 정서로 동요가 일었던 오스트레일리아와[74] 남아프리카도[75] 물론 여기에 속했다. 1936년에 영국의 한 인구통계학자는 영어권을 이렇게 묘사했다. "미국과 영국 자치령이 지난 50년간 비유럽인 배제를 위해 세운 제한 조치에는 거의 빈틈이 없다."[76] 나치는 이 같은 영미권의 특징을 잘 알고 있었고, 미국뿐 아니라 영국 자치령 전역에서 모델로 삼을만한 사례를 물색했다.

19세기 말엽에 독일이나 다른 인종주의자들의 눈에 선봉으로 비쳤던 나라는 역시나 미국이었다. 19세기 말부터 미국은 "국적과 이민에 관한 명시적인 인종차별 정책 개발의 선도자"[77]로 여겨졌고, 미국의 이민 및 귀화 정책은 나치 운동이 일어나기 훨씬 전부터 유럽에서 크게 주목받았다.

유럽 좌파도 일부 미국의 상황 전개에 주목하면서 이를 개탄했다.

특히 프랑스 문헌에서 적대적인 논평이 두드러졌다. "자유, 평등, 박애"라는 나름의 공화주의 전통을 자랑하는 프랑스인들은 미국 민주주의의 노골적인 인종주의에 놀라워했다. 예를 들어 프랑스 사회사상가 앙드레 시그프리드는 1927년에 펴낸 미국 사회에 관한 연구서에서 이민정책을 불쾌하고 광범위한 양상으로 작동하는 미국 인종주의의 핵심으로 여겼다.[78] 다른 프랑스 저술가들도 비슷한 견해였다.[79]

　　그러나 미국의 실험을 좀 더 호의적으로 바라본 외국인도 있었다. 미국 이민법은 영미권 전체에 영향을 미쳤고[80] 유럽 대륙의 관심도 끌었다.[81] 특히 중요한 점은 미국 이민법이 19세기 말에 출간된 테오도어 프리치의 영향력 있는 저서 『유대인 문제 안내서』에서 주목받았다는 점이다. 프리치는 『시온 장로 의정서』(유대인이 세계 정복을 계획한다는 내용을 담은 반유대주의 위서로 20세기 초에 전 세계에 배포되었고 미국에서는 헨리 포드가 댄 자금으로 50만 부를 찍어 배포했다 — 옮긴이)와 헨리 포드의 반유대주의 글 여러 편을 독일어판으로 출간하는 데 핵심 역할을 했던 사람이다. 독일 반유대주의의 등불 같은 인물이었던 그는 『유대인 문제 안내서』 도입부에서 미국을 언급했으며 이 책은 나치 시대 내내 재출간을 거듭했다. 프리치는 미국이 19세기 말에 마침내 평등사상의 오류를 인식했다고 적고 있다. "자유와 평등 사상에 젖었던 미국은 지금껏 모든 인종에게 동등한 권리를 부여했다. 그러나 이제 그런 태도와 법률을 고쳐 흑인과 중국인을 제한할 수밖에 없다는 점을 깨달았다."[82] 프리치에게 미국 이민법의 역사는 멍청한 평등주의를 위해 인종의 다름을 무시하는 위험을 경고하는 하나의 우화였다. 곧 살펴보겠지만, 히틀러와 다른 나치들은 이후 프리치의 그런 해석법을 자주 되풀이하게 된다.

미국의 이등시민권

미국이 19세기 말에 앞장섰던 부분은 이민 및 귀화법만이 아니다. 미국 시민권법도 이때 등장했다. 역시 19세기 말에 미국은 독특한 이등시민권 형식을 몇 가지 고안했다. 마크 마조워는 그중 일부를 정리하면서, 나치 법률가들이 뉘른베르크 전당대회에서 발표할 유대인용 이등시민권 형식을 고안하는 작업에 착수할 때 미국 이등시민권 관련 법률에 관심을 가졌을 것으로 추측한다. "(인종법과 우생학 운동이 1920년대에 히틀러의 칭송을 받은) 미국에서는 1924년까지 아메리카 원주민을 '국적자'이되 시민은 아니라고 보았다. 이게 바로 19세기 말 미국 논평가들이 '위대한 식민 권력'의 특권이라고 인정했던 구분법이다. 미국에서 푸에르토리코인의 헌법상 지위는, 독일이 나중에 체코인을 취급한 방식과 다름없이 '미국 내 이방인'으로 규정되었다."[83] 마조워의 추측이 옳다. 정말로 히틀러는 테오도어 프리치의 전철을 밟아 미국 인종법을 칭송했다. 더불어 아메리카 원주민과 푸에르토리코인에 대한 미국의 처우가 독일 법률 문헌에서 세심하게 다루어졌고[84] 그와 같은 이등시민권의 모형이 나치 정책 입안자들의 관심을 자극한 것 또한 사실이다. 그러나 더 완전한 그림을 보려면 다른 두 주요 인구 집단, 즉 필리핀인과 특히 미국 흑인에 주목해야 한다.

특히 미국 흑인의 시민권 문제는 미국에서 매우 오래된 이슈로 여기서 전부 설명하기에는 역사가 너무 길고 복잡하다. 이 책의 목적상 가장 중요하고 또 미국을 관찰하던 나치에게도 가장 중요했던 부분은, 앞서 말한 대로 19세기 말이라는 시점에 흑인을 대상으로 이등시민권 생성이 진행되었다는 점이다. 미국 헌정사상 가장 악명 높은 판결로 꼽히며 남북전쟁 촉발에 결정적으로 기여한 '드레드 스콧 대 샌드퍼드'[85] 판결로 흑인은 시민권을 부인당했다.[86] 남북전쟁에서 북부가 승리한 뒤 드레드 스콧 판결은 뒤집혔고 흑인의 시민권 지위는 수정헌법 제14조와 제15조에 의해 원칙적으로 보장되었다.[87] 그러나 전후 재건 노력이 붕괴하면서 특히 남부 흑인과 일부 다른 지역 흑인의 중요한 정치적 권리는, 남북전쟁 후 성립된 수정헌법을 우회하려는 의도로 19세기 말에 고안된 온갖 편법에 의해 박탈당했다.

특히 투표권은 남부 흑인 거의 전원이 인정받지 못했다. 1850년대에 코네티컷주와 매사추세츠주가 은밀한 인종차별 이민 규제책으로 처음 도입해 활용했던 문맹 테스트 같은 장치가 여기에 동원되었다.[88] 문맹 테스트는 미국이 마련한 교묘하고도 중요한 법적 고안품으로 오스트레일리아도 1901년에 제정한 인종차별적 이민 규제법에서 이를 모방한 바 있고, 제임스 브라이스 같은 영향력 있는 인물이 영미권에 이 장치를 더 폭넓게 도입하도록 권고했다.[89] 문맹 테스트와 더불어 노예해방 전에 조상이 투표권을 누렸을 경우에만 투표권을 주는 "조부 조항"[90](grandfather clauses: 신법 시행 후에도 구법을 그대로 적용하는 규정 — 옮긴이)과 투표세가 등장하는 등 남부 민주당의 배타적 지배를 보장하는 선거제가 구축되었다.[91] 재건 시대의 수정헌법이 흑인의 권리를 보장했음에도 대법원은 그런 꼼수를 유효한 것으로 인정하는 데 망설임이 없었다.[92] 결과적으로 미국 흑인은 법적으로는 시민이었지만 사실상 이등시민이었다.

유럽인, 특히 독일인들은 바로 이 부분에 주목했다. 사실 미국 흑인의 이등시민 지위는 나치가 집권하기 몇십 년 전부터 독일의 주요 지식인들이 강력히 끌렸던 부분이다. 막스 베버도 그중 하나였다. 그는 1906년 신문에 기고한 글에서 느낌표까지 동원하여, "미국 민주주의 체제 내에서" 동등한 투표권이란 "유색인종이 아닌 자에게만 부여되는 권리다! 니그로와 모든 혼혈인종에게 동등한 투표권이란 사실상 존재하지 않기 때문이다"라고 적었다.[93] (베버는 이것도 미국 개신교 윤리의 전형이라고 믿었다.)[94] 미국의 이런 인종주의적인 측면에 흥미를 보인 거물은 베버만이 아니다. 대단히 박식한 고대사학자 에두아르트 마이어도 자신의 미국 역사서에서 그 부분을 공들여 상세히 설명했다. 그는 "니그로의 투표권을 환상에 불과한 것으로 만들기 위해 모든 수단이 동원되고 있다"고 적으면서 미국인들이 고안한 풍부한 법적 장치를 조망했다.[95] 저명한 사회학자 로베르트 미헬스는 "미국인 영어 사용자들은 니그로에게 어떤 형태의 동등한 권리도 인정하지 않는다"[96]고 언급한 후 역시 법률적인 세부 사항을 분석했다. 20세기 초 독일 저술가들은 미국 흑인의 정치적 권리를 "사문화"된 것으로 설명하는 것이 표준적이었다.[97] 재건 시대의 수정헌법이 보장한다 해도 흑인의 정치적 권리는 "후퇴"했고,[98] 미국 남부 각 주에서 흑인의 투표권은 소리 소문 없이 무효화되었다.[99]

실질적인 흑인 투표권 박탈은 19세기 말에서 20세기로 넘어가던 미국에서 인종차별 이등시민법의 가장 놀랍고도 두드러진 측면이었을지 모르나 차별은 흑인만 당한 것이 아니었다. 지금은 일반적으로 잊혔지만, 푸에르토리코인과 필리핀인을 미국의 이등시민으로 전락시킨 사례도 상당한 중요성을 지닌다. 1898년 스페인-미국 전쟁에서 승리한 대가로 미국은 푸에르토리코와 필리핀의 식민 지배권을 넘겨받았다. 그 결과 미국 헌법상 약간의 문제가 발생했다. 그때까지 미국은 유럽 각국처럼 국외로 제국주의 권력을 확대하려는 노력을 기울이지 않았고, 수정헌법 제14조도 식민지 피지배민 계급을 따로 창조할 여지를 주지 않았다. 미국의 새 영토 획득과 함께 그곳 주민은 미국 시민이 되어야 했다. 그러나 새 영토의 주민에게 완전한 시민권을 부여하는 데 반대하는 정서가 널리 퍼져 있었다. 특히 잔혹했던 필리핀-미국 전쟁의 전장이었던 필리핀은 미국인이 열등하거나 적어도 당장은 형편없이 미개한 인종으로 여겼던 태평양 지역민의 터전이었다. 그래서 대법원은 '섬 판례'(The Insular Cases)로 알려진 일련의 판결을 통해서 새 피정복민에게 적용할 법적 이등시민권 생성을 승낙하고, 이들 식민지 피지배민을 단순한 "비시민 국적자"(non-citizen nationals)로 취급하도록 허용했다.[100]

'섬 판례'는 오늘날 평범한 미국인들이 잘 기억하지 못하지만 19세기 말~20세기 초에는 격렬한 관심사였고, 현대의 법학자들은 이를 미국 인종법과 "미 제국" 건설 과정에서 중요한 사건으로 꼽는다.[101] 유럽인도 관심을 보였다. 미국 민주주의가 식민지 피지배민의 지위를 규정하느라 고민하는 모습은 유럽 제국주의 시대에 국제적 관심사가 아닐 수 없었다.[102] 특히 일부 저명한 학자를 포함한 20세기 초의 독일 학계는 나치가 득세하기 수십 년 전부터 미국 식민지법에 관해 상당한 연구 업적을 축적해놓았다.[103]

미국 이등시민법에 주목한 독일 학자 중에서 가장 놀라운 인물은 어쩌면 에리히 카우프만일지 모른다. 그는 20세기를 통틀어 가장 저명하고도 논란 많은 유대계 독일인 법률가에 속한다. 공법과 국제법을 전공한 총명한 교수였던 카우프만은 1920년대에 독일 극우파에 이끌렸다. 바이마르 시대에는 원조 파시스트(proto-fascist)들과 어울렸고, 나치가 집권한 후에도 1938년까지 나치 독일에 계속 남아 있었다. 전쟁이 끝날 때까지 숨어 지내다가 1945년 귀국한 그는 (미국 당국이 그를 "독일 청소년에게 민주주의 가치를 가르치기에 부적격"이라고 묘사했음에도) 다시 저명한 교수가 되었다.[104] 양차 세계대전 사이의 뒤숭숭한 시절이 낳은 이 인물은 파시즘 세력권에 "아슬아슬하게 가까이"[105] 다가가 정치적 동조를 표했던 일부 유대인 지식인 가운데 하나로서, 미국의 식민 경험을 1908년에 출간된 본인의 첫 책 주제로 삼았다.

카우프만의 저서는 "식민 소유권과 주권의 확장"[106]이라는 역사적 임무를 부여받은 미국이 "과연 미개한 집단을 … 헌법이 우월한 시민에게 보장하는 규범에 따라 통치할 수 있느냐"[107] 하는 문제에 어떻게 대응하는지 매우 길고 자세하게 묘사했다. 카우프만은 꼼꼼하고 열성적으로 대법원의 '섬 판례'를 설명하고, 미국 법관들의 절묘한 판결과 미국 보통법에 잠재된 "풍부한 생기와 신속성"에 깊은 경의를 표했다. 20세기 초 독일에서는

보통법을 숭앙하는 일종의 유행이 일고 있었고,[108] 카우프만도 거기에
동참했던 것이 확실하다.

> [섬 판례가] 우리에게 주는 첫인상은 특히나 독일법 판결 체계에 익숙한
> 사람의 눈에는 극도로 잡다하고 거의 혼란에 가깝다. 그러나 우리가
> 이를 편견 없이 좀 더 심도 있게 연구해보면, 이 판결들 속에는 풍부한
> 생기와 신속성, 아주 다양한 관점을 담은 자료에 대한 철저히 지적이고
> 사법적인 분석, 궁극적인 문제에 대한 예리한 집중, 미국 국민의
> 살아 있는 법적 직관을 향한 자신감 있는 호소가 담겨 있으며, 이는
> 미국인들의 출중한 법적, 정치적 재능과 교양을 시사한다.[109]

곧 살펴보겠지만, 나치 법률가들도 미국 보통법 인종주의의 "생기와
신속성"과 그 기반을 이루는 미국 국민의 "살아 있는 법적 직관"에 크게
감탄하게 된다.

　　미국의 식민 경험과 그것이 법에 미친 효과에 주목한 저명한
논평가는 카우프만 말고도 더 있었다. 독일 출신의 후고 뮌스터베르크
하버드 대학교 교수와 친독주의자 언스트 프로인트 시카고 대학교 교수
등 두 명의 유명한 학자가 각기 미국의 식민지 정복 과정 및 법률을 다룬
저서를 독일어로 출간했다.[110] 특히 프로인드는 어떻게 미국이 "시민권 없는
백성"이라는 새로운 범주를 창조했는지 설명했다.[111] 그의 설명에 따르면
미국은 해방된 흑인을 배제했던 19세기 초의 주 단위 법령 및 중국인을
배제한 19세기 말 법령을 닮은 새로운 형태의 법을 고안했다. 미국은 인종에
근거한 이등시민권을 다양한 방식으로 개척하고 있었다.[112] 또 다른 논평도
있었다. 1차 세계대전이 발발하기 몇 해 전 독일의 어느 유력 잡지는 다가올
뉘른베르크법을 예견하는 듯한 문장으로 푸에르토리코인과 필리핀인이
국가의 보호를 받을 권리는 있되 완전한 정치적 권리는 누릴 수 없는

이등시민의 지위에 구속되었다고 보도했다.[113] 이 독일 문헌의 시각에서 본 미국은 시민권의 축소를 실험하는 일종의 실험실이었다.

나치가 힌트를 얻다

나치 운동은 이처럼 미국 이민법과 이등시민법을 잘 알고 또 종종 거기에 끌리던 유럽에서 모습을 드러냈다. 미국에 대한 그런 지식과 감탄은 나치즘 형성 초기부터 존재했고, 뉘른베르크 전당대회에서 공포되는 제국 시민법 입안 시기에도 지속되었다.

미국 인종법에 대한 유럽의 관심 속에 담긴 나치즘의 요소를 추적할 때 나치 운동의 바이블인 히틀러의 『나의 투쟁』은 출발점을 제공한다. 1927년에 출간된 『나의 투쟁』 제2부는 독일 재건을 위한 히틀러의 비전을 소개한다. 그 비전은 1920년 나치당 강령에 광범위하게 반영되는데, 25개 강령 가운데 다섯 개가 시민권에 관한 내용이었다. 이 1920년 당 강령은 "독일 혈통"인 자에게만 시민권을 인정하고 독일에 거주하는 외국인은 권리를 제한하고 추방 위협을 가하는 조치를 도입하도록 촉구했다.

> 4. 오로지 동족[Volksgenosse]인 자만 시민이 될 수 있다. 종교와 무관하게 오로지 독일 혈통인 자만 동족이 될 수 있다. 따라서 유대인은 동족이 될 수 없다.

> 5. 시민이 아닌 자는 독일에서 단순한 체류자로서 거주할 수 있고, 외국인에 관한 법에 구속된다.

> 6. 오로지 시민만이 국가 지도자와 법률에 관해 결정할 권리를 누린다. 따라서 우리는 제국 관청이든 주 단위나 마을 단위 관청이든 종류를

불문하고 모든 관공서는 시민만 접근할 수 있어야 한다고 촉구한다.

7. 국가는 생계유지의 기회와 수단을 엄격히 시민에게만 우선적으로
   제공해야 한다고 우리는 촉구한다. 인구 전체에 생계 수단을 제공할
   수 없을 경우 외국 국적자(시민이 아닌 자)는 제국에서 추방되어야
   한다.

8. 앞으로 비독일인의 이민 유입은 일절 금지된다. 우리는 1914년 8월
   2일 이후 독일에 이민 온 모든 비독일인은 즉시 제국을 떠날 것을
   촉구한다.[114]

이 요구 사항들은 오늘날 유럽을 다시금 불안으로 몰아넣고 있는 극우의
선동을 연상시키는데, 이것이 1935년 뉘른베르크에서 선보일 나치
시민법의 근간을 이루게 된다.

　　1920년 당 강령을 기초로 히틀러는『나의 투쟁』제2권에서 인종에
근거한 시민권 관념을 좀 더 상세하게 발전시켰다. 그러나 1927년에 시민권
문제를 고민하던 히틀러는 1921년과 1924년에 각각 제정된 미국의 새
이민법이라는, 1920년에는 이용할 수 없었던 권위 있는 자료를 활용할 수
있었다. 이 시기에 히틀러는 미국에 분명히 반감도 있었다. 베르사유조약의
주역인 우드로 윌슨을 싫어했고, 미국 사회 전반에 은근히 발휘되는
유대인의 영향력을 혐오했다.[115] 그러나 미국 인종주의 정책에 대한 칭송과
미국 국력에 대한 선망이 하필 미국 이민법이 제정되던 1920년대 말 그의
발언에서 주조를 이루었다는 사실은 가히 인상적이다. 이전의 수많은
유럽인과 마찬가지로 히틀러 역시 미국을 "국적과 이민에 관한 명시적인
인종차별 정책 개발의 선도자"로 간주했다.『나의 투쟁』중 시민권을
다루는 부분에서 그는 독일법의 상황에 관해 특유의 빈정대는 어조로

설명을 시작한다.

> 오늘날 시민권은 일차적으로 국경 내에서 출생한 경우 주어진다.
> 인종이나 민족 구성원 여부는 아무 역할도 하지 못한다. 따라서 독일
> 보호령에 살다가 현재 독일로 와서 거주하는 니그로도 "독일 시민"을
> 낳을 수 있다. 같은 논리로 유대인 아이, 폴란드 아이, 아프리카 아이,
> 아시아 아이도 문제없이 독일 시민이 될 수 있다.
>
> 출생에 의한 귀화 말고 나중에도 귀화가 가능하다. … 이 경우 인종은
> 전혀 고려의 대상이 되지 못한다.
>
> 시민권 취득 과정 전체가 자동차 동호회에 가입하는 것과 별반 다르지
> 않다.

히틀러는 시민권 취득에 좀 더 유의미하고 적극적인 인종 구분 형식을
도입할 것을 촉구한 뒤, 국제적으로 칭찬할만한 질서 체제의 유일한 사례를
언급한다.

> 더 나은 질서의 구상이 미약하게나마 시작된 것으로 관찰되는 국가가
> 현재 하나 있다. 그 나라는 물론 우리의 훌륭한 독일 제국이 아니라
> 적어도 일정한 합리성의 지배를 위해 노력하고 있는 미국이다. 미국은
> 신체적으로 건강하지 않은 부류의 이민을 절대로 거부하며 특정
> 인종의 이민을 단호히 배제한다. 이런 점에서 이미 미국은 특유한
> '민족적'[völkisch] 국가의 구상에 적어도 잠정적인 첫발을 내디디며
> 경의를 표하고 있다.[116]

1920년대에 제정된 이민법 속에 담긴 인종주의에 관해 미국 법학자들은 이제껏 수많은 논문을 냈지만, 정작 히틀러 본인이 그 법들을 당시 '민족적' 시민권법의 탁월하고도 유일한 사례로 칭찬한 놀라운 사실에는 주목하지 않았던 듯하다.[117]

히틀러는 미국 이민법에 내렸던 1928년도의 평가를 이후에도 계속 같은 방식으로 되풀이해 설파했다. 그는 전형적인 나치식 표현을 동원해 미국인이 지배적 인종의 "피에 이질적인 이물질"을 제거할 필요를 느끼고 이를 이민법에 반영했다고 적었다.[118]『나의 투쟁』속편으로 1928년에 집필했으나 출간되지 못한『두 번째 책』에서도 그는 비슷한 주장을 펼쳤다.[119]『두 번째 책』은 인종주의와 관련하여 미국을 유럽의 본보기이자 미래의 경쟁 상대로 묘사했다는 점에서 실로 충격적이다. 1920년대에 일부 독일 인종주의자들은 미국이 혼혈로 심각한 위기에 처해 있으며 "니그로, 유대인, 남유럽인, 잡종, 황인종, 그 외 규정하기도 어려운 밀크커피색 인종들로 구성된 민족 혼란의 맹습"을 "미국의 우수한 혈통"들이 나서서 막아내지 않으면 멸망할 확률이 너무 높다는 식으로 묘사했다.[120] 그러나 히틀러는 달랐다. 다른 동료 인종주의자들과는 달리『두 번째 책』에서 드러나는 히틀러의 의견은 미국의 장래를 특별히 낙관적으로 전망했다.[121] 미국 이민법 분야의 전개 상황은 미국이 깨달은 바가 있음을 시사한다고 그는 주장했다.

중국인과 일본인의 동화를 위한 미국의 수용력은 바닥이 났다. 사람들은 그 점을 명백히 느끼고, 또 알고 있다. 바로 그런 이유로 그들은 이민자 중에서 그 이물질을 제거하기를 간절히 바란다. 이런 식으로 미국 이민정책은 기존의 "용광로" 접근법은 인종 기반이 비슷한 인간들을 상정하고 있어서 근본적으로 다른 인간 부류가 개입되면 즉각 실패한다는 점을 확인해준다. 미국이 자국을 결코 국제적인 다민족

곤죽이 아니라 노르딕-게르만족 국가로 느낀다는 사실은 유럽인을
대상으로 하는 이민할당제의 할당 비율에서도 드러난다. 북구인, 다시
말해 스웨덴인, 노르웨이인, 덴마크인, 그 다음으로 영국인, 그리고
마지막으로 독일인의 순서로 가장 많이 할당하고 있다. 라틴족과
슬라브족에 대한 할당 비율은 매우 적고, 일본인과 중국인 집단은
완전히 배제하는 편을 선호한다.[122]

이민정책의 전환이 가져온 만족스러운 결과로서 미국은 "노르딕 인종"
국가의 성격을 지켜냈다고 히틀러는 결론지었다. 그리고 유럽도 같은
조처를 취하지 않으면 경쟁력을 유지할 가망이 없다고 경고했다.[123]
이 발언이 있었던 연도는 미국이 "홍인종 수백만을 총살해 그 수를
몇십만으로 줄인" 서부 정복에 히틀러가 감탄을 표했던 연도와
동일했다.[124] 원주민 학살 역시 유럽인이 본받아야 할 또 하나의 "노르딕
인종적" 사례라고 그는 일갈했다. 역사학자 데틀레프 융커는 히틀러가
1920년대에 쓴 글들을 분석한 뒤 히틀러에게 미국은 "인종과 공간(Rasse
und Raum)의 원리" 즉 인종적으로 규정된 '민족'을 위한 영토 획득의
원리로 조직된 "탁월한 모델 국가"였다고 결론 내린다.[125] 가세르트도
당당한 인종주의 이민법과 "아리안족"의 서부 정복이라는 위업을 이뤄낸
1920년대의 미국을 히틀러가 경애할만한 "인종 국가"로 간주했다고
주장한다.[126]
　　"인종 국가"라는 주제에 대한 총통의 시각은 당연히 나치 독일에서
엄청난 중요성을 띠었다.[127] 특히 『나의 투쟁』에서 할애된 히틀러의 미국
이민법 논의는 나치의 1933년 집권 후 나치 법률가들이 시민권 문제를
논의할 때마다 인용되었고,[128] 1930년대 초반에 나온 미국법 관련 나치
문헌 전반의 어조를 지배했다.[129] 그들이 보기에 미국은 어떤 면에서 약점도
있고 인종주의 질서의 미래도 불확실했지만, 그래도 특히 현명한 이민

규제를 통해 민족국가 형성에 필수인 인종법 확립을 시도하고 있는 선도적 사례였다. 1933년 11월 『월간 국가사회주의』는 『나의 투쟁』과 프리치의 『유대인 문제 안내서』의 논조를 반복하며 이렇게 논평했다. "신세계 미국은 지난 몇십 년 동안 '인종의 거대한 용광로'의 끔찍한 위험성을 이해하게 되었고 엄격한 이민법을 통해 인구 저질화에 제동을 걸었다. … 우리와 동족인 이 미국인 집단에 우리는 친선의 손을 내민다."[130] 히틀러의 표현대로 미국은 잠정적인 첫발을 내디뎠다. 이제 나치 독일이 그 횃불을 넘겨받을 때가 왔고, 나치 독일과 백인 우월주의 국가 미국 간에 영적 동맹이 맺어질 가능성도 배제할 수 없었다.

시민법 수립 과정: 1930년대 초반의 나치 정책

나치 시대에 미국의 이민법과 시민법이 어떻게 연구되었는지 세밀하게 살펴보기에 앞서, 집권한 나치 정권의 목표가 어떤 맥락에서 설정되었는지 알아보는 작업이 중요하다. 특히 집권 초기에 유대인 말살은 나치의 목표가 아니었음을 반드시 강조할 필요가 있다. 나치 정권 초기에 "추방과 말살"은 아직 "상상하기 어려웠다."[131] 이 시기에 나치가 늘 "전면에" 내세웠던 목표는 거리에서 폭력을 행사하든지 법적 불이익을 주든지 해서 유대인이 국외로 이주하도록 유도하는 것이었다.[132] 1930년대 초반의 목표는 뉘른베르크법에 대한 표준 해설서 공동 저자 빌헬름 슈투카르트가 깔끔하게 정리하고 있다. 슈투카르트는 후에 나치 친위대 고위 장교로서 유대인 문제의 '최종 해결'을 결정한 반제회의에 참석했고 결국 전범으로 재판받았다.[133] 그러나 1930년대 초에 그가 언급한 것은 "최종 해결"(Endlösung)이 아니라 "유대인 문제의 확정적 해결"(endgültige Lösung)이었다.

이 두 개의 뉘른베르크법 [즉 '시민법'과 '혈통법']은 독일에서 유대인 문제의 확정적 해결이 시작되었음을 상징한다. 유대인은 종교 공동체가 아니라 혈연으로 맺어진 공동체 — 독일 민족과는 완전히 별개인 공동체 — 라는 점을 인정하는 데서 출발하여 이 두 법과 그 시행을 위한 부속 법령 및 규정은 가장 중요한 생활 영역에서 게르만족과 유대인의 법적 구별을 완성한다. 이에 따라 유대인이 독일 민족과 피를 섞거나 독일의 국가 정책, 경제 정책, 문화 형성 등에 관여할 여지는 영원히 봉쇄되었다. 이 법에 규정된 원칙에 따라 유대인은 당분간 제국의 보호결합체에 소속되어 국적자로 남아 있을 수 있지만, 그럼에도 유대인 문제의 확정적 해결은 유대인을 독일 민족으로부터 지리적으로 분리했을 때에만 가능하다. 즉 독일 유대인 정책의 목표는 유대인을 독일 밖으로 이주시키는 것이다.[134]

학살은 더 나중의 일이다. 이 책에서 다루는 기간에 나치의 정책은 강제 이주였다.

우리가 나치 시민법을 이해하고 그것이 미국의 상황 전개와 어떻게 관련되는지 알려면 이 사실을 유념해야 한다. "이질적 혈통"을 국외로 내쫓는 것이 목표인 정권에게 시민법은 핵심 사안이었다. 따라서 나치는 집권하자마자 재빨리 독일 시민법을 개정해 유대인과 기타 "이물질들"에게 불이익을 주었다. 이 작업은 1933년 7월 14일 우생학에 근거한 나치의 기본법인 국적 박탈 및 독일 시민권 취소에 관한 법률 공포와 함께 개시됐다.[135] 시민권에 관한 이 최초의 나치 법률은 1차 세계대전 이후 독일로 이주한 동유럽 출신 유대인의 국적 박탈과 추방을 수월하게 하는 데 목적이 있었다.[136] 제국 내무부 장관 빌헬름 프리크는 이를 "독일 인종법의 출발점"으로 묘사했다.[137] 이후 2년간 이어진 논쟁과 압박은 수미일관 시민법의 핵심적 역할을 강조했고, 결국 이것이 유대인을 이등시민으로 전락시킨 뉘른베르크 시민법으로 이어졌다.

불쾌한 진실은 이렇게 독일 유대인을 비하하고 악마화하고 추방하려는 노력이 이어지는 동안 미국법은 이전에도 히틀러의 참조 대상이었듯 여전히 나치의 참조 대상이었다는 사실이다. 미국은 여전히 선도자였고, 나치는 이민법과 시민법을 입안하는 동안 반복해서 미국의 사례를 참조했다.

총통에 오른 히틀러는 기술적인 법률 문제에 관해 장황하게 언급하는 일을 멈췄다. 대신 주요 나치 법률가와 관료들이 바통을 넘겨받아 미국 사례에 정기적으로 꾸준한 관심을 유지했다. 그런 인물 가운데 정권 초기의 중요한 예로서 1930년대 초에 가장 선두적인 나치 법률가였던 오토 쾰로이터를 들 수 있다. 1930년부터 나치에 동조했던 쾰로이터는 1933년 5월 1일 정식으로 나치당에 가입했다. 카를 슈미트가 가입한 날과 같다. 그해 쾰로이터는 나치의 본거지인 뮌헨에서 공법학 교수로 임명되었으며 학술지 편집장 등 학계에서 요직을 맡았다.[138]

1933년 말, 이 나치 법학의 대제사장은 나치가 말하는 이른바 "민족 혁명"을 위한 공법의 기본 틀을 소개하는 책을 출간했다. 이민과 귀화는 공법 분야에 속했고, 쾰로이터는 그 주제를 다루면서 미국 사례를 논의하는 데 많은 분량을 할애했다. 그는 미국과 영국 자치령을 언급하며 논의를 시작했다. 나치 저술가들이 주목한 대로 영국의 식민제국에는 혼혈을 금하는 소수의 성문법 외에도 "성문화되지 않은 사회 규범"이 있어서 확실히 나치의 흥미를 끌었다.[139] 영미권 전통에 대한 나치의 관심은 주목할만하다. 나치는 비단 미국뿐 아니라 역사적으로 영미권에 속하는 광범위한 지역에서 전개된 조치들을 널리 참조했다. 그렇지만 쾰로이터의 흥미를 가장 자극한 것은 미국법이었다. 그는 이렇게 적었다.

민족의 건강한 인종 화합을 유지하는 데 추가로 필요한 조처는 이민을

규제하는 일이다. 이와 관련하여 무엇보다도 미국과 영국 자치령의 법률이 흥미로운 결과를 낳고 있다.

　　무엇보다 주시할 부분은 미국 이민법 분야의 전개 상황이다. 1880년대까지 미국은 자유 지향적인 자유주의 관념 때문에 자국을 박해받는 모든 민족의 피난처로 간주했고, 따라서 이민 금지는 물론 이민 제한을 "자유" 헌법에 부합하지 않는 것으로 여겼다. 이 관념은 매우 신속하게 변경되었다. 1879년에는 중국인 이민 금지를 목적으로 하는 최초의 법안이 등장했다. 그러나 미국 이민법이 완전히 새로운 길로 접어든 것은 세계대전 이후였다. 오늘날 미국 이민법은 우생학적 관점에 따라 미국으로 이주하려는 열등한 분자들로부터 미국을 우선적으로 보호하는 세심히 고안된 체계를 제시한다. … [신체적으로 열등하고 건강하지 않은 예비 이민자에 대한 규제는] 엄격하고 심지어 가혹하게 적용된다.

우생학적 조치와 함께 이민할당법도 확립되었다. 원래 앵글로색슨족이던 인구에 모든 이민자를 동등하게 혼합하기란 전혀 불가능하다는 사실, 그리고 완전히 자유로운 이민정책이 미국적 민족 유형의 특징을 반드시 위협한다는 사실을 세계대전이 미국인에게 일깨웠기 때문이다. 이에 따라 1921년 최초의 이민할당법이 제정되어 각 유럽 국가에 특정한 이민자 수가 배정되었으며, 이미 미국에 정착해서 사는 이민자들의 출신 국가에는 1910년도 기준 그 나라 출신 이민자 총수의 3퍼센트 이하가 할당되었다. 그리하여 예컨대 1924년에는 미국 총 이민자 16만 5,000명 가운데 영국인과 아일랜드인은 6만 2,000명, 독일인은 5만 1,000명, 이탈리아인은 3,845명, 그리고 러시아인과 동유럽 유대인을 합쳐 2,248명이었다. 지난 몇 년간 이민은 한층 더 제한되었다.[140]

이 구절에서 두 가지 점이 확실하게 관찰된다. 첫째는 세심한 조사가 이루어졌다는 점이다. 이 구절도 그렇고 앞으로 곧 인용할 다른 인용구들도 마찬가지지만, 독일인들이 미국 이민법을 얼마나 학문적으로 성실하게 공부했는지 알 수 있다.

둘째는 퀼로이터의 글을 대외선전용으로 볼 수 없다는 점이다. 나치의 미국법 참조는 "비난을 모면하려고 자생적 법규 및 정책과 대충 관련 있어 보이는 선례를 끌어대려는 시도에 불과했다"는 일부 학자의 주장은 전혀 옳지 않다. "비난을 모면"하려는 노력으로 치부할 수 있는 나치의 글도 일부 존재한다.[141] 하지만 히틀러는 집권하기 훨씬 전부터 미국을 칭송했다. 아직 존재하지도 않던 정권에 대한 비난을 미리 논박하자고 히틀러가 미국을 칭찬했을 리 없다. 퀼로이터도 마찬가지다. 그는 아주 소수의 외국인만 이해할 수 있었던 독일어로 책을 냈다. (게다가 나치의 관례를 좇아 고급 독일어 실력을 갖추지 않은 외국인은 판독하는 데 무척 애를 먹는 독일어 인쇄체 '프락투어'[Fraktur]로 인쇄했다.) 그의 글이 의도하는 내용도 선전과는 거리가 멀었다. 나치 독일에서 표준적인 참조문헌의 지위에 오르게 되는 퀼로이터의 저서는 외국에서 주목받은 일이 없고, 따라서 독일의 대외 이미지 개선을 목적으로 하는 책이었다고 상정할만한 근거가 없다.[142] 퀼로이터는 "민족 혁명"이 도래하던 몇 달간 독일의 선두적인 공법학자로서 나치 정책 수립에 중요한 주제를 연구하는 데 몰두했다. 그야말로 나치에 의한, 나치를 위한 미국법 연구였다.

이후 2년간 같은 주제로 더욱 심화된 연구가 이루어졌다. 법률가와 관료들은 시민권과 귀화에 관한 새로운 법을 확립하는 작업을 진행하며 정치적 문제, 원칙의 문제와 씨름했다. 당시 법률 문헌이 미국법을 어떻게 묘사했는지 몇 가지 예를 살펴보면 1930년대 초반에 미국에 대한 독일의 관심이 어땠는지 분위기를 짐작할 수 있다. 먼저『법과 법 제정에 관한 국가사회주의 안내서』를 살펴보자. 1934년에서 1935년으로 넘어가던

겨울, 대단히 두꺼운 이 책을 편집한 한스 프랑크 나치당 법률고문은 얼마 후 폴란드 점령지에서 총독을 지내며 나치 공포 정책을 시행하게 된다. 제목에서 짐작할 수 있듯이 『법과 법 제정에 관한 국가사회주의 안내서』는 장래 나치의 입법 활동에 방향을 제시하기 위한 출판물이었다. 여러 나치 법률가들이 프랑크의 감독하에 모든 법 분야를 총망라해 집필한 내용이 담겨 있었다. 이 『안내서』가 미국 모델을 여러 차례 특별 언급한 사실은 일정한 중요성을 띤다.

> 『법과 법 제정에 관한 국가사회주의 안내서』(1934~35):
> 1933년 국적 박탈 및 독일 시민권 취소에 관한 법률은 바람직한 이민과
> 바람직하지 않은 이민을 구별한다. 이와 관련하여 독자의 주의를
> 환기하기에 적절한 사항은 바람직한 귀화와 바람직하지 않은 귀화의
> 차이가 미국 이민법에서 몇 해 동안 중요한 역할을 해왔다는 사실이다.[143]

『안내서』에 실린 논문 가운데 "민족, 인종, 그리고 국가"(Volk, Rasse und Staat)는 특히 놀랍다. 당시 베를린 대학교의 젊은 교수였고 나중에 하인리히 힘러의 직속 부하가 되는 헤르베르트 키어가 작성한 이 글은 새로운 나치 질서를 위한 인종법 제정 방법에 대한 기초적인 요점 정리였다.[144] 키어는 자기 글의 4분의 1이나 되는 분량을 미국법 설명에 할애하면서 혼혈금지(그는 이를 주별로 자세히 설명했다)와 인종분리를 비롯해 미국 인종법 전반을 검토했다. 논문의 맨 마지막 결론 문단도 미국 이민법을 언급하고 있으며 미국을 나치즘의 전신으로 칭송했다.

> 미국 이민법이 시사하는 점은, "용광로"를 벗어나 하나의 북미 민족(Volk)
> 공동체가 출현하려면 완전히 이질적인 인종을 원래 영국-스칸디나비아
> -독일계이며 인종적으로 동종인 핵심 인구와 뒤섞지 말아야 한다는

사실을 미국이 명확히 이해하게 되었다는 것이다. 이 두 인구 집단[즉 "핵심 인구"와 "완전히 이질적인 인종"]은 서로 자연스레 반감을 느끼며 한데 뭉쳐지는 데 저항한다. 일단 이 같은 근본적인 인식이 갖춰지면 정치 이념으로서 특히 민족이라는 개념을 창안해 경의를 표하는 것이 논리적 귀결이다. 국가사회주의는 이를 최초로 이행코자 하며, 바라건대 언젠가 유럽 문화 집단에 속하는 민족들이 자신들에게 정신 차리고 자기 본연의 핵심 가치를 기억하라고 촉구했던 이 획기적 조치를 감사히 여길 날이 올 것이다.[145]

이것이 바로 표준 나치 안내서에 실린 인종법 제정 방식에 관한 꼭지의 결론이었다. 미국은 "근본적인 인식"을 획득했고 첫발을 내디뎠다. 나치 독일은 이 논리를 이어받아 가열차게 추진하는 중이었고 언젠가는 "유럽 문화 집단"의 모든 구성원이 동참하게 되길 소망했다.

이 밖에도 무수한 글을 예시할 수 있다. 모두 미국의 결점을 지적했고 다수는 미국이 이전으로 회귀하거나 쇠락할지 모른다고 경고했지만, 하나같이 미국법 모델이 인종주의적이며 그래서 매력적이라고 묘사했다. 미국은 표준적인 나치 용어로 '공동체'(Gemeinschaft), 즉 민족(Volk) 공동체에 기초하여 세워진 나라로 묘사됐다.

에드가르 세비슈, 『["시민"과 대조되는] 국적자의 개념』(1934): 미국은 자긍심 강한 공동체 의식을 지닌 나라다. 밀고 들어오려는 이민자에게 근본적으로 거부의 자세를 취하고, 이민자를 직접 골라 각종 시험을 치르게 하고 충성을 맹세케 하는 미국 같은 나라는 공동체의 구성원 자격을 소중히 여기는 나라임을 보여준다. 이처럼 높은 수준의 자긍심은 이질적인 새 침입자에 대항해 공동체를 폐쇄하고 빈틈없이 경비하는 심오한 민족의식에서 비롯된다.[146]

히틀러의 모델, 미국

미국은 "노르딕 인종"의 우월성을 믿는 나라였다.

> 마르틴 슈템러, 『민족국가의 인종 순수성 유지』(1935):
> 미국인이 인종 순수성 유지를 고려해 우생학뿐 아니라 개별 인종에 대한
> 소속 자격을 따지기 시작했음을 저들의 이민법에서 살펴볼 수 있다.
> 미국 이민법은 황인종의 이민을 완전히 차단하고, 유럽 각국으로부터
> 받는 이민도 원칙적으로 노르딕 인종(영국, 독일, 스칸디나비아 국가
> 출신)의 이민을 주로 허가하되 남유럽과 동유럽 출신에게는 매우 미미한
> 비율만을 할당하여 날카롭게 규제한다. 미국인은 누가 자국을 위대한
> 나라로 만들었는지 잘 알고 있다. 저들은 북유럽인의 피가 말라가고
> 있음을 깨닫고 이민 규제를 통해 새롭게 수혈받고자 하는 것이다.[147]

미국의 백인 지배계급은 이질적 분자의 침입을 막을 의지가 확고했다.

> 데틀레프 잠, 『미합중국과 민족 통합의 문제점』(1936):
> 소수 인종과 외국인의 '법적, 사회적 지위'는 인구의 상당 부분이 지배
> 집단에 속하지 않으며 오히려 그 대척점에 서 있다는 사실을 증명한다.
> [미국 역사상] 조상의 이주 시기가 오랜 옛날로 거슬러 올라가는 집단은
> 자기들의 우월성[Oberherrschaft]을 수호하고 미래에도 계속 보장받기
> 위해 애쓴다. 바로 그런 이유로 저들은 '교육'을 통해 외국인을 통합하고
> '인종적으로 이질적인 분자[artfremder Elemente]의 유입을 방지'하는
> 데 초점을 둔다. 이민 및 귀화법은 이 같은 노력에 관해 많은 것을
> 시사한다.[148]

이런 식의 인용구는 많았다. 한 저자는 미국이 혼혈의 "위험성"에 관하여
"가장 요란한 경고의 외침을 토했다"면서 모든 "노르딕 인종" 국가는

미국이 제정한 인종주의 이민법을 보고 배워야 하며 이것은 결국 백인종의 "생사"가 걸린 문제라고 말하기도 했다.[149]

나치는 미국 이민법에 담긴 "경고의 외침"을 건성으로만 참조한 것이 아니다. 1930년대 초 출판물 중에는 미국 이민법과 법리를 상세히 세심하게 기록한 연구물들이 포함되어 있었다. 예컨대 미국 인종법을 나치 독일에 도입하는 데 누구보다 중요한 역할을 했던 젊은 나치 법률가 하인리히 크리거는 1936년에 출간된 자신의 주요 저서 『미국의 인종법』에서 미국 이민 및 귀화법에 35쪽을 할애했다. 그 부분은 해당 주제에 관한 저자의 박식함과 신중함을 드러냈다.[150] 크리거의 저서와 이력에 관해서는 2장에서 좀 더 자세히 다루도록 하겠다.

크리거뿐이 아니었다. 미국 시민권법 연구에 적극 참여했던 나치의 또 다른 대표적인 예로 요한 폰 레어스를 들 수 있다. 레어스는 이른바 손꼽히는 "유대인 문제 전문가"로서 뉘른베르크법 입안 과정 초반에 관여했다.[151] 그는 반유대주의 나치 법률가 중에서도 불쾌한 축에 속하는 인물로 기이한 이력을 남겼다. 초기부터 나치당원이었던 그는 종전 후 독일을 탈출해 일단 아르헨티나로 갔다. 1950년대에는 이집트로 이주해 가말 압델 나세르를 위해 반이스라엘 선전 고문으로 종사했다. 기독교권 유럽이 유대인에 대한 세계적-역사적 투쟁을 포기했다고 확신한 그는 이슬람교로 개종하고 "오마르 아민"으로 개명했으며, 1965년 이집트에서 사망했다.[152] 레어스는 1936년 웬만한 책 두께의 논문 『입법상의 혈통과 인종: 민족사 산책』에서 미국 인종법에 23쪽을 할애했다. 거기에는 수정헌법 제14조, 짐 크로 법과 인종분리 정책, 주별 혼혈금지법에 관한 설명을 담았을 뿐 아니라 이민과 귀화법에 13쪽 분량을 할애해 소수 인종별로 자세한 통계자료와 법적 논의를 다루었다.[153]

나치 법률가들은 미국 이민의 어느 한 부분에 특별한 관심을 기울였다. 바로 미국의 국적 부여 및 박탈 과정이었다. 1934년도 논문

『국적자의 개념』저자 에드가르 세비슈는 미국에 대해 분명히 어느 정도
회의적이었던 사람이다.[154] 그럼에도 귀화 문제에 관한 미국식 접근법에는
경의를 표했다. "미국법의 엄격성은 전시에 확립된 규정에서 진면모를
드러낸다"고 그는 지적했다. 미국인들은 영국인이나 프랑스인과는 달리,
자국과 전쟁 중인 국가 출신에게는 귀화할 권리를 거부하는 현명한 법을
1차 세계대전을 겪기도 전에 벌써 제정했다는 것이다.[155] 또한 세비슈는
뉘른베르크법의 역사와 관련해 특히 흥미로운 미국식 발상 한 가지에
주목했다. 그 발상은 1922년에 제정된 케이블법(Cable Act: '기혼 여성의
독립국적법'이라는 명칭도 사용되나 일반적으로 이 법안을 주도한 존
케이블 하원의원의 이름을 따 케이블법이라고 부른다 — 옮긴이)에서
찾아볼 수 있었다. 케이블법은 기혼 여성의 시민권에 관한 법률이다.
역사적으로 서구에서는 아내가 남편의 국적을 따랐다. 그러나 20세기에
접어들면서 근대 체계는 그런 원칙을 전반적으로 거부했고, 여러 나라에서
그 유서 깊은 규칙을 철폐했다. 케이블법도 그중 하나였다. 그러나 다른
나라에서 제정된 법과 달리 케이블법은 인종차별적인 예외를 두고 있어서,
미국인 여성이 외국 국적인 아시아인 남성과 결혼하는 그릇된 행동을
하면 시민권을 박탈해버리는 규정이 1930년까지 존속했다.[156] 세비슈는
케이블법의 그 규정이 그사이 폐지된 사실을 미처 모르고 인종 의식에
자극받은 건전한 입법 사례로서 경의를 표했다. "만일 미국 여성이 일본
남성과 혼인하면 미국 국적을 유지하지 못하고 혼인과 함께 즉시 상실한다.
그러나 다른 외국인과 혼인하는 경우에는 국적을 유지할 수 있다. 이 같은
결과는 '공동체'의 일부를 구성할 수 없는 자와 혼인 관계를 맺는 여성
시민에 대한 납득할만한 처벌로써 의도된 것이 분명하다."[157] 이런 식으로
"이질적 분자"와 결혼함으로써 자신을 오염시킨 여성을 추방하는 인종주의
법률은 나치 저술가들에게 큰 관심거리였다. 레어스도 영미권에서
포착되는 비슷한 사례 하나를『입법상의 혈통과 인종』에서 설명한다.

"만약 영국 국적의 기독교인 여성이 영국 시민이 아닌 이슬람 국가 출신 무슬림과 혼인하면 그 여성은 혼인에 의해 영국 국적을 상실하며, 이 부부가 영국 국왕 폐하의 속령이나 보호령이 아닌 이슬람 국가에 거주하게 되면 이들은 이슬람 법규에 구속된다."[158] 이것을 읽은 독자가 30년 후 레어스 본인이 "이슬람 국가"에서 "무슬림" 오마르 아민으로 살다가 죽을 거라고 상상이나 했겠는가? 어쨌든 영미권에서 시행된 혼인에 따른 국적 박탈은 나치 정책 입안자들의 진지한 관심을 받을만했던 것으로 보인다. 그리고 곧 살펴보겠지만, 그와 같은 방침은 뉘른베르크법의 중요한 측면 하나와 일정한 관련이 있었다. 뉘른베르크법의 시행도 비슷한 방식으로 배우자 선택에 초점을 두었다. 당시 나치는 부모 중 한쪽만 유대인인 "혼혈인"을 법적 "유대인"으로 규정할 것이냐 하는 문제에 직면해 있었다. 만약 "혼혈인"이 "유대인"을 배우자로 선택하면 유대인적 "성향"[159] 또는 "유대인 혈통"의 "힘"[160]이 드러나는 것이니 "유대인"이 맞다는 것이 나치의 부분적 해법이었다. 일본인 배우자를 택한 미국 여성처럼 이 혼혈인들도 건강한 '민족 공동체'에 불쾌감을 주는 이질적 분자와의 사귐을 선택했다는 논리다.

나치가 미국식 이등시민권을 고려하다

미국 이민법은 히틀러 본인이 너무나 여봐란듯이 칭찬했던 까닭인지 몰라도 나치 법률 관련 문헌에 특별히 자주 등장했다. 그러나 나치 저술가들은 흑인, 푸에르토리코인, 필리핀인, 중국인, 아메리카 원주민을 대상으로 법률상으로나 사실상으로 이등시민의 형식을 창조한 미국 시민권법도 놓치지 않고 살폈다. 마조워의 추측대로 이 주제는 두 번째 뉘른베르크법과 관련해 나치 독일에서 특별한 관심을 끌었다.

1930년대 나치 저술가들도 앞 세대 독일 저술가들처럼 미국 흑인이

"사문화"된 시민권을 보유하고 사실상 법적 비하를 당하는 일에 특별한 관심을 보였다.[161] 실제로 미국 흑인의 참정권 박탈이라는 주제는 나치들 사이에서 상당한 정치적 관심사여서 대량 발행되는 나치당 출판물에서도 다루어졌다. 예컨대 나치 동조자에게 널리 읽히려는 의도로 발행했던 당보 『돌격대 지도자』는 미국에서 흑인의 시민권이 무의미하다는 내용을 보도했다.[162] 나치당 인종정책국에서 발행하던 프로파간다 소식지 『새 민족』에 실린 1936년도 기사 역시 특별히 흥미롭다. "미국의 백인과 흑인"을 일반 독일 대중에게 설명하는 이 인상적인 나치당의 인종 프로파간다는 미국 48개 주를 보여주는 편리한 지도로 서두를 장식하고 "니그로 권리의 법적 제약"이라는 제목하에 참정권 박탈과 혼혈금지법에 관한 미국 전역의 정확한 실상을 보여주었다. 그런 다음 기사는 7쪽 분량에 달하는 사진과 함께 미국 흑인의 삶과 역사를 간략히 설명했다. 기사는 특히 뉴욕시에 초점을 맞추었다. 뉴욕 흑인들은 밤에는 할렘에서 자신들의 독자적 문화를 유지하지만 낮에는 시내로 출근하여 "에나멜가죽처럼 반들거리는 피부와 양털 같은 곱슬머리를 하고서 구두닦이나 엘리베이터 보이"로 일한다고 독자들에게 설명한다. (일부 흑인은 뉴욕에서 웨이터로 일하지만 "백인 손님과 대화하는 것은 금지되며 백인 손님에게 제공할 메뉴판은 손에 드는 대신 쟁반에 받쳐서 갖다준다"고 기사는 보도한다.)

"어떻게 인종 문제가 발생하는가"라는 제목이 붙은 이 기사는 다른 나치 문헌처럼 흑인 문제가 미국을 심각하게 위협한다고 경고했다. 기사는 특히 흑인 출생률 증가에 주목했고, 그와 함께 흑인들이 "반들거리는" 피부와 "양털 같은" 모발을 숨기고 백인 사회에 침투할 용도로 쓰는 피부 미백 크림과 곱슬머리 펴는 포마드 광고 이미지를 실었다. 그러나 기사는 "일부 특정" 미국 언론이 나치를 적대할지언정 미국인은 나치와 마찬가지로 인종 위기에 대항해 건강한 조치를 취하고 있다고 강조했다. "[나치 독일과 똑같이] 미국도 인종주의 정치와 정책을 취한다. 린치를

Wie Raſſenfragen entſtehen

Weiß und Schwarz in Amerika

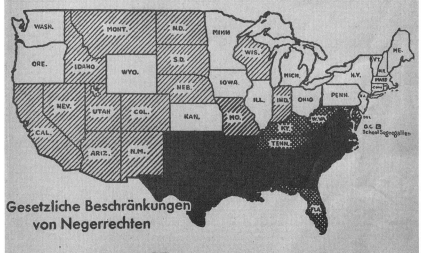

Gesetzliche Beschränkungen von Negerrechten

■	Kein Wahlrecht, Verbot von Ehen mit Weißen, Rassentrennung
▦	Alle obigen Beschränkungen mit Ausnahme des Wahlrechtes
▨	Mischehen verboten, Rassentrennung in der Schule
▨	Mischehen verboten

Die größte Negerſtadt der Welt heißt Harlem, ihr Name ſtammt noch aus jener Zeit, da Neuyork, an deſſen Rande Harlem liegt, Neuamſterdam genannt wurde. Es iſt nicht lange her, noch vor dem Welt= kriege war auch Harlem weiß; als aber in Europa der Weltkrieg tobte, vollzog ſich in den Vereinigten Staaten eine Völkerwanderung. Die Munitionsfabrikanten der Oſtſtaaten brauchten Arbeitskräfte, und die Neger — bis dahin meiſt Landarbeiter in den Südſtaaten — ergriffen die Gelegenheit und eroberten in unblutigem Kampfe ein Stadtviertel nach dem anderen. Stückweiſe mußten die Neger Harlem bezwingen, jedes Haus, in das Neger einzogen, galt als entwertet, weil ſofort alle anderen Mieter kündigten, und neue Negerfamilien zogen ein. Bald ſah man auf den prächtigen Avenuen von Harlem, der nördlichen Vorſtadt Neuyorks, die kurz zuvor an Reichtum und Eleganz dem Broadway ernſte Konkurrenz gemacht hatte, nur noch Schwarze. Durch Grundſtückskäufe beſiegelten die Neger ihren Beſitz.

Mit ſeinen 300 000 farbigen Einwohnern iſt Harlem die größte Negerſtadt der Welt, mit eigenen Theatern, eigenen Kinos, eigenen Verkehrsunternehmen, eigenen Banken, eigenen Zeitungen, eigenen Hotels und= Re= ſtaurants — ſchwarz für Schwarz. Und als „Schwarz" oder „Farbig" wird in Amerika nicht allein der Vollblutneger, ſo wird jeder bezeichnet, der auch nur einen Tropfen Negerblut in den Adern hat und der infolgedeſſen aus der Gemeinſchaft der weißen Bevölkerung ausgeſchloſſen iſt.

Freilich wird das ungeſchriebene Geſetz gegen die Neger in den Nordoſtſtaaten nicht ſo ſtreng gehand= habt wie im Süden. Jeder Staat der Union hat nämlich ſeine eigenen Verhaltungsmaßregeln zwiſchen Weiß und Schwarz. So dürfen Schwarze in St. Louis, ſoweit der Stadtbezirk im Staate Miſſouri liegt, nur Straßen= bahn fahren. Soweit der Bezirk aber ins Gebiet von Indiana reicht, können ſie auch Autobuſſe benutzen,

그림 3. "어떻게 인종 문제가 발생하는가: '니그로 권리의 법적 제약'을 보여주는 48개 주의 지도." 자료: 나치당 인종정책국 소식지 『새 민족』(*Neues Volk. Blätter des Rassenpolitischen Amtes der NSDAP*) 4권 3호 (1936): 9쪽. 미시간 대학교 도서관 제공.

Weißen, vermerkt ist, wieviel der Gast zu bezahlen, das heißt auf dem Tablett zu deponieren hat, das der Neger dann abholt. Hat der Gast einen größeren Geldschein gezogen, so erscheint der weiße Oberkellner am Tisch und erledigt den Fall persönlich, nur weil dabei mit dem Gast ein paar Worte gewechselt werden müssen. Und so ist es mehr oder weniger überall.

In Harlem selbst, dem Sitz von zahlreichen schwarzen Ärzten, Rechtsanwälten, Geistlichen, Schriftstellern und anderen Angehörigen freier Berufe, ist eine neue, schwarze Kultur im Entstehen. Seit hundert Jahren erhalten die nordamerikanischen Neger keinen Zuzug mehr aus Afrika, seit vielen Generationen leben sie in der Union. Was afrikanisch war, wurde mit amerikanischen Einflüssen vermischt, durch dieses Riesensieb Harlem getrieben. Die schwarze Dichtkunst verzichtet völlig auf den Negerdialekt, sie bedient sich des üblichen Neuyorker „Slang". Die Maler, welche die sehr gern von den Negern gekauften religiösen Bilder zeichnen, stellen einen schwarzen Christus und eine schwarze Madonna dar.

Abends, wenn die Lichtreklamen in Harlem grell aufleuchten, sind es nicht allein Schwarze, die in Vergnügungslokalen der schwarzen Stadt zu sehen sind oder die breiten Avenuen bevölkern. Harlem hat als Anziehungspunkt der Fremden das vor dem Kriege so bekannte Chinesenviertel verdrängt. Wenn es dem Onkel aus dem Westen in Neuyork am Abend allzu langweilig wird, so führt ihn der Neffe nach Harlem, weil hier stets „etwas los" sein soll.

Es wäre weit verfehlt, wollte man denken, daß der Neger sich über die Anwesenheit von Weißen in seinen Vergnügungsorten freuen oder sich gar geschmeichelt fühlt. Keineswegs —

Die schwarze Weltstadt. Der Stadtteil Harlem im Norden Neuyorks wird nur von Farbigen bevölkert, deren Zahl hier 300 000 beträgt

Die Schuhputzer in den Vereinigten Staaten von Amerika sind ausschließlich Neger

Zu den Farbigen werden auch die Mischlinge gezählt

그림 4. 미국 흑인의 이미지. 맨 위 사진부터 시계방향으로 "미국에서는 니그로만 구두닦이로 일한다." "흑색 국제도시: 뉴욕시 북부 할렘 지역에는 유색인종만 거주한다." "혼혈인종도 유색인종으로 간주한다." 자료: 나치당 인종정책국 소식지 『새 민족』 4권 3호 (1936): 13쪽. 미시간 대학교 도서관 제공.

der Neger verachtet solche jeden Rassebewußtseins baren Weißen und belegt sie mit dem Spottnamen „jig-racers", und diese „jig-racers" sind es gewesen, die die Harlemer „Jazz"-Musik in die weiße Welt einführten.

Das Negerproblem ist noch immer ein Kernproblem im politischen und sozialen Leben der Vereinigten Staaten. Von seiner Lösung hängt vielleicht die ganze Zukunft der Union ab. Man darf nicht vergessen, daß es die Negerfrage war, die vor fünfundsiebzig Jahren zu einem erbitterten Bürgerkriege führte, der vier Jahre dauerte und die Einheit der Vereinigten Staaten ernstlich bedrohte. Damals gab es aber nur vier Millionen ungebildete, bettelarme Neger in der Union. Heute gibt es deren vierzehn Millionen, sie können alle lesen und schreiben, zum Teil sind sie sehr gebildet und reich.

Während bei der weißen Bevölkerung der Vereinigten Staaten die Geburtenziffer beständig im Sinken begriffen ist, vermehren sich die Neger dort beständig, obwohl sie keinen Zuzug aus Afrika erhalten. In dem sogenannten „Schwarzen Gürtel" mit den Großstädten Neuorleans, Savannah, Richmond und Memphis leben bereits 5½ Millionen Neger und nur 4¾ Millionen Weiße.

Negerjungen in Harlem. Die Neger vermehren sich bedeutend stärker als die weiße Bevölkerung der Vereinigten Staaten. Ihre stetig wachsende Zahl macht den amerikanischen Staatsmännern große Sorge

In der Neuen Welt schimpft ein bestimmter Teil der Presse gegen die Politik zur Erhaltung der Reinheit der Rasse im nationalsozialistischen Deutschland. Aber auch in den Vereinigten Staaten ist stets eine Rassepolitik in bezug auf die Neger getrieben worden. Was ist denn die Lynchjustiz anderes als eine natürliche Auflehnung des Volkes gegen das Überhandnehmen von Fremdrassigen. In den meisten Bundesstaaten der Union bestehen Ausnahmegesetze gegen die Neger, welche deren Wahlrecht, Freizügigkeit und Berufswahl wesentlich beschränken. Eine Zeitlang beabsichtigte man, eine Negerreservation in USA., ähnlich den Indianerreservationen, in den Südstaaten zu gründen. Jetzt wird von Weiß und Schwarz das Thema der sogenannten „Segregation", der Negerabschließung, lebhaft erörtert. Bisher war dieses Zusammendrücken von Schwarz zu Schwarz fast ausschließlich ein Gebot der Stunde. So weigerte sich das amerikanische Kriegsministerium, während des Weltkrieges Neger in die Offiziersschulen aufzunehmen, gab aber seine Einwilligung zur Errichtung einer eige-

„Du wirst weiß" — Eine Anzeige aus einer Negerzeitung in den Vereinigten Staaten. Mit Hilfe des hier gepriesenen kosmetischen Mittels soll die Negerhaut in 3 Tagen weiß werden

„Junge, dadurch wird sie dich lieben!" eine Anzeige aus einer Negerzeitung, die ein Mittel zur Glättung krausen Negerhaares anpreist; die Negerin, die sich mit der Herstellung dieses Mittels befaßt, ist zu einer der reichsten Frauen in St. Louis geworden

그림 5. 미국 흑인의 이미지. 맨 위 사진: "할렘의 어린 니그로 소년들. 니그로는 미국에서 백인종보다 훨씬 빠른 속도로 증가하고 있다. 미국 정치인들은 이들의 꾸준한 인구 증가를 우려한다." 자료: 나치당 인종정책국 소식지 『새 민족』 4권 3호 (1936): 14쪽. 미시간 대학교 도서관 제공.

Die Gefahr, die seitens der Neger dem Bestand der Union erwächst, ist aber auch höchst konkreter Natur. Die Kommunisten finden bei den Schwarzen stets bereite Zuhörer und — Anhänger. Die Neger fühlen sich zurückgestellt, sie fühlen sich als „Bürger zweiter Klasse", und die Kommunisten versprechen ihnen in Sowjetamerika nicht nur völlige Gleichberechtigung, sondern auch eine selbständige Negerrepublik im „Schwarzen Gürtel".

Der erste schwarze Weltmeister, Jack Johnson, vor dem Weltmeisterschaftskampf im Schwergewichtsboxen gegen Jim Jeffries in Reno (Nevada), 1910

nen Negeranstalt dieser Art, die dann auch 700 farbigen Offizieren das Patent erteilte. Unter „Segregation" läßt sich eine Vielheit von Dingen verstehen. Der „Jim-Crow-Wagen", d. h. der Negerwagen, ist „Segregation".

Eine Schule, ein Krankenhaus, eine Kirche „nur für Schwarze" ist es ebenso wie eine Schule, ein Krankenhaus, eine Kirche „nur für Weiße". Alle örtlichen Bestimmungen darüber sollen jetzt durch ein Bundesgesetz zusammengefaßt werden.

Mischehen zwischen Weiß und Schwarz sind in den meisten Staaten der Union verboten. Der ehemalige Negerboxer und Weltmeister Jack Johnson darf nicht nach Amerika zurückkehren, weil er in Paris eine Weiße geheiratet hat

그림 6. "백인과 흑인의 혼인은 미국 대다수 주에서 금지되어 있다. 전직 복싱 세계 챔피언 잭 존슨은 파리에서 백인 여성과 결혼했다는 이유로 미국에 돌아가지 못했다." 자료: 나치당 인종정책국 소식지 『새 민족』 4권 3호 (1936): 15쪽. 미시간 대학교 도서관 제공.

통한 정의 구현이 감히 우위를 점하려 드는 이질적 인종에 대한 국민의 자연스러운 저항이 아니면 뭐란 말인가? 미국의 대다수 주에는 니그로를 제약하는 특별법이 있어서 투표권, 이동의 자유, 직업 선택을 제한한다. 남부 몇 주에서는 한동안 인디언 보호구역과 비슷하게 니그로 보호구역을 설치하려는 계획도 있었다."[163] 이 기사의 작성자들이 대체 어디서 미국이 "니그로 보호구역"을 계획했다는 이상한 소리를 들었는지 알 수 없다. 레어스가 언급한 대로 남아프리카에는 그런 보호구역이 있었지만[164] 미국에는 존재하지 않았다. 어쨌든 이 기사는 뉘른베르크법이 효력을 발휘하던 1936년, 즉 독일에서도 유대인을 "인종주의 정치와 정책"에 예속시키던 시점에 나치당 고위 간부들이 미국의 실질적인 이등시민권 구현 방식을 일반 독일 대중에게 널리 알리려 애썼다는 것을 보여준다. 그런 의미에서 이것은 선전물이었으나 국외 비판자가 아닌 자국민을 겨냥한 선전물이었다.[165]

　　한편 독일의 기술적인 법률 문헌은 앞서 수십 년간 그래왔듯 계속해서 미국 이등시민권 관련 법률의 해석 작업을 이어갔다. 1933년에 나온 책 한 권은 미국이 시민권과 무국적의 중간에 해당하는 새로운 범주를 고안했다고 보고했다. 법적으로 "어중간한" 파격적인 유형이었다. 이 새로운 범주에는 흑인뿐 아니라 필리핀인과 푸에르토리코인이 포함되었다.[166] (곧 살펴보겠지만) 혈통법 법안 작성 과정에서 내부 의사결정에 중요한 영향을 끼쳤으며 널리 인용되었던 크리거의 1934년도 논문은 흑인뿐 아니라 중국인도 미국에서 진정한 투표권이 없다고 지적했다.[167] 나치당의 주요 법무 기관지 『독일 사법』도 같은 사실을 강조했다.[168] 한 저자는 1935년도 저서에서 존 C. 칼훈(노예제를 옹호했던 남부 출신 정치인. 미국의 일곱 번째 부통령이었다 — 옮긴이)을 독일에 인종주의적 영감을 제공한 인물로 칭송하면서 "니그로는 법 앞에서 평등하지 않다"고 일갈한 뒤, 흑인이 결코 평등해질 수 없는 이유는 "완전한 정치적 평등은 인종 간 성적 분리에

종지부를 찍을 것이 분명하기 때문이다. 바로 그래서 앵글로색슨족의 건전한 인종적 본능이 여태껏 그것을 거부해왔던 것"이라고 적었다.[169]

　　1930년대 초에 나치 저술가들이 미국의 "니그로 문제"와 자신들의 "유대인 문제"에서 명백한 유사성을 보았다는 점은 특별히 주목할만하다. 미국은 유대인을 노골적으로 박해하지 않았으므로 나치 독일의 관심사가 아니었다는 여러 학자의 주장은 옳지 않다. 예컨대 앞서 존 C. 칼훈을 찬양했던 저자는 독일의 유일하고 간절한 희망은 시오니즘 운동뿐이듯, 미국의 유일하고 간절한 희망은 흑인의 대대적 추방뿐이라고 판단했다.[170]

　　더 중요한 것은 기술적인 법률 문헌도 그와 같은 유사성을 포착했다는 점이다. 1930년대 초 나치 법률가들의 관점에서 봤을 때 독일이 직면한 유대인 문제는 다른 무엇보다 특히 정부, 관료조직, 법조계 등에서 발휘되는 유대인의 "영향력"이었다.[171] 1920년도 당 강령에 다음의 여섯 번째 항목이 포함된 것도 바로 그 때문이었다.

　　6. 오로지 시민만이 국가 지도자와 법률에 관해 결정할 권리를 누린다. 따라서 우리는 제국 관청이든 주 단위나 마을 단위 관청이든 종류를 불문하고 모든 관공서는 시민만 접근할 수 있어야 한다고 촉구한다.

나치가 제일 먼저 제정한 반유대인법이 정부, 대학, 법조계에서 유대인을 배제한 것도 같은 이유에서다.[172] 또한 나치 법률가들은 미국 흑인의 권리 박탈 사례를 바라보며 기이하게도 자기들과 비슷하게 흑인의 "영향력"에 맞서 싸우는 미국의 노력을 보았다. 나치에게 미국 흑인은 극심하게 억압받는 빈곤한 집단이 아니라 위협적으로 "우위를 점하려" 드는 위험한 "이질적 인종"의 침략자였으므로 막아내야만 할 대상이었다. (나치와 미국 인종주의자들은 제정신이라고 볼 수 없는 이런 견해를 공유했다.)[173] 큰 영향력을 미쳤던 크리거의 1934년도 논문은, 시민권이 헌법상 명시적으로 보장됨에도 흑인의 완전한 정치적 권리를 박탈하려고 미국 법률가들이 은밀한 편법을 고안한 것은 미국의 "지배적 인종"이 흑인의 "영향력"을 막아내야 했기 때문이라고 설명했다.[174] 이 논문은 그와 같은 편법이 어떻게 기능하는지 꽤 자세히 설명한 뒤[175] 결국 미국도 독일에서 발전 중인 더 "열린" 형태의 사법적 인종주의를 지향하게 될 것이라고 조심스레 낙관했다.[176] 잠(Sahm)도 크리거와 비슷하게 미국 남부 여러 주에서 "니그로의 정치적 영향력을 최소화"할 의도로 고안한 흑인 참정권 박탈 방식을 조사했다.[177] 독일인들은 미국 유대인의 지위에서 같은 문제점을 보았다. 그래서 잠은 미국 유대인은 엄밀히 따지면 법적 불이익을 당하지는 않지만, 대학 입학 할당제 같은 비사법적 수단을 통해 "종속적 사회 지위"로 격하되며, 특히 법조계의 번듯한 직위는 유대인에게 막혀 있다고 설명했다.[178] 이런 식으로 미국은 헌법상의 권리 보장 규정을 정식으로 폐기하지 않고도 유대인을 소외하는 방식으로 작동하고 있었다. (레어스도 그렇게 생각했으나 단순한 관례만으로 유대인의 위협을 막아내기에는 역부족이므로 정식 입법이 필요하다고 확신했다.)[179]

　　잠은 미국법을 연구하면서 미국법과 나치 독일의 신법 사이에 유사성이 드러나도록 공을 들였다는 점에서 특히 주목할만한 저자다. 히틀러는 『나의 투쟁』에서 "민족국가는 거주자를 시민, 국적자, 외국인, 이렇게 세 계급으로 나눈다"고 적은 바 있다.[180] 잠은 히틀러를 명시적으로 인용하지는 않았지만, 독일 독자들에게 미국법이 『나의 투쟁』에 나오는 표준적 모형을 정확히 따르고 있다고 설명했다.

　　미국 공법은 시민, 국적자, 외국인을 구별한다.

　　시민권은 법적으로 최고의 지위다. 출생이나 귀화…를 통해 미국 시민이 될 수 있다.

시민 외에도 시민권을 누리지 못하는 국적자, 즉 "비시민 국적자"가
존재한다. 필리핀 주민 대다수가 이런 국적자에 해당하지만, 하와이,
푸에르토리코, 버진 제도의 주민은 미국 시민권을 보유한다.[181]

뉘른베르크법은 오직 시민만 "완전한 정치적 권리"를 누린다고 선언했다.
잠이 보기에 미국법에도 "정치적 권리"와 "시민적 권리"를 구별하는
비슷한 원칙이 있었다.[182] 더 나아가 미국법은 특정 집단이 형식적으로
"정치적" 권리를 보유해도 투표를 못 하도록 배제한다고 잠은 강조했다.
흑인뿐 아니라 아메리카 원주민도 그런 집단에 속했다.[183] 한편 외국인은
미국법상 각종 불이익을 당했다. 외국인이 누리는 권리는 오직 "체류자의
권리"로만 제한해야 한다고 1920년부터 내내 주장해온 나치에게 이것은
당연한 관심사였다.[184] 『백인종의 우월성』에서 드라셔는 미국인들이 그런
수단을 통해 "국가 지도급 고위 요직들을 앵글로색슨족이 계속 독점하도록
치밀하게 준비했다"고 적고 있다.[185]

다시 말하지만, 미국의 이런 상황 전개에 마음을 빼앗긴 것은
나치만이 아니었다. 1930~40년대에 유럽 전역에서는 미국 남부가
흑인의 (그리고 멕시코인과 아메리카 원주민의)[186] 투표권을 체계적으로
박탈함으로써 확실히 미국판 인종주의 파시스트 정권처럼 보이는 어떤
것을 창조했다고 보는 견해가 일반적이었다. 한 프랑스 저자는 흑인의
참정권 획득에 반대하기 위해 창설된 "쿠 클럭스 클랜(KKK)이 바로
미국의 파시스트"임을 알렸다.[187] 1936년에 미국 인종 문제를 주제로
흥미로운 책을 펴낸 네덜란드 출신 민속학자 베르트람 슈리케는 "폭력,
위협, 공공연한 뇌물 수수, 부정투표, 선거 결과 조작과 위조, 티슈 투표용지
사용(여러 겹으로 된 티슈를 투표용지로 사용해 한 표를 여러 표로 만드는
수법 — 옮긴이) 등 니그로 유권자를 배제하려고 온갖 수법을 동원해 재건
시대의 성취를 무효화하는 과정을 보면 … 독일의 나치 득세를 강렬하게

연상시킨다"고 언명했다.[188] 1944년 군나르 뮈르달은 "일당 체제와 시민
자유의 위태로운 상태 때문에 남부는 종종 파시스트로 일컬어진다"고
언급했다.[189] 유럽인들이 이런 생각을 널리 공유했다 하더라도 나치들
스스로 그 생각을 표현했다는 점은 특별히 인상적이다. 크리거를 비롯해
나치들은 미국 남부 민주당이 "인종주의 선거법"을 통해 일당 체제를
확립했으며, 이제 남은 문제는 "당의 국가기관화"가 성공할지 여부라고
단언했다.[190]

미국 시민법에 나치가 기울인 관심에 관하여

나치가 이렇게 미국의 백인 우월주의를 추어올리고 미국 이민법과
시민권법을 뒤적거린 점에 관해서는 조심스러운 평가와 신중한 용어
선택이 요구된다. 나치가 미국 사례에 깊은 관심을 가졌던 것은 확실하지만,
그렇다고 해서 미국 모델이 나치의 시민법에 직접 영향을 주었다는 결론을
지나치게 강조하는 것은 잘못일 수 있다. 나치가 아무리 미국법을 칭찬했다
해도 나치의 시민법이 미국법에서 발견한 유사한 법규를 그대로 베꼈을
가능성은 없다. 미국이 히틀러가 집권하기 훨씬 전부터 잘 알려지고 자주
언급되던 인종주의 법 제정의 세계적 선도자였을 수는 있다. 하지만
나치도 자주 언급했듯이 미국법은 적어도 시민권과 이민에 관한 한
공개적으로 인종주의를 추구하지는 않았다. (다음 장에서 살펴보겠지만,
미국의 혼혈금지법은 그런 면에서 사뭇 달랐다.) 시민권법과 이민법상
미국인들은 수정헌법 제14조, 그리고 더 넓게는 스스로 선언한 평등의
전통을 우회해서 작업해야 했다. 결과적으로 그들의 법에는 은밀한 장치와
편법 수단이 담겼다. 크리거의 표현대로 미국법은 기만적인 법적 우회로를
갖춘 우회(Umwege)의 법이었다. 나치는 이런 미국식 법적 장난질에
분명히 호감을 보였고, 나치당 선전물에서든 전문 법률 문헌에서든 기회만

히틀러의 모델, 미국

있으면 미국의 심도 깊은 법적 인종차별을 즐겨 지적했다. 그러나 나치의 입장에서는 공공연한 인종주의적 시민권 제도를 확립할 의지가 확고했고, 그렇다면 단지 그것만을 이유로 미국법을 그대로 차용할 필요는 없었다. 나치의 인종법은 민족별 이민 할당제, 투표세, 조부 조항, 문맹 테스트 등과는 무관한 법이 될 예정이었기 때문이다.

어차피 우리가 아무런 수정 없는 모방의 흔적을 발견하기란 본질적으로 매우 어렵다. 나치 법률가는 곧 독일 법률가였다. 독일 법률가란 직수입은커녕 도리어 외국으로 널리 수출되던 심오하고 자랑스러운 법 전통의 대변자였다. 더구나 이들은 자신들이 인류 역사상 대전환점이 되어줄 "민족 혁명"에 참여하고 있다고 확신했다. 그런 의미에서 이들이 미국법을 단순히 모방했다면 그게 더 의외일 것이다.

그러므로 나치가 시민법 제정 과정에서 미국법을 직접 "차용했다"고 말하는 것은 잘못이다. 이 책은 비교법 분야 용어로 표현하자면 나치 독일로 "이식"(transplant)된 미국법에 관한 이야기가 아니다.

그와 동시에 미국법에 나치가 기울였던 관심을 경시하는 것 역시 어리석고 비겁한 일이다. 실제로『나의 투쟁』이후 나치는 미국의 백인 우월주의를 찬양하고 미국 이민법과 시민권법을 샅샅이 훑었다.『법과 법 제정에 관한 국가사회주의 안내서』는 미국을 가리켜 이제 나치 독일이 완수하도록 부름받은 역사적인 인종주의 사명을 "근본적으로 인식"한 나라로 묘사했다. 그런 의미에서 나치 법률 문헌은 히틀러의 등장 이전까지 미국이 "세계 지배를 위한 아리안족의 투쟁"에서 "백인종의 지도자"였다고 단언한 역사 문헌과 완전히 일관된다. 나치 법률 저술가들은 미국의 인종법이 매우 "불완전"해서 질책할만하다고 믿었고[191] 루이스 브로드스키 같은 뉴욕 유대인들의 활동을 비웃었지만, 그럼에도 미국을 자국의 건전한 인종 의식에 순종하며 건강한 민족 질서를 향해 나아가는 나라[192]—『나의 투쟁』의 관점에 따르면 이미 첫발을 내디딘 나라 — 로 여겼다.

따라서 미국 시민권법을 직수입하지 않았다 해도 나치 법률가와 정책 입안자들의 사고에 중요하게 작용한 무언가가 있었다는 점을 무시해서는 안 된다. 이민과 시민권에 관한 미국의 사례는 직접적인 모델이기보다는 미국처럼 앞서가는 "노르딕 인종" 정치체에서 "인종 의식"이 법 제정에 영향을 주기 시작했다는 반가운 증거였다. 그러나 그것이 반가운 증거로 작용했다는 사실이 지니는 중요성을 과소평가해서는 안 될 것이다. 미국법은 근대 법률가들이 매우 중요하게 여기는 어떤 것을 나치에게 제시했다. 즉 역사의 바람이 자기들 쪽으로 불어오고 있다는 것을 나치에게 확인시켜준 것이다. 나치 법률가들이 바라본 미국은 바로 히틀러가 묘사했던 미국이었다. 독일이 소망하는 종류의 인종 질서를 향해 첫발을 내디딘 인종 의식을 지닌 역동적인 나라였고, 그 인종 질서를 완성하는 것이 독일의 임무였다. 비교법적 영향 관계는 단순히 특정 규제의 완화나 특정 조항의 모방, 또는 특정 제도의 이식 같은 문제에만 국한되지 않는다. 법률가란, 심지어 나치 법률가래도, 법에서 타당성과 필요성을 찾으며 이때 외국에 존재하는 비슷한 사례들이 유익한 안도감과 영감을 줄 수 있다. 특히 근대 법률가들은 자신들이 더 나은 미래를 향해 전진하고 있다고 믿고 싶어 하는 경향이 있어서, 다소 갈팡질팡하더라도 다른 나라도 똑같이 더 나은 미래를 향해 전진 중이라는 증거를 보면 중요하게 여겼다. 자의식적으로 혁명 상태에 빠져든 법률가라면 아마 더욱 그럴 것이다.

우리로서는 인정하기 괴로운 일이지만, 나치의 "민족 혁명"에 가담한 이 법률가들은 기존의 극우 분자들과 마찬가지로 미국의 예를 포착해 십분 활용했다. 20세기 초에 미국의 인종차별적인 이민법과 시민권법은 사실상 표준으로 자리매김했다. 나치 사례는 미국이 "국적과 이민에 관한 명시적인 인종차별 정책 개발의 선도자"[193]였다는 판정에 얼마만큼의 진실이 담겼는지를 시사한다. 미국의 창의적인 법문화는 오늘날 회사법 분야에서처럼 20세기 초반에는 바로 이 영역에서 세계적 풍조를 선도하고 확립했다. 바로 그랬기 때문에 심지어 나치 독일조차 미국을 주시했다.

그렇다 하더라도 나치의 시민법 제정 과정에서 발견되는 측면을 "차용"이라고 부르는 것은 잘못이다. 만약 차용처럼 보이는 좀 더 도발적인 증거를 찾아내고 싶다면, 시민법과 나란히 제정된 혈통법을 살펴봐야만 한다.

2장
나치 혈통과
나치 명예의 수호

뫼비우스 박사: 최근 어느 미국인이 우리에게 한 말이 기억납니다.
그가 이렇게 설명했습니다.
"우리도 당신들과 똑같이 하고 있습니다.
그런데 왜 당신들은 굳이 법률에 명시해야 하는 겁니까?"

프라이슬러 차관: 하지만 미국인들은 자기들 법에
훨씬 더 노골적으로 규정하고 있어요!

—1934년 6월 5일

나치의 혈통법을 살펴본다는 것은 나치 독일을 탈출한 피난민들이
"광신적 인종주의"(Rassenwahn)[1]라고 맹비난한 영역, 즉 유대인은 위협적
존재라는 헛소리의 세상, 나치가 인종적·성적 순수성의 국가적 강제와
위반자 처벌 및 축출에 광적으로 집착하던 세상에 발을 들여놓는다는
것을 뜻한다. 다른 인종 간의 섹스와 혼인을 금지하는 혈통법은 전후 유럽
법률가들에 의해 천부인권 위반의 전형으로 지탄받았지만,[2] 나치 시대에
제국 대법원은 이를 무려 "국가사회주의 국가의 기본 헌법"으로 선언했다.[3]
나치 법률가들은 이것을 "순수하고 혼혈되지 않은" 게르만 인종의 유지를
위한 핵심 조처로 대중에게 소개했다.[4] 뉘른베르크법 기본 해설서는
혈통법도 시민법처럼 "독일 민족의 신체에 대한 유대인 피의 추가적 침투"
방지에 필수라고 선언했고,[5] 이를 둘러싼 수사법은 유대인과의 성 접촉이
위험하다는 날 선 경고로 가득했다.

　　나치 저술가들은 그처럼 "독일 민족의 신체에 대한 유대인 피의
침투"라는 위협을 묘사할 때 "혼합"이라는 용어를 거듭 사용했다. 여기에는
"섞임"을 뜻하는 어근 'misch'가 담긴 다양한 단어가 동원되었다. 민족이
"혼합"(Vermischung)된 사회는 병약한 사회이며, 그런 혼합은 인종적으로
뒤죽박죽(Mischmasch)인 퇴보 현상을 초래한다고 나치 문헌은 자주
언급했다. 뉘른베르크법의 목표는 "유대인이 독일 민족과 영원히
섞이지(Vermischung) 못하게" 함으로써 독일을 그런 퇴보로부터 안전하게
보호하는 데 있었다. 주요 법률 용어도 같은 어근을 사용했다. 혈통법의
목적은 다른 인종 간 혼인(Mischehe 또는 Mischheirat)을 금지하는 데
있었다. 다른 인종 간의 성적 혼합은 퇴보된 혼혈아(Mischling), 즉 "잡종"의
번식을 초래할 우려가 있었다.

　　혈통법 밑에 깔린 그런 집착적인 반혼혈 정서를 파악하려면 특히
흥미로운 두 나치 인사의 발언을 참조하는 것이 유용하다. 한 명은
1930년대 초에 "나치당의 핵심 법철학자"를 자처했던 헬무트 니콜라이,[6]

다른 한 명은 내무부 소속의 "인종 예방학" 전문가로서 초기에는 혈통법 초안 작성을, 나중에는 정책 입안을 담당했던 아힘 게르케다.[7] 이들은 나치 정권 초기에 두각을 드러내다가 둘 다 동성애 혐의로 1935년에 숙청당했다.[8] 그 혐의가 사실이었는지 — 성적 순수성을 광신하던 이 두 나치가 정말 동성애자였는지는 알 수 없다. 사실이었다면 아마 주변 사람들이 성적 혐오의 눈길로 바라보았을 것이다. 어쨌든 1930년대 초에 그 두 인물은 선두에서 활약했고, 그들의 연설과 글을 살펴보면 다른 인종 간 성행위의 위험에 대한 나치의 광적인 맹신이 혈통법 설계에 영향을 주었다는 것을 알 수 있다.

니콜라이와 게르케는 이른바 "인종 오염"(Rassenschande), 즉 독일인(특히 독일 여성)과 열등한 인종(특히 유대인 남성) 간의 성적 결합이 죄악이라는 사실을 열렬히 설파했다.[9] 나치 지도자들은 일반 대중이 독일인과 유대인의 교합이 인종 전체를 위험에 빠뜨릴 수 있을 만큼 끔찍한 일임을 인식하지 못한다고 한탄했다. 따라서 독일인을 대상으로 "교육과 계몽"이 이루어져야 했다.[10] 말하자면 그들은 개조될 필요가 있었다. 이를 위해 예컨대 게르케는 1933년 여름 "인종주의자처럼 사고하는 법 배우기"라는 인상적인 제목으로 라디오 강연을 했다. 그는 아직 나치즘 세뇌가 더 필요한 청취자를 위해 유대인과 결혼하는 것은 그야말로 "혐오스러운" 일이라고 참을성 있게 설명했다.[11] 한편 니콜라이는 히틀러가 총리에 오르기 한 해 전이던 공포의 1932년에 소논문을 발표하여 유대인이야말로 인종 잡종화의 원흉이라고 유권자에게 공들여 설명했다. 사실 독일인은 정확히 말해 전혀 "순수" 인종에 속하지 않았다. 그들은 전부 수천 년에 걸쳐 분방하게 이루어진 이종교배의 산물로서 모두 "혼혈"이고 잡종이었다.[12]

1932년에 니콜라이가 경고한 유대인 혼혈의 위험성은 당시 문헌에서 거듭 강조되던 표준적인 나치의 역사 관점에 기대고 있었다. 나치에게 인류

히틀러의 모델, 미국

역사는 인종 퇴보의 역사, 즉 수천 년간 인종이 뒤섞인 결과 우등한 인종이 퇴화해 결국 완전히 잠식되어가는 역사였다. "노르딕 인종"인 독일 민족이 위험에 처했으니 새로운 혼인법이 시급했다. 무차별 혼인으로 인한 인종 혼합은 무차별 이민으로 인한 인종 혼합과 흡사했고, 유대인은 양 측면에서 모두 오염의 원흉이었다.

> 오늘날 다른 민족을 분리하는 것은 기본적으로 국경이다. 이제껏
> 모든 민족의 혼합[Vermischung]이 일정 수준 이상으로 심하지 않아서
> 민족이 아직 인종적으로 구분되는 것은 순전히 대다수 민족이 한 곳에
> 정주한다는 사실과 관련 있다. 유대인은 그렇게 한곳에 정주한다는
> 관념이 없다. 유대인이 유대교에 힘입어 최대한 엄격하게 폐쇄적인
> 공동체를 이룸으로써 그들만의 민족적 결속을 유지하는 것은 사실이다.
> 그럼에도 그들은 언제나 방랑자였고 지금도 방랑자다. 그 점은,
> 국경은 없어지게 놔두어야 하고, 민족 공동체를 결속하는 모든 유대는
> 느슨해져야 하며, 다양한 민족이 서로 문란하게 뒤섞여 하나의 통일된
> 인류를 창조해야 한다는 그들의 정서 및 정의감과 일치한다.[13]

유대인은 국가 간 경계와 성적 경계를 모두 침범하는 "이물질"이었다. 유대인은 "하나의 통일된 인류"라는 최악의 미래로 향하는 문을 열어젖혔다. 1934년에 또 다른 나치 법률 문헌이 외쳤듯이 "우리 민족(Volk)이 위험에 처했다!"는 표준적인 구호는 그런 식으로 되풀이되었다.[14]

혹자는 이 같은 나치의 헛소리를 미국과는 동떨어진 일로 생각하고 싶겠지만, 이 장에서 규명하듯 나치가 미국법 모델을 직접 참고했다는 심히 도발적인 증거와 직접적인 영향의 불편한 징조가 발견되는 지점이 바로 혈통법이다. 1933년 과격파 나치들이 혈통법의 기본 틀을 확립하기 위해 작성하고 유포한 주요 문서인 이른바 프로이센 제안서(Preußische

Denkschrift)는 미국법을 명시적으로 원용했다. 이후 뒤따른 논쟁에서 — 특히 장문의 속기록으로 남아 있는 1934년 6월의 주요 기획회의에서 — 미국 모델은 꾸준히 논의되었다. 특히 다른 인종 간 성관계를 엄격히 금지해야 한다고 맹렬히 주장하는 가장 과격한 나치 분파가 미국 모델을 지지했다. 결국 뉘른베르크 전당대회에서 모습을 드러낸 혈통법은 미국 영향의 흔적을 지니고 있었다는 것이 내 생각이다.

이 장에서 설명될 미국의 영향은 확실히 우울하다. 그러나 다시 말하지만, 20세기 초 미국 인종사를 잘 아는 독자라면 그리 놀라지 않을 것이다. 미국도 과거에 광범위하게 인종적 광기에 젖어 있었다는 것은 익숙한 사실이다. 나치 문헌이 주목했듯 흑인 남성이 정기적으로 백인 여성을 강간한다는 것은 수많은 미국인에게 단순한 "기정사실"에 해당했다.[15] 미국 사법부도 "두 인종이 섞이면 잡종 인구와 문명의 퇴보를 초래한다"는 식의 실제적 판결을 내리는 일을 능히 할 수 있었고, 독일 저술가들도 그 점을 알고 있었다.[16] 미국 대법원은 나치의 주장과 구분이 안 되는 주장을 하는 남부 주들의 준비서면을 긍정적으로 고려했다.[17] 또한 1930년대 초 뉴딜 정책의 굳건한 옹호자였던 시어도어 빌보 상원의원 같은 남부 인종주의자들은 광기의 눈매를 번득이던 헬무트 니콜라이 못지않게 혼혈로 인한 인종 쇠락의 논리를 펼치는 법을 알았다. "빌보는 1938년 린치 금지 논쟁에서 '잡종화'를 전 세계 백인 문화를 파괴하는 요인으로 주장하며 반대를 호소했고, 히틀러의 『나의 투쟁』에서 한 페이지를 발췌하여 '니그로의 피는 단 한 방울이라도 백인종의 순수한 혈관에 흘러들면 창의적인 천재성을 파괴하고 창조적 능력을 마비시킨다'고 주장했다."[18] (나치는 '한 방울 규칙'을 너무 극단적이라고 거부했으므로 사실상 빌보가 나치보다 한술 더 뜬 셈이다.)

미국도 이처럼 인종적 광기에 전염되어 있었지만, 미국이 나치 혈통법에 영향을 주게 된 원인은 인종적 광기보다는 미국이 인종 혼합의 위협을 퇴치하려고 고안한 독특한 법적 기법들 때문이었다. 이 부분에서도 역시나 미국은 세계적인 선도자였다.

다른 무엇보다도 미국은 혼혈금지법 모델을 제공했다. 20세기 초 우생학의 시대에는 "우월한" 인종과 "열등한" 인종 간의 결혼은 지양해야 한다는 인식이 전 세계에 퍼져 있었다.[19] 그러나 실제로 법으로 이를 금지한 사례는 드물었다. 나치도 미국 외에 다른 사례를 찾는 데 확실히 어려움을 겪었다. 제국 법무장관 귀르트너는 이 장의 중점적인 소재인 1934년 6월 기획회의에서 "다른 민족들은 이 문제를 어떻게 공략하는지 세계를 둘러보는 일은 물론 매우 흥미롭다"고 선언했으나 법무부가 활용을 위해 찾아낸 모델은 미국이 유일했다.[20] 나치 출판물도 사정은 같아서, 관습이나 사회적 강제에 의한 금지 사례는 여럿 발견했지만, 미국 말고는 법으로 규정한 경우를 찾지 못했다.[21]

미국이 예외적으로 법적 금지의 예를 제공했다는 점은 특별히 의미 있다. 미국 30개 주가 다른 인종 간 혼인을 민법상 무효로 선포했을 뿐 아니라 그중 여러 주가 그와 같은 혼인을 감행하는 자를 때때로 가혹한 처벌로 위협했다. 이것은 무척 이례적이었다. 혼인의 범죄화는 법역사상 드물다. 수 세기에 걸쳐 여러 종류의 혼인이 무효로 간주되었으나 근대 서구에서 범죄로 기소되는 유일한 형태의 혼인은 중혼뿐이었다.[22] "백호주의"(White Australia Policy) 시대를 맞아 철저히 인종에 집착하던 오스트레일리아조차 미국의 위협적인 선례를 뒤따르지 않았다. 예컨대 1910년에 제정된 오스트레일리아법은 "원주민 여성과 원주민이 아닌 자의 혼인은 장관으로부터 그런 사례에 대한 허가 권한을 부여받은 보호관의 서면 허가 없이는 불가능하다"고 규정하고 있을 뿐이다.[23] 이 규정은 원칙적으로 기소를 허락했지만, 범법자에게 가혹한 처벌을 내리도록 제안하지는 않았다.[24] 미국 메릴랜드주 같은 곳의 혼혈금지법과 극명하게 대조된다. 메릴랜드주의 법 규정은 누가 어떤 인종에 속하는지 훨씬 자세히 명시했고 가혹한 처벌로 위협했다.

> 백인과 니그로의 혼인, 또는 백인과 위로 3대 이내에 니그로 조상이
> 있는 자의 혼인, 또는 백인과 말레이 인종의 혼인, 또는 니그로와 말레이
> 인종의 혼인, 또는 위로 3대 이내에 니그로 조상이 있는 자와 말레이
> 인종의 혼인은 영구히 금지되며 무효다. 이 조항의 규정을 위반하는
> 자는 파렴치죄를 저지른 것으로 간주하여 18개월 이상, 10년 이하의
> 징역에 처한다.[25]

이런 식의 가혹한 처벌은 미국법에서나 찾아볼 수 있었다. 1930년대
초반에 나치 문헌이 조명한 사례 가운데 부분적으로나마 미국에
비길만한 예는 다른 인종 간 혼인 대신 다른 인종 간 혼외정사를 처벌했던
남아프리카였다.[26] 인종 혼합을 형사처벌한다는 관념은 니콜라이와
게르케, 그리고 1933년 프로이센 제안서를 작성한 과격파 나치
법률가들에게 지극히 매력적이었다. 다른 인종 간 혼인의 범죄화야말로
미국이 뉘른베르크법에 미친 직접적인 영향의 가장 뚜렷한 흔적이었다.
　　미국 혼혈금지법은 법으로 "잡종"(mongrels)을 어떻게 분류할 것인가
하는 문제에도 본보기를 제시했다. 나는 이를 "잡종법"으로 지칭하고자
한다. 인종 혼합 퇴치에 나선 나치는 독일에 존재하는 "잡종"의 처우 문제에
수반될 지대한 영향을 인식했다. 독일 유대인의 대다수는 이론의 여지없이
유대인이었다. 그러나 독일 유대인과 비유대인 간의 혼인의 역사는 길고
복잡할 뿐 아니라, 혼혈이되 세부적 사실관계가 불분명한 사람의 비중도
높았다. 1935년 나치의 공식 집계에 따르면 독일에 사는 순수 유대인과
4분의 3 유대인은 합쳐서 55만 명, 2분의 1 유대인은 20만 명, 4분의 1
유대인은 10만 명이었다.[27] 유대인의 피가 얼마나 섞여야 부분적으로
"아리안족"인 자녀의 피를 돌이킬 수 없이 오염시켰다고 볼 수 있을까?

잡종화된 독일 국적자 중에서 나치 새 법의 철퇴를 맞을 사람은 얼마나 될까? 당시 독일 저술가들이 언급한 대로 이 부분에서도 미국은 기초적인 한 수를 가르쳐줄 수 있었다. 미국은 노예와 주인 사이의 성관계 역사가 장구했던 까닭에 1920년 에두아르트 마이어가 보고한 대로 "엄청난 잡종 인구"[28]의 무게에 짓눌려 신음하던 나라였고, 따라서 잡종에 관한 법을 대규모로 고안하여 누가 어떤 인종에 속하거나 속하지 않는지를 규정했다. 게다가 미국 이민법이나 시민권법과는 달리 이 법은 "공개적"이었다. 인종주의적인 목적을 숨기려 하지 않았고 기만적 우회로나 편법 수단이 담겨 있지도 않았다.

반복하지만, 미국의 잡종법은 나치 정책 입안자들이 발견해 연구한 유일한 외국 법이었고 그 법이 제공하는 포괄적 원리를 나치는 한껏 활용했다. 하지만 여기서 우리는 이 역사에서 가장 불편한 역설에 도달한다. 나치는 미국 잡종법을 대대적으로 수입할 준비가 되어 있지 않았다. 미국법이 너무 개화되거나 공평하다고 판단해서가 아니었다. 괴로운 역설이지만, 심지어 과격파 나치 법률가들이 보기에도 미국 잡종법은 제3제국이 받아들이기에 너무 가혹했다. 나치의 시각에서 이 부분에 관한 한 미국 인종법은 독일이 따라 하기에는 과도했다. 그럼에도 우리는 나치 법률가들이 미국법이 어떤 지혜를 나눠줄지 연구하는 데 진지한 노력을 기울인 사실을 보게 될 것이다.

혈통법 수립 과정: 거리 충돌과 정부 부처 내 갈등

나치 정책 입안자들이 미국 혼혈금지법과 잡종법으로 무엇을 했는지 자세히 검토하기에 앞서 일정한 역사적 맥락을 한 번 더 부여할 필요가 있다. 나치의 미국 혼혈금지법 연구는 1933년 초 히틀러가 집권한 후 몇 달간 생긴 갖가지 갈등을 배경으로 진행되었다. 첫째, 유대인에게 즉흥적으로 포그롬(pogrom: 역사상 반복해서 발생한 조직적인 유대인 대박해를 지칭하는 용어 — 옮긴이)식의 폭력을 가하는 방식으로 나치 정책 추진을 바라던 거리의 극렬 평당원과 "민족 혁명"을 국가의 수중에 두고자 했던 당 지도부 사이에 정치적 갈등이 있었다. 둘째, 최대한 가혹한 조치를 밀어붙이던 과격파 나치 관료와 가능하면 옛 사법적 관례를 따르면서 나치의 법 제정에 일정한 온건성을 부여하고자 했던 좀 더 전통적인 법률가, 이렇게 두 관료 집단이 지속적인 갈등을 빚었다. 마지막으로, 외교 정책을 둘러싼 갈등이 있었다. "유색" 인종을 차별하는 법을 제정하려는 과격파 나치의 계획은 일본, 인도, 남아프리카 등 세계 방방곡곡에서 분노의 저항에 직면했다.[29] 보이콧의 조심이 보이자 나치 정책 입안자들은 계획 중인 인종차별법의 수위를 낮춰야 할 압박을 느꼈다. 이 모든 갈등은 다른 인종 간 혼인과 성관계에 관하여 나치가 미국법을 이용한 역사에 영향을 미쳤다.

거리 충돌: "명료한 법"에 대한 요청

거리에서의 정치적 충돌은 뉘른베르크법의 직접적 배경을 이루었다. 역사가들이 밝힌 대로 뉘른베르크법은 극렬한 거리 폭력에 대한 대응으로 선포되었다. 1933년과 1935년, 즉 혼란스럽던 "민족 혁명" 초기에 "아래로부터의" 폭력 — 나치는 이를 유대인에 맞선 "개별 행동"이라고 불렀다 — 이 만연했다. 다는 아니어도 많은 경우에 치명적이었던 이 폭력은 베를린 당국의 승인이나 지시 없이 이루어졌다.[30] 때로는 특별히 유대인이 독일인과 성적 "혼합"을 저질러 "인종 오염"을 일으킨 사례를 겨냥하는 사건이 불가피하게 발생했다.[31] 미국 인종법에 관해 누구보다 전문가였던 나치 법률가 하인리히 크리거는 이 같은 거리에서의 "개별 행동"이 미국의 린치 행위에 비견된다고 보았다. 미국 남부 주민이 "인종 의식"에 고무되어

정상적인 법적 경로를 우회해 흑인 "인종 오염범들"에게 개탄스러울 정도로 거칠고 무절제한 폭력을 가했듯, 독일인도 유대인에게 거칠고 무절제한 폭력을 휘둘렀다.[32] 이것은 나치당 인종정책국의 표현을 빌리면 "우위를 점하려 드는 이질적 인종"에 대한 "궐기"였다.

나치 중앙 지도부도 이와 같은 "개별 행동"을 개탄스럽게 여겼다. 여기에는 두 가지 이유가 있었다. 첫째로, 외국 언론에 부정적으로 보도되었기 때문이다. 특히 얄마르 샤흐트 경제부 장관은 거리 폭력 사태가 독일의 대외 이미지를 해쳐 경제 회복을 방해한다고 우려해 단속을 강력 촉구했다.[33] 둘째로, "개별 행동"이 나치의 야망 실현에 필수 요소인 중앙당의 상황 통제력에 이상이 생겼음을 보여주었기 때문이다. 나치는 공식적이고 질서정연하고 적절한 감독하에 국가가 주도하는 박해를 원했지, 길거리 린치나 하급 당원들이 선동하는 개별 행동을 바라지 않았다. 1944년 군나르 뮈르달이 언급한 대로 나치 인종주의자는 미국 남부 인종주의자와는 달리 박해 행위를 "파시스트 국가의 중앙집중형 조직"[34]이 수행해야 할 임무로 이해했고, 여기에 대중의 린치 행위가 끼어들 틈은 없었다.

뉘른베르크 전당대회에서 공포된 시민법과 혈통법은 그렇게 독일에서 벌어지던 위험한 거리 폭력 사태에 대한 우려에서 비롯되었다. "민족 혁명"이 자칫 통제 불능이 될지 모른다고 염려한 나치당은 유대인 핍박 행위를 국가가 단단히 장악할 수 있게 해줄 "명료한 법"을 제정하여 상황을 진정시키고자 했다.[35] 1935년 9월 "자유의 전당대회"가 열리기까지 수개월 동안 프리크 내무장관과 다른 정부 관계자들은 시민권과 성에 관한 법안을 준비 중이라고 정기적으로 홍보하여 거리 질서를 회복하고자 했다.[36]

정부 부처 내 갈등: 프로이센 제안서와 미국의 사례

그러나 과격파 나치 관료와 좀 더 전통적으로 사고하는 법률가 간의 갈등은 "명료한 법" 준비 작업에 그늘을 드리웠다. 나치당 과격파는 다른 인종 간 성행위의 범죄화 조처를 크게 확대할 것을 요구했다. 제국의회의 나치 의원들은 이미 1930년에 다른 인종 간 혼인을 범죄로 규정하는 방안을 상정한 바 있고,[37] 1933년 나치당 집권 후에도 과격파는 "유대인 피가 더 이상 독일 민족의 몸으로 침투하는 일"을 방지하기 위해 계속해서 같은 방안을 요구했다. 그러나 전통적인 법률가들은 이에 상당히 저항했고 잠시나마 성공했다. 극렬 나치와 전통적 법률가들의 이 같은 갈등은 독특한 얘깃거리이며 좀 더 주의 깊게 살펴볼 만하다. 이것은 근대 법역사상 중요한 일화로서, 나치즘의 나락으로 추락하던 시기에 법 전통이 어떤 식으로 일정한 제동을 걸 수 있었는지를 보여주는 시금석이다. 그리고 애초부터 이 갈등은 부분적으로 미국 모델의 유용성 여부를 둘러싸고 발생했다.

독일 형법의 나치화를 위한 급진 정책은 프로이센 제안서라는 명칭으로 알려진 핵심 문서에 정리되었다. 이 제안서는 여름에 횡행했던 거리 폭력이 한풀 꺾인 1933년 9월에 최초로 유포되었다.[38] 2년 후 혈통법으로 탄생할 내용의 기본 규정을 확립한 이 강경한 문서는[39] 프로이센 법무장관을 지낸 과격파 나치 한스 케를이 조직한 팀에 의해 작성되었다. 케를의 팀을 이끈 수장은 이 장에서 비중 있게 다루어지는 롤란트 프라이슬러였다. 악명 높은 나치 법조인 프라이슬러는 나중에 피로 물든 나치 인민재판소의 소장을 지냈고 — 한 전기 작가는 그를 가리켜 "히틀러에 복무한 살인자"라 불렀다[40] — 유대인 학살을 결정한 반제회의에도 참석했다.[41]

프라이슬러를 비롯한 과격파의 협업으로 작성된 프로이센 제안서의 핵심 목표는 바이마르 공화국의 "자유주의" 형법을 폐기하고 전형적인 나치식의 가혹한 새 방침을 도입하는 데 있었다. 그 목적을 이루기 위해 프로이센 제안서는 형법 강화를 위한 요구 사항을 상세히 열거했고, 전통적으로 훈련받은 법률가들은 여기에 상당한 비판을 가했다.[42] 그 요구 사항 중에는 2년 후 혈통법에 담기게 될 방침을 제시한 대목이 있었다. 그 대목은 새로운 나치 질서가 따라야 할 두 가지 선례를 들었다. 하나는 중세 유럽의 유대인 추방이었고, 다른 하나는 근대 미국의 짐 크로 법이었다.

국내외에서 뜨거운 논쟁거리가 된 이 대목에서 프로이센 제안서의 저자들은 "인종 반역죄," "인종 명예훼손죄," "인종 위기초래죄," 이렇게 세 가지의 죄목을 신설하라고 촉구했다. 저자들은 나치의 역사관을 원용하는 머리말로 글을 시작했다.

> 인종 해체[Rassenzersetzung]는 민족의 붕괴와 몰락으로 이어진다고 역사는 가르친다. 반대로 인종적으로 이질적인 부류, 특히 유대인을 제거한 민족은 번성했다. (예컨대 1394년 유대인을 추방한 프랑스, 1291년 유대인을 추방한 영국)… 인간의 얼굴을 한 자는 누구나 평등하다는 옛 자기 본위 시대의 기본 원칙은 인종을 파괴하고 그와 함께 민족의 생기를 파괴한다. 그러므로 국가사회주의 국가의 임무는 독일에서 지난 수 세기에 걸쳐 진행된 인종 혼합을 제한하고 여전히 독일 민족의 특징인 노르딕 인종의 피를 다시금 우리 삶에 뚜렷이 각인시키는 목표를 향해 분투하는 일이다.

이 목표에 도달하기 위해서는 다른 인종 간 혼인을 범죄로 규정하는 일이 시급했다. 그럼에도 제안서는 다른 인종 간에 이미 성립된 혼인은 건드리지 않는다는 입장을 취했다.

> 이른바 "노르딕 인종화"[Aufnordung]를 위한 첫 번째 필수 조건은 향후 유대인, 니그로, 또는 기타 유색인종이 독일인의 피로 흡수되지 않는

것이다. 이질적인 혈통 공동체나 인종의 일원은 법으로 엄격하게 독일 혈통과 구별하고 혼혈을 금하는 것으로 형법상 혼혈 금지의 틀을 잡아야 한다. 당연히 이 규정은 기존에 이미 성립된 다른 인종 간 혼인에는 적용되지 않는다. 향후 다른 인종 간 혼인의 성립은 제국의 법으로 금지해야 한다.

기존의 다른 인종 간 혼인을 유효하게 유지하는 것은 실제로 나치의 정책이었다. 그러나 나치당은 그런 혼인 관계에 있는 "아리안족" 배우자에게 이혼을 부추기는 데 힘을 쏟았다.[43] 더불어 프로이센 제안서는 "인종 반역죄"라는 새 범죄 신설을 제안했다.

인종 반역죄

독일인과 이질적 인종 간의 성적 혼합은 형태를 불문하고 인종 반역죄로 처벌해야 하며, 기실 양자 모두 처벌의 대상이 되어야 한다. … 악의적 기만에 의해 유도된 성관계나 혼인의 경우는 특히 처벌받아야 마땅하다. … 민법상 다른 인종 간 혼인은 해소 사유가 된다고 선언해야 한다.

그런 다음 제안서는 "인종 명예훼손죄"를 다루었다. "유색" 인종을 겨냥한 이 제안은 곧 논란의 대상이 되었으며, 동아시아, 남아시아, 남미 등지에 외교적 모욕을 안겼다. 또한 이 부분은 앞으로 여러 번 활용하게 될 미국의 선례를 처음으로 들먹인 대목이기도 했다.

인종 명예훼손죄

인종의 명예를 훼손하는 행위 역시 형사처벌의 대상이 되어야 한다. 예컨대 독일 여성이 파렴치하게 니그로와 사귀는 것은 민족 정서를 괘씸하게 거스르는 행위다. 그렇지만 이 규정은 공공장소에서 몰염치한

방식으로 그런 사귐이 이루어지고 민족 정서를 심하게 거스르는 경우에
한정된다(예컨대 술집에서 니그로와 외설적인 춤을 추는 경우). 또한 이
규정은 유색인종에게만 적용되어야 한다. 이런 종류의 인종 명예 보호
조치는 이미 다른 민족들도 시행하고 있다. 예를 들어 미국 남부의 여러
주가 백인종과 유색인종 간의 공적, 사적 상호관계 모두에 최고로 엄격한
분리 방침을 견지하고 있다는 것은 잘 알려진 사실이다.[44]

나치가 미국 인종분리법에 무관심했다는 생각이 얼마나 잘못인지
이보다 더 도발적으로 보여주는 문서는 드물다. 프로이센 제안서는
뉘른베르크법으로 귀결되는 급진 정책을 담은 주요한 초기 문서다. 그런
문서가 특히나 짐 크로 법을 예로 들고 있다는 사실은 도저히 무시하기
어려운 부분이다. 더구나 프로이센 제안서가 짐 크로 법을 나치들 스스로
구상한 것보다 더 과격하게 여겼다는 사실이 놀랍다. 나치 정책은 독일인과
"유색인종"이 공개된 장소에서 사귀는 경우로 조심스럽게 한정해 적용할
계획이었다. 제안서 작성팀에 참여한 한 과격파 나치가 단언했듯 이 문서에
담긴 제안은 그런 의미에서 "매우 제한적"이었다.[45] 그와 대조적으로 짐
크로 법은 "공적, 사적 상호관계 모두에" 적용되었다는 점을 제안서는
특별히 강조했다. 이것은 나치가 미국의 인종법을 액면 그대로 도입하기에는
너무 가혹하다고 여긴 경우 가운데 최초에 해당했다. (제안서에서 미국을
언급한 경우는 이뿐만이 아니었다. "인종 위기 초래죄"를 제안하는
논의에서는 미국과 오스트레일리아의 이민법이 원용되었다.)[46]

보수 법률가들의 저항: 귀르트너와 뢰제너

프로이센 제안서에 구현된 나치의 법률 과격주의는 궁극적으로
뉘른베르크에서 승리하게 되지만,[47] 그에 앞서 전통적으로 사고하던

법률가들의 저항에 한동안 부딪혔다. 실제로 법학 전통주의자들은 몇 개월이나마 과격파를 저지할 수 있었다. 어떤 식으로든 저항할 수 있었다는 사실 자체가 의아할 수 있겠지만 — 독일은 그때 이미 나치 독재 체제 아니었던가? — 1930년대 초반에 독일에 존재한 더 광범위한 정치적 맥락을 염두에 둘 필요가 있다. 히틀러 집권 직후 몇 달간 독일 제국은 두 개의 국기를 게양했다. 나치의 스와스티카 깃발과 함께 휘날린 단출한 흑백적 삼색기는 강력한 관료 집단에서 흔히 보이는 민족주의 보수세력을 상징했고, 거기에는 전통적으로 훈련받은 법률가들이 상당수 포진해 있었다. 결국 사건 하나가 터지면서 나치 정권의 무절제한 과격주의가 명백히 드러났다. 바로 '장검의 밤'이라 불리는, 1934년 6월 30일부터 며칠간 이어진 나치의 마구잡이 살육 사건이다. 장검의 밤 사건 이후로 독일은 최소한의 전통적 법치주의 관념마저 완전히 저버리지 않았다고 주장하는 것이 불가능해졌다.[48] 하지만 적어도 1934년 초여름까지는 비교적 온건한 법률가들이 일정한 선을 지켰고, 프로이센 제안서를 둘러싼 갈등에 관한 기록이 이를 뒷받침한다.

　　나치 과격주의에 대항한 법률가들의 승산 없는 싸움의 역사에서 두 명의 흥미롭고 야심 찬 인물 프란츠 귀르트너와 베른하르트 뢰제너가 특히 중요한 역할을 담당했다. 이 두 사람이 과격주의 정책의 두 가지 핵심 측면인 다른 인종 간 혼인의 범죄화와 "유대인"의 정의 확대에 반대하기 위해 노력한 사실은 잘 기록되어 있다. 그렇다고 이들이 영웅이었던 것은 결코 아니다. 둘 다 히틀러에 협력한 극우였고 모종의 박해 체계를 구축하는 작업에 종사할 준비가 된 사람들이었다. 이들이 상대적으로 온건파였던 이유는 자유주의라는 정치적 가치에 대한 신념 때문이거나, 아니면 최소한 어떤 공공연히 표명된 신념 때문은 아니었다.[49] 자료에 따르면, 이들은 법에 관한 전통적 원칙을 옹호하는 한편, 나치의 박해 정책이 독일의 자랑인 고도로 발달한 "법과학"의 논리와 제한을 따라야 한다고 주장했다. 이들은 열렬한 반체제 인사가 아니라 훈련된 법률가의 본능적인 보수 성향을 드러내며 독일의 전통적인 법치주의를 얼마간 일정 수준으로 지켜내는 데 성공한 정부 관료들이었다.

먼저 귀르트너 법무장관을 살펴보자. 그는 나치에 협력해 나치 정권에서 한자리를 차지했던 민족주의 보수세력의 일인이었다. 원래 독일국가인민당 수뇌부에 속했던 귀르트너는 1920년대에 나치의 본거지 바이에른주의 법무장관을 지내면서 히틀러 동조자가 되어 나치당에 가입하지 않은 채 히틀러를 도왔다.[50] 1932년 여름, 그는 같은 민족주의 보수우익 프란츠 폰 파펜에 의해 제국 법무장관에 임명되었고, 이후 차례대로 슐라이허와 히틀러에 의해 장관직을 유지할 수 있었다. 그는 1941년 사망할 때까지 장관직을 유지했고 나치당에는 1937년에야 가입하여 말년에 나치와 민족주의 보수세력 간 협력의 대표자 역할을 했다. 학자들은 그가 장관직을 지킨 것은 비록 가망은 없어도 나치즘의 최악의 발현을 가능한 한 막아보겠다는 진지한 소망 때문이었다고 설명한다.[51]

물론 가망은 없었다. 어차피 귀르트너는 히틀러 밑에서 공직을 유지했고 영웅으로 불릴 수 없는 사람이었다. 그럼에도 그가 1930년대 초반에 나치 과격주의를 견제하려 애썼고,[52] 다른 인종 간 혼인을 범죄화하려는 프로이센 제안서의 요구에 의문을 제기하는 데 다른 법률가들과 함께 핵심 역할을 했던 것은 사실이다.

이들이 제기한 의문에 관해서는 신중한 설명이 필요하다. 아무리 새 정권의 권위를 기꺼이 인정하려는 부류였더라도 전통적으로 훈련받은 독일 법률가의 관점에서 보면 과연 기존에 확립된 독일법 규준 내에서 프로이센 제안서가 촉구하는 조치를 실행할 수 있느냐 하는 문제는 더 광범위한 의문점들을 내포했다. 특히 문제가 되는 부분은 제안서 내용의 지나친 포괄성과 관련 있었다. 프로이센 제안서는 몇 개 안 되는 문단으로 다른 인종 간 혼인의 범죄화를 사납게 촉구했다. 하지만 민법상 무효로 선언하지 않고서 어떻게 다른 인종 간 혼인의 범죄화가 가능하단 말인가? 한 법에서 합법인 제도가 다른 법에서 어떻게 범죄로 규정될 수 있단 말인가? 형법을 개정하려면 민법도 개정해야 했다. 이것은 전통적인 독일 법률가들이 봤을 때 쉽지 않은 제안이었다.[53] 게다가 다른 인종 간 혼인을 민법상 무효로 하는 일은 결코 간단치 않았다. 심지어 프로이센 제안서도 국가가 기존에 성립된 다른 인종 간 혼인을 해소해야 한다고는 제안하지 않았다. 따라서 이 문서의 제안을 실행에 옮긴다는 것은 다른 인종 간 혼인 가운데 일부는 계속해서 완전히 유효한데 다른 일부는 가혹한 형사처벌을 받는 이상한 상황이 생긴다는 것을 의미했다. 모종의 복잡하고도 논란이 될만한 사법적 선회를 통해서만 해결될 수 있는 문제였다.[54]

　　난관은 거기서 끝나지 않았다. 미국을 제외한 서구 대다수 지역에서처럼 일반적으로 혼인은 형사 문제가 아니라는 것이 독일의 표준적인 법 원칙이었다. 역사적으로 중혼은 범죄로 취급했지만, 중혼을 모델 삼아 다른 인종 간 혼인에 적용하기는 어려웠다.[55] 사실 귀르트너 같은 전통적 법률가의 입장에서 중혼과 다른 인종 간의 평범한 혼인에는 현저한 차이가 있었다. 중혼죄는 그 의미상 사기죄에 가까웠다. 중혼죄로 기소할 때 보통 당사자 중 일방을 무고한 피해자로 보았다.[56] 대개 배우자 일방이 기혼임을 속이고 결혼할 때 중혼이 발생하기 때문이다. 중혼의 사례를 일반화해 나치의 새 법에 적용할 여지가 있기는 했다. 프로이센 제안서는 "인종 반역죄"에 관한 법에서 부부나 성 파트너 일방이 상대방에게 자신의 인종을 속이는 경우인 "악의적 기만"을 특별히 냉엄하게 다뤄야 한다고 제안했다. 자신의 인종에 관해 거짓말을 하는 것은 혼인 여부에 관해 거짓말을 하는 것과 흡사했다. (또한 성병이 있음을 밝히지 않은 자를 처벌한 1927년 법 적용 판례를 인용하는 것도 가능했다. 극렬 나치들은 유대인임을 숨기는 것은 성병 보유 사실을 숨기는 것과 마찬가지라고 보았다.)[57] 그러나 일반적으로 다른 인종 간 혼인은 쌍방 모두 인종을 숨기지 않은 상태에서 이루어졌다. 그런 혼인을 어떻게 범죄화한다는 것인가? 귀르트너 장관의 입장에서 받아들일 수 있는 것은 "악의적 기만"을 처벌하는 것뿐이었다. 사실 그조차도 전통 법률가의 시각에서 심각한 논리적 결함이 있었다.[58]

한편 베른하르트 뢰제너는 "유대인"을 정의하는 문제에 중요한 역할을 했다. "잡종" 분류에 관한 한 나치당 내의 과격파는 당연히 가장 광범위한 정의를 선호했고 1933년 7월에 제정된 국적 박탈 및 독일 시민권 취소에 관한 법률에서 조부모 가운데 한 명만 유대인이어도 "유대인"으로 본다고 규정하는 데 성공했다.[59] 이것은 나치 정책의 기준으로도 도가 지나친 규정이었다. 물론 미국에서 지배적이던 "한 방울" 규칙 같은 인종 정의 방법에 비하면 약과이기는 했다.[60] 하지만 좀 더 너그러운 태도를 견지하고자 했던 온건한 나치 법률가들에게 그 규정은 지나치게 과격했고, 그래서 이들은 이후 2년간 덜 공격적인 정의의 채택을 촉구했다. 뢰제너는 그중 선두에 서 있었다. 그는 뉘른베르크법 입안 과정에서 핵심 역할을 했던 인물이다. 내무부에서 "유대인 담당관"(Judenreferent)으로 재직한 뢰제너는 뉘른베르크법 입안의 주요 책임자였고 그 입안 과정을 설명하는 중요한 기록물의 작성자이기도 했다. 그의 상황 설명은 자기에게 유리하게 작성한 것이 분명해서 꽤 통렬한 비판을 받았다. 그럼에도 뢰제너를 가장 혹평한 사람들조차 그를 가리켜, 듣기에 껄끄러운 표현이긴 하지만, 진정으로 "온건한" 나치 반유대주의자라 불렀다.[61] 그는 결국 1940년대에 유대인 담당국에서 사임했고, 히틀러 반대 모의자들을 숨겨주었다가 1944년에 체포되어 1945년 나치당에서 축출당했다.[62]

끝내 체포되고 당에서 쫓겨난 뉘른베르크법 입안자. 인상적인 인물이었다. 1930년대에 뢰제너는 다른 동료들처럼 보수적인 법률가의 직감을 표출했다. 그는 나치였지만 — 나치당 초창기 당원으로서 후에 자기 전력을 눈가림하려 들었던, 비난받아 마땅한 반유대주의자였다는

그림 7. 베른하르트 뢰제너. 자료: 울슈타인 빌트 © Getty Images.

점은 분명히 강조되어야 한다 ─ 동시에 신중하고 체계적으로 사고하는
법률가였고, 그가 법 입안 과정에서 수행한 역할은 어떻게 법률상의
보수주의가 나치 과격주의에 제동을 걸 수 있었는지 보여준다. 1930년대
초반에 뢰제너와 다른 몇몇 법률가는 "유대인"을 좁게 정의해 절반만
유대인인 자들을 가능한 한 보호하려고 분투했다.[63] 역사가들이 옛 기록을
상세히 추적해 밝혀낸 이런 온건파 법률가들의 노력은 일부만 성공했다.
최종적으로 확정된 제국 시민법 시행령은 반쪽 유대인 가운데 전부는
아니어도 일부를 불리한 지위로 전락시켰다. 1935년 11월에 확정된 이
시행령은 다음의 두 범주를 구분했다. 조부모 가운데 적어도 세 명이
유대인인 자는 "그냥" 유대인이었고, 조부모 두 명이 유대인이면서 유대교
계율을 지키거나 유대인 배우자와 혼인한 자는 유대인으로 "간주"했다.[64]
이리하여 "잡종" 개념을 두고 벌어진 관료들의 대전투는 긴장감 도는
타협으로 결말을 보았다. 하지만 적어도 1935년 11월까지는 뢰제너 같은

인물이 대표하는 사법적 의견의 중량감을 느낄 수 있었다.

이것이 바로 뉘른베르크법 제정의 맥락이었다. 즉 폭도는 거리에서 정기적으로 폭력사태를 일으켰고, 나치 법률가들은 다른 인종 간 혼인과 성관계를 금지하는 "명료한" 법을 입안해야 한다는 압박을 받았다. 대외 관계를 주시하던 나치 지도자들은 도발적인 인종법 제정을 주저했다. 나치당 내부의 과격파는 다른 인종 간의 성적 혼합 일체를 범죄화하길 원했으며, 온건한 법률가들은 이에 매우 회의적이었다. 과격파는 "유대인"의 정의를 확대하고 싶어 했고, 온건파는 여기에 저항했다. 이어지는 논쟁에서 독일인들은 외국 모델을 찾아 나섰다. 그리고 미국에서 혼혈금지법을 찾아냈다.

1934년 6월 5일에 열린 회의

미국 혼혈금지법은 미국 이민법 및 시민권법과 마찬가지로 역사가 아주 오랜 법으로 선구적인 1691년 버지니아법까지 거슬러 올라간다.[65] 혼혈을 금지하는 미국의 전통은 미국 이민법이나 이등시민법처럼 나치가 등장하기 훨씬 전부터 유럽에서 관심을 끌었다.[66] 옛 금지법으로나 더 나중에 새로 제정한 금지법으로나 미국은 이 분야에서도 알아주는 국제적 선도자였다. 미국은 20세기 초까지 계속 주별로 혼혈금지법을 도입했다. 미국의 인종주의 법 제정은 이 분야에서 활발하게 이루어졌다.[67]

독일 법 전문가와 정책 입안자들은 나치 시대가 열리기 훨씬 이전부터 미국 이민법 및 시민권법과 함께 미국의 혼혈금지법에도 큰 관심을 보였던 전력이 있다. 미국식 접근법이 독일 학계에 처음으로 세찬 연구 돌풍을 일으킨 것은 1차 세계대전 직전 독일 제국주의 시대의 일이다. 1905년부터 남서아프리카 등지의 독일 식민지 관리자들은 독일 정착민이 원주민과 섞이지 않고 "순수성"을 유지하도록 혼혈금지 방침을 제도화했다. 이런 인종주의 조처는 유럽의 다른 식민국 중에서도 독보적이었으나 실은 미국 모델을 채택한 것이고, 귀텔이 중요한 연구에서 밝힌 바 있듯이 독일 식민지 관리자들은 미국 모델을 열성적으로 공부했다. 그들은 미국 남부에 견학도 가고, 외교관들에게 조사 보고서를 의뢰하고, 하버드 대학교 역사 교수 아치볼드 케리 쿨리지의 자문을 받는 등 다양한 노력을 기울였다. 식민 기록 문서 중에는 미국법에 대해 상세하게 기술한 보고서들이 포함되어 있다.[68] 19세기 말과 20세기 초의 미국은 이 부분에서도 또 한 번 "백인종의 의식적 결속"을 선도한 나라로 독일인에게 각인되었다.[69]

미국 혼혈금지법에 대한 독일의 관심은 1930년대에도 누그러지지 않았다. 1차 세계대전 전에 식민지 관리자들이 채택한 혼혈금지 조처는 뉘른베르크법에 직접 영향을 주었을 수도 있고 그렇지 않았을 수도 있다. 이 점에 관해 역사가들의 견해는 일치하지 않는다.[70] 그러나 뉘른베르크법 입안자들이 과거 식민지 관리자들만큼이나 미국법을 연구하는 데 열심이었던 것은 분명하다. 미국은 1905년에도 훌륭한 본보기였고, 그로부터 30년이 흐른 뒤에도 계속해서 훌륭한 본보기가 되어주었다.

이제 1934년 6월 5일 형법개정위원회 회의 속기록을 자세히 검토할 차례가 되었다.[71] 기록 보관소에 두 가지 버전으로 보존된 이 회의록은 1989년에 최초로 공개되었다.[72] 회의록에 따르면 위원장인 귀르트너 법무부 장관을 위시하여 법률가와 고위 관료 17인이 회의에 참석했다. 참석자 중에는 "유대인 담당관" 뢰제너, 향후 나치 인민재판소장에 오르게 될 프라이슬러 당시 법무부 차관, 그리고 프라이슬러와 함께 프로이센 제안서 작성에 참여했던 과격파 3인 등 나치 정권 각 부처 소속 법률가와 의사가 포함되어 있었다.[73] 이 회의는 프로이센 제안서가 촉구한 내용에

응답하기 위해 소집되었으며, 논의할 주요 법률 문제는 다른 인종 간 혼인을 범죄로 규정해야 하느냐, 범죄로 규정한다면 어떤 형식을 따라야 하느냐, 그리고 "유대인"과 기타 배척 대상 인종을 정의하는 어려움을 어떻게 해결하느냐였다. 그 밖에 몇 가지 더 있지만 여기서는 논외로 하겠다.

이 회의록은 프로이센 제안서를 작성한 과격파와 귀르트너 법무장관이 이끄는 법적 온건파의 충돌 — 대체로 신중하고 정중한 충돌이었지만 — 의 기록이었다. 회의가 열린 시점은 장검의 밤 사건이 일어나기 전이었다. 따라서 이 회의는 나치 독일의 과격주의가 아직 가면을 완전히 벗기 전 마지막 몇 주에 해당하는 기간에 열렸고, 회의록은 온건파가 마지막으로 승리하는 순간을 기록했다.[74] 귀르트너를 비롯한 온건파 법률가들은 반유대주의 정책의 제도화라는 목표 자체에는 반대하지 않았다. 다시 말하지만, 이들은 히틀러에 저항한 영웅이 아니었다. 하지만 이들은 극단적인 범죄화 조치를 막으려고 애썼다. 그들 중 일부는 다른 인종 간 성적 혼합이라는 죄악의 척결은 정식으로 범죄화하지 않아도 대중에 대한 "교육과 계몽" 캠페인으로 점진적인 성공을 거둘 수 있다고 제안했다. 설사 범죄로 규정한다 해도 적절한 법적 모델은 오직 중혼죄뿐이라고 귀르트너는 주장했다.[75] 즉 유대인이 "아리안족" 파트너에 대해 "악의적 기만" 행위를 했을 때만 기소할 수 있다는 의미였다.[76] 그보다 더 온건한 방침을 제안한 참석자들도 있었다. 저명한 형법 교수 에두아르트 콜라우슈는 범죄화 조치는 어떤 식으로든 역효과를 낳는다고 주장했다.[77] 뢰제너는 전통적 법리를 고수하면서 "유대인"이라는 개념 자체가 너무 규정하기 어려워서 과격한 방침은 실용성이 없다고 주장했다.[78]

한편 과격파는 종종 고압적인 어조로 "국가사회주의의 기본 원칙"이 반영되도록 형법을 개정해 인종주의를 법으로 냉혹하게 집행해야 한다고 주장했다.[79] 그러나 결국 과격파는 프로이센 제안서의 완전한 구현을 포기해야만 했다. 이들 중 일부는 외교적 압박 때문에 필요한 조처의 실시가 당분간은 불가능하다는 것을 인정했다. "유색인종"을 겨냥하는 조처에 수많은 국가가 심각하게 반대했기 때문이다.[80] 프라이슬러는 국가사회주의 사명에 충실해야 할 필요성을 열렬히 주장하고 "유색인종"이라는 용어 사용을 옹호하면서도, 전통적인 법률가들의 기술적인 반대에 양보했다. 즉 당분간은 "악의적 기만"이 있을 때만 범죄가 성립될 수 있었다.[81] 하지만 과격파는 이렇게 양보하는 동시에 확실하게 위협의 목소리를 냈다. 회의 바깥에서 몰아치는 정치적 동요를 협박의 어조로 언급하기도 했다.[82] 궁극적인 판단은 회의에 참석한 직업 법률가들의 몫이 아니라 나치 지도부의 "정치적 결정"에 달려 있다는 점을 프라이슬러는 정중하지만 기분 나쁘게 암시했다.[83] 온건파 법률가들이 이 회의에서 극단의 상황을 저지할 수 있었다 해도 돌이켜보면 정치적 판세는 이들에게 불리하게 돌아가고 있었다.

그러면 이미 프로이센 제안서에서 인용된 미국법은 이 회의에서 어떤 역할을 했을까? 낭패스럽게도 뉘른베르크법 제정으로 이어진 이 중대한 회의에서 미국 사례는 개회 순간부터 반복해서 상세히 논의되었으며 주로 과격파가 미국법을 칭찬했다.

귀르트너가 짤막하게 개회사를 한 후 위원회를 위해 보고서를 준비한 두 관료가 발언했다. 첫 번째 발언자는 나치당원 프리츠 그라우였는데 나중에 친위대 고위직에 오르게 되는 인물이다.[84] 프로이센 제안서 작성에 참여했던 그라우는 범죄화의 필요성에 대해 강경한 입장이었다. 그러나 다른 강경파와 마찬가지로 그도 프로이센 제안서에 담긴 정책이 아직 실행되기 어렵다는 점을 시인했다. 그로서는 "뼈아픈" 인정이었지만, 외교상 당분간 "인종 보호" 규정을 형법에 명시하는 일은 미룰 필요가 있다고 발표했다.[85]

그렇다고 해서 그라우가 온건파에게 순순히 양보할 기세는 아니었다. 그는 나치가 유대인의 위협에 가차 없이 맞서야 한다고 여전히 단호한

히틀러의 모델, 미국

입장을 취했다. 그라우는 "교육과 계몽" 정책이 범죄화의 대안이 될 수 있다는 일부 법률가와 관료의 신념을 인정했지만, "교육과 계몽"은 받아들일 수 없는 접근법이라고 언급했다. 다른 나치들처럼 그라우도 다른 인종 간의 성적 혼합 문제를 시민권 문제에 결부했고, 뉘른베르크 전당대회에서도 그 두 가지는 연관성을 띠게 된다. 다음은 그의 발언을 기록한 것이다.

> [1920년] 당 강령은 오로지 독일 혈통인 자만 시민이 될 수 있고 외래 인종은 체류자 권리 규정에 구속된다고 규정합니다. 따라서 강령은 새로운 독일 국가가 인종적 기반 위에 건립되어야 함을 의미합니다. 이 목표에 도달하기 위해 지난 몇 년 동안 많은 일이 일어났습니다. 민족의 몸체에서 인종적으로 이질적인 분자들을 뿌리 뽑기 위하여 가장 먼저 국가 고위직과 기타 요직 및 전문직…에서 이들을 몰아내어 영향력을 제거하는 노력을 기울였습니다.
>
> 이 모든 조처로 우리는 의심의 여지 없이 일보 전진을 이루었습니다. 그러나 이 조처는 독일에 사는 인종적으로 이질적인 분자들을 독일 민족으로부터 효과적으로 분리해 고립하지는 못했습니다. 여기에 필요한 법 — 독일인과 외래 인종의 성적 혼합을 일절 금지하는 법은 외교 정책상의 이유로 제정하지 못했습니다.
>
> 필시 혹자는 — 바로 이것이 법무장관님이 제기한 두 번째 문제와 관련되는데 — 명시적인 법률 없이도 교육과 계몽을 통해 점진적으로 이 목표를 이룰 수 있다고 말할지 모릅니다.[86]

바로 이 대목에서 그라우는 인종차별법의 본고장 미국을 예로 든다. 그는 프로이센 제안서에서도 지적한 짐 크로 법을 "교육과 계몽" 정책의 잠재적 모델로 언급했다. 그러나 인종분리는 독일 상황에 적당하지 않다는 것이 그의 의견이었다.

> 혹자는 다른 민족도 주로 사회적 분리를 통해 그와 같은 목표[즉 교육과 계몽을 통한 인종 혼합 방지]를 성취하지 않았느냐고 할지 모릅니다. 하지만 그런 언급은 특정 단서가 붙을 때만 옳습니다. 다른 민족은 — 특히 저는 비슷한 노선의 법규를 보유한 미국에 주목합니다만 — 당면한 문제가 다릅니다. 즉 유색인종을 저지하는 것이 문제인데, 이것은 독일에 적용하기에 그다지 유용하지 않습니다. 우리에게 문제의 초점은 유대인에게 날카롭게 맞춰져 있습니다. 유대인은 우리 민족에게 확실한 이물질이므로 영속적으로 분리해내야 할 존재입니다. 독일 내 유대인들이 대단히 비상한 경제력을 자랑하는 한, 사회적 분리와 격리 방침만 취해서는 절대로 목적을 이룰 수 없다는 것이 제 신념입니다. 지금처럼 저들이 우리 조국 독일의 경제 문제에 영향력을 발휘하는 한, 가장 아름다운 승용차와 모터보트를 소유하는 한, 모든 유원지와 휴양지와 그 외 돈이 드는 모든 장소에서 두드러진 역할을 하는 한, 이 모든 것이 사실인 한, 저는 성문법이 부재하는 상태에서 유대인을 독일 민족의 몸체로부터 진정으로 분리할 수 있다고 믿지 않습니다. 이는 유대인과 독일인의 모든 성적 혼합을 절대적으로 금지하고 가혹한 형사처벌을 부과하는 성문법 제정을 통해서만 성취할 수 있습니다.[87]

흥미진진하게도 이 강경파 나치는 짐 크로 법 같은 인종분리 정책이 독일에서 결코 성공할 수 없다고 본 것이다. 독일 유대인들은 미국 흑인과는 달리 너무 부유하고 거만해서 그들을 찍어 누를 유일한 희망은 "가혹한 형사처벌"뿐이라는 얘기다. 짐 크로 인종분리법은 이미 억압받고 있는

빈곤한 소수자 집단에만 효과적인 전략이라고 보았던 나치의 판단은
놀라울 정도다.

그라우가 짐 크로 인종분리법이라는 선택지를 일축하기 위해 비상한
노력을 기울인 점은 주목할만하다. 그가 그래야 할 의무감을 느꼈다는 사실
자체가 이 회의가 열리기 전에 막후에서 미국법에 대한 논쟁이 있었음을
명백히 시사한다. 국민의 "교육과 계몽"을 위한 비교적 온건한 방침을
옹호하는 근거로 누군가가 독일판 짐 크로 법의 도입을 주장했던 것으로
보인다. 곧 등장하겠지만, 실제로 이 회의에서 짐 크로 법의 잠재적 유용성
문제를 거론한 참석자는 그라우만이 아니었다.[88] 그라우가 보고를 마치자
이번에는 콜라우슈가 좀 더 온건성이 뚜렷한 의견을 제시하면서 범죄화
반대를 주장했다.[89]

뒤이어 귀르트너 법무장관이 이 문제를 토론에 부치고자 발언했다.
그의 발언 내용을 보면 그라우가 언급한 미국 사례에 관하여 법무부가
그동안 열심히 정보를 수집했다는 사실을 알 수 있다.

두 신사분의 보고에 대단히 감사합니다. … 제 의견을 몇 가지
표명하자면 이렇습니다.

인종법과 관련하여 다른 민족들은 이 문제를 어떻게 공략하는지 세계를
둘러보는 일은 물론 매우 흥미롭습니다.

저는 여기 미국 인종법의 개요를 종합적으로 면밀히 조사한 자료를 갖고
있습니다. 이 자료를 구하기가 꽤 어려웠다는 점을 주저 없이 말씀드릴
수 있습니다. 여러분 중에 개인적으로 관심 있는 분에게는 이 분석
자료를 기꺼이 제공하겠습니다.[90]

나치 혈통과 나치 명예의 수호

귀르트너는 미국 각 주의 법을 조사한 법무부 보고서를 참석자들에게 보여주었던 것으로 보인다. 지금도 그렇지만 그 시절에 미국 모든 주의 정보를 수집하기란 "꽤 어려웠다." 그래도 법무부는 그 자료에서 독일 법률가들이 항상 추구하는 "근본이념"(Grundgedanke)을 추출해낼 수 있었다.

> 이 자료는 미국 각 주의 인종법이 어떤 형식을 취하느냐 하는 질문에
> 해답을 제공합니다. 이 그림은 미국 지도만큼이나 알록달록합니다.
> 미국의 거의 모든 주가 인종법을 보유합니다. 막아내야 할 인종은
> 다양한 방식으로 규정됩니다. 그렇지만 근본이념은 아주 쉽게 추출할 수
> 있습니다. 이 법들은 흑인, 물라토, 중국인 또는 몽골족을 다양한 방식으로
> 열거하고 있습니다. 흔히 아프리카인의 후예라는 표현으로 그 문제를
> 역사적으로 다루지만 결국 니그로를 가리키는 말이며, 코카서스 인종을
> 긍정적으로 언급하는 부분도 조금 있습니다. 그게 꽤 흥미롭습니다.
> 왜냐하면 저는 유대인이 코카서스 인종에 속하는지 여부를 판단할 법리가
> 존재한다고 믿기 때문입니다.[91]

회의록을 보면 귀르트너는 이 대목에서 자기 보좌관 한스 폰 도나니의 도움을 받았다. 도나니는 이 회의에 참석했던 온건파 중에서도 가장 흥미롭고 분명히 가장 영웅적인 인물이었다. 헝가리 작곡가 에르뇌 도나니의 아들이자 반나치 운동가 디트리히 본회퍼 목사의 매형인 그는 1933년 6월 나치 정권의 법무부에 배속되었다. 그러나 1934년 6월 5일 회의가 있고 나서 불과 몇 주 후 비밀 반체제 인사로 변신해, 앞으로 나치 지도층을 고발할 때 유용할 자료를 수집하고 정리하는 위험한 작업에 나섰다.[92] 결국 그는 히틀러 저항 운동에 참여한 죄로 처형당했다.[93]

하지만 1934년 6월 초, 도나니는 아직 반유대인법 제정 임무를 수행하던 법무부 관료였다. 그가 유대인에 관한 미국의 인종 법리를 설명한 것으로 보아

법무부의 자료 조사에 일정한 책임을 맡았던 것이 분명했다.

> 검찰관 폰 도나니 박사: 네, 이 법리는 코카서스 인종을 간단히 모든
> 유색인종의 반대 개념, 즉 백인종으로 봅니다. 그리고 유대인은
> 백인종에 해당하므로 코카서스 인종에 속하는 것으로 간주합니다.

> 제국 법무장관 귀르트너: 그게 최고법원의 법리인가요?

> 검찰관 폰 도나니 박사: 네.

> [귀르트너]: 이 법이 유대인을 겨냥하는 것이 아니라 유대인을
> 보호한다는 부법원장 그라우 박사의 발언이 얼마나 정확한지
> 이 지도를 보면 알 수 있습니다. 그것은 우리에게 전혀 소용이
> 없습니다. [미국식 접근법의] 목표는 [우리의 목적과] 상반됩니다.[94]

만일 참석자들이 미국법에 관해 발언한 것이 그게 다였다면, 법무부가
신중히 조사한 미국 모델은 결국 나치 정권에 아무 소용도 없었던 것으로
판명되었다고 결론지어야 할 것이다. 그러나 귀르트너는 미국법은 유대인을
겨냥하지 않는다고 말하는 데서 멈추지 않았고, 이후 미국법을 거론한
사람도 귀르트너 말고 더 있었다. 귀르트너는 계속해서 법무부 보고서
내용을 설명하면서 미국법의 "흥미로운" 점을 지적했다. 법무부의 조사는
미국 혼혈금지법에서 다양한 사실을 찾아냈다. 귀르트너는 설명했다. "성적
결합에 어떤 법적 결과가 뒤따르는지 살펴보면 흥미롭습니다. 그 또한
다양합니다. '불법' '무효' '절대 무효' '완전 무효' 등 온갖 표현이 등장합니다.
또한 '금지된다'라는 표현도 종종 등장합니다. 이처럼 유동적이고
사법적으로 선명하지 않게 정의된 용어들로 미루어 판단하건대 민법상

효력은 모든 사례에, 형법상 효력은 상당수 사례에 미친다고 볼 수 있습니다."[95] 미국에 "형법상 효력"이 존재했다는 바로 이 대목이 중요했다. 미국의 예는 회의에 참석한 법률가들의 의견을 양분한 중요한 문제에 곧바로 참고가 되었다. 중혼 이외에 다른 인종 간 혼인을 범죄화한 선례가 없지 않다는 것을 보여주었기 때문이다. 광범위한 범죄화 조치에 반대하던 귀르트너에게 그 사실이 달가웠을 리 없고, 그래서 그는 재빨리 미국 사례를 무력화하려고 애썼다. 미국법에 뭐라고 규정되었든 미국에서 실제로 그런 "형법상 효력"이 기계적으로 발휘될 수 없었을 거라고 귀르트너는 황급히 주장했다. "형법의 인종 보호 규정이 실제로 어떻게 적용되고 있는지는 우리가 시행한 조사를 근거로 답변하기 어렵습니다. 우리가 지금 여기서 보는 단편적 정보는 현실과 항상 일치하지는 않는 것으로 보입니다."[96] 귀르트너는 미국이 혼혈금지 규정 위반자들을 실제로 기소까지 한다고 인정하기를 거부했다. 그는 증거도 없이 그렇게 주장했지만,[97] 미국 선례가 발휘할 강력한 영향력을 막아내기 위해 일정한 논리를 펴보려고 최선을 다하고 있었다는 점을 우리는 이해할 수 있다.

그런 다음 귀르트너는 반유대인법 문제로 돌아와 공식적인 법률상의 유대인 박해를 거부하는 것은 미국만이 아니라고 설명했다. "현존하는 외국법 가운데 유대인 공략을 목표로 삼는 인종법은 우리의 조사 대상국들 중에서는 발견할 수 없었습니다. 제 생각에 그런 법을 찾아내려면 독일 중세 도시들의 법을 검토해야 할 듯합니다."[98] 미국에 반유대인법이 없었던 것은 맞다. 그러나 당시 어느 나라 법체계에도 반유대인법은 없었다. 하지만 나치 법률가들이 이날 모여 논의하려고 했던 바로 그런 종류의 법을 미국이 벌써 제정해놓은 사실은 귀르트너가 아무리 축소하려 해도 여전히 "흥미로운" 사실이었다. 미국은 이미 "상당수 사례"에서 인종 혼합을 범죄화하는 조치를 취한 상태였다.

귀르트너의 법무부 보고서 발표가 끝난 후 참석자들은 형사 조치를

히틀러의 모델, 미국

입안할 때 발생하는 다양한 기술적 문제점을 토론했다. 미국은 회의의
첫 논의 사항이었으나 유일한 논의 사항은 분명히 아니었다. 하지만
미국 논의는 아직 끝난 것이 아니었다. 미국법은 회의 내내 곳곳에서
거론되었다.[99] 특히 그날 아침이 다 지나갈 무렵, 회의 참석자 가운데
인종주의 성향이 가장 극심했던 프라이슬러 차관과 카를 클레 형사법원장
겸 베를린 대학교 형법 교수, 그리고 프로이센 제안서 작성에 참여한
과격파 또 한 명이 미국 사례를 강조한 사실이 회의록에 나온다.[100] 참석자
중에서도 더 강경한 인종주의자들이 미국에 특히 이끌렸던 것으로 보인다.

그리하여 회의가 3분의 2 정도 진행된 시점에 클레는 짐 크로 법을
독일에 유용한 사례로 재차 거론했다. 클레가 신경 쓰던 문제는 나치의
새 형법이 순전히 인종분리를 선언하는 인종'구별'법이어야 할지, 아니면
특정 인종의 우월성과 기타 인종의 열등함을 선언하는 인종'차별'법이어야
할지의 여부였다. 일부 나치는 새 법이 순전한 인종구별법이어야 한다고
주장했다. 유대인이 열등하다는 언명을 피함으로써 독일의 대외 관계를
개선할 수 있다는 논리였다.[101] 클레는 그런 접근법을 거부했다. 독일
민족이 유대인을 열등한 인종으로 확신한다는 것은 엄연한 진실이니 법
또한 그 점을 숨김없이 선언해야 한다고 그는 주장했다. 여기서 클레는
미국이 유용한 본보기를 제공한다고 여겼다. 미국 인종법은 의심의 여지
없이 일부 인종은 열등하다는 관념에 기초하고 있다고 그는 주장했다.
브라운 대 교육위원회 판례의 대법원 견해처럼 클레는 짐 크로 법이
흑인의 열등성을 극적으로 부각하기 위해 고안된 것임을 의심치 않았다.[102]
클레는 인종분리를 백인에게 흑인의 위협을 경각시키는 일종의 나치식
"인종 보호" 조치로 보았다. 짐 크로 법은 1933~34년 독일 거리에서 "인종
보호" 전략으로 활용된 유대인 상점 불매운동에 맞먹는 조치라고 그는
주장했다. 나치 돌격대가 유대인 상점 앞에서 벌인 위협적인 불매운동은
대중에 대한 "교육과 계몽"의 목적을 띠고 있었다.[103] 미국도 짐 크로

법을 통해 같은 일을 도모하되 사회적으로 더 대규모로 시행 중이라는 것이 클레의 주장이었다. "[독일의 대중적 태도처럼] 미국 인종법도 결코 [단순한] 인종 차이라는 관념에 기초하는 게 아니라, 니그로 등을 겨냥하는 것으로 미루어 다른 인종은 열등하며 이에 맞서 미국 인종의 순수성을 지켜야 한다는 관념에 기초하고 있는 것이 분명합니다. 이것은 미국에서 니그로에 맞서 전면적으로 시행하는 사회적 보이콧에서도 드러납니다."[104] 인종분리는 나치의 유대인 상점 불매운동의 미국 버전이라는 나치의 해석은 놀랍다. 나치 깡패들이 유대인 상점 문밖에 진을 치고 서서 "독일인이여! 자신을 방어하라! 유대인의 물건을 사지 말라!"라고 적힌 플래카드를 흔들었듯이, 미국 인종주의자들은 미국인의 경각심을 높이기 위해 짐 크로 법을 "전면적으로" 활용했다는 것이다. 이 또한 위협적으로 "영향력"을 발휘하고 "우위를 점하려 드는 이질적 인종"에 맞서 미국인이 자신을 "방어하는" 경우에 해당했다. 이 미국의 사례가 시사하는 점은 진정으로 인종에 근거한 형법은 단호히 인종주의적인 형법이어야만 한다는 것이었다.

그러나 몇 분 후 미국의 예를 가장 극적으로 이용한 장본인은 다름 아닌 "히틀러에 복무한 살인자" 프라이슬러였다. 그의 발언으로 미루어 그도 귀르트너처럼 미국 사례를 미리 상세하게 숙지하고서 미국에 대해 논쟁할 준비가 된 상태로 회의에 참석했다는 것을 알 수 있다.

프라이슬러는 미국의 예를 들어 뢰제너처럼 전통적으로 사고하는 법률가들의 반대에 나치다운 반격을 개시했다. 형법은 명백하고 모호성 없는 개념을 요구한다는 것이 전통적인 독일법의 기본 원칙이었다. 만일 모호한 개념을 근거로 유죄 판결을 내리는 일을 판사들에게 허용한다면 법치주의라는 핵심 원칙을 위반하게 된다.[105] 하지만 뢰제너가 회의에서 주장한 대로 나치 정책 입안자들은 명백하고 모호하지 않은 "유대인" 개념을 찾는 데 실패했다. 누가 "유대인"인지 결정할 공인된 과학적

수단이란 결코 존재하지 않았다. "행동이나 외모나 혈통 등을 근거로
유대인의 요소를 지니는지 여부를 결정할 효과적인 수단은 존재하지
않거나, 적어도 지금까지 아직 발견된 바 없습니다."106 이 실패는 범죄화에
걸림돌로 작용했다. 뢰제너는 개별 판사가 단순히 모호한 유대인 혐오의
감정을 근거로 판결을 내리는 일은 용인할 수 없다고 언명했다.107 적절한
범죄화의 필수 요건은 누구를 유대인 인종으로 볼지에 관한 명확하게
기술되고 과학적으로 인정할 수 있는 정의였다.108 어떤 경우에도 판사는
무죄추정의 원칙이라는 범위 내에서 일해야 한다고 뢰제너는 덧붙였다.109
이것은 적법성의 기본 요건이었고, 이 요건이 과격한 나치 정책을 이행하는
데 장애물 역할을 했다.

　　바로 이 부분에서 프라이슬러는 기술적이고 원칙적인 문제들을
경멸하는 전형적인 과격파 나치의 태도를 한껏 드러내며 미국의 사례를
들어 반박했다. 프라이슬러는 또 다른 과격파 한 명과 함께 이 문제는
"과학적"이거나 "이론적"인 문제가 전혀 아니라고 주장했다. 독일이 당면한
문제는 오직 "원초적"이고 "정치적"인 대응이 요청되는 문제였다.110 그리고
미국법은 프라이슬러가 보기에 "원초적"이고 "정치적"인 모델이었다.
미국법은 인종을 과학적으로 만족스럽게 정의하는 것이 기술적으로
불가능한 경우에도 인종주의 법 제정이 전적으로 가능하다는 것을
보여준다고 그는 말했다. 프라이슬러는 자기 주장을 강조하기 위해 미국 각
주법의 세부 사항과 미국 법리의 속성까지 파고들었다.

　　인종 개념의 설명과 관련해서는 이 미국 주 목록을 보면 흥미롭습니다.
　　미국 30개 주가 인종법을 보유하는데, 제가 봤을 때 이 법들은 인종
　　보호의 관점에서 입안된 것이 분명합니다. [여기서 프로이센 제안서
　　작성자였던 또 다른 과격파 일인이 "그리고 정치적이기도 합니다!"라고
　　덧붙였다.]111 정치적 측면은 아마 일본인에 대해서만 해당되는

[경우]일 테고, 나머지 측면들은 인종적 관점에 따르고 있습니다.
노스캐롤라이나주에서는 인디언과 니그로의 혼인도 금지한다는 것이
그 증거입니다. 이것은 결국 인종 보호… 의 관점에서 이루어진 방침이
분명합니다. 제 생각에 일본인의 경우처럼 너무 강해지는 외국의 정치적
영향력을 배제하려는 목적을 제외한 나머지는 전부 인종 보호
… 의 관점에서 비롯되었다고 저는 확신합니다.[112]

이 미국식 "인종 보호"는 인종의 정확한 과학적 개념화를 염려하지
않았다고 프라이슬러는 덧붙였다.

> 게다가 일본인의 이민 가능성을 고려해야 하는 모든 주가 일본인을
> 언급하는 것이 아니라 일부가 몽골족을 언급합니다. 일본인과
> 중국인은 몽골족이 아니라 완전히 다른 민족 집단으로 분류해야 하는
> 것이 확실한데도 그랬습니다. 왜 그랬을까요? 어떤 개념을 기술하기
> 위해 그랬다고 저는 생각지 않습니다. 그보다는 이들이 어떤 인종
> 이미지[Rassebild]를 겨냥하다가 실수로 일본인을 몽골족에 포함시켰을
> 뿐이라고 생각합니다. 그들을 [즉 다양한 인종을] 한꺼번에 열거하는
> 방식에서도 같은 특징이 드러납니다. 어느 주는 몽골족, 니그로, 또는
> 물라토라고 열거합니다. 이것은 인종적 관점이 전면에 놓여 있음을
> 확실하게 보여줍니다. … 결론은 오늘날 미국이 아무리 안 그런 척해도
> 사실은 단연코 인종법을 갈망했다는 것입니다.[113]

어쨌든 미국 사례의 탁월함은 미국법이 흔히 그렇듯 독일 법률가들이
중시하는 명확한 개념 같은 것 없이도 잘 돌아가는 사법체계를 유지할 수
있음을 보여주는 데 있다고 프라이슬러는 설명했다.

히틀러의 모델, 미국

저들의 비결은 무엇일까요? 저들은 다른 수단을 사용합니다. 여러 주에서 단순히 지리적 개념을 이용합니다. 어떤 주에서는 아프리카인의 후예라고 하고, 또 어떤 주는 아프리카, 한국, 말레이시아 출신자라고 표현합니다. 또 다른 주는 지리적 출신지와 특정 혈통 개념을 병용합니다. 예를 들면, 제가 방금 든 예에 '또는 몽골 인종'이라는 표현이 덧붙습니다. 또 다른 주는 둘을 나란히 열거합니다. 예컨대 네바다주에서는 에티오피아 출신이거나 흑인종인 자, 말레이시아 출신이거나 갈색 인종인 자, 몽골족이거나 황인종인 자, 이런 식으로 열거합니다. 즉 지리적 출신지와 혈통에 근거한 개념을 혼합한 인상적인 제도라는 뜻입니다.[114]

그러나 이 모든 개념적 혼란은 미국의 인종주의 질서 확립에 지장을 주지 않았다. 미국법은 이른바 "인종의 정치적 구축"을 완벽하게 해냈다고 프라이슬러는 주장했다.[115] 미국은 의미 있는 과학적 인종 개념이 부재해도 인종주의 질서를 구축하겠다는 이념적 결의를 보여주었고, 그런 점에서 프라이슬러는 독일이 미국의 법 제정 기법으로부터 배울 점이 있다고 믿었다.

배울 점은 미국의 법 제정 외에 또 있었다. 프라이슬러는 미국의 재판 방식에도 배울 점이 있다고 주장했다. 미국 판사들은 개념이 모호해도 개의치 않고 인종차별적인 법을 적용하는 데 주저함이 없었다. 프라이슬러는 미국이 유대인 문제에 무관심하다는 점만 빼면 사실상 미국식 법리는 "우리에게 완전히 최적"이라고 장중하게 선언했다.

이 주들은 분명히 모두 극도로 명료한 법리를 보유하며, 이 법리는 하나만 제외하면 우리에게 완전히 최적입니다. 사실 저 나라 사람들은 오로지 유색인종과 메스티소(주로 라틴아메리카에 분포하는 유럽인과 아메리카 원주민의 혼혈을 지칭하는 용어 — 옮긴이)나 물라토 같은 혼혈인에게만 관심이 있습니다. 그러나 우리의 관심사인 유대인은 유색인종에 포함되지 않습니다. 저는 [표준적인 나치 용어에서 의미하는 식으로] 이질적 인종을 언급하는 주는 아직 못 보았지만, 대신에 저들은 좀 더 원초적인 방식으로 인종을 지칭합니다.[116]

그러나 반유대주의 법리가 빠졌다고 해서 미국 법리가 독일에 가르쳐주는 바가 전혀 없었던 것은 아니었다. 미국의 예는 명백하고 과학적으로 만족스러운 정의에 근거하는 법률 없이도 독일 판사들이 유대인을 괴롭힐 수 있음을 시사했다. "원초적" 개념 형성만으로 충분했다. 사실 독일 인종법도 미국 사례를 좇아 그저 "유색인종"을 규정하는 것만으로도 완벽하게 작동할 것이라고 프라이슬러는 주장했다.

> 제가 봤을 때 유색인종과 별도로 유대인을 명시할 필요가 있는지도 의심스럽습니다. 외모만으로는 황인종으로 안 보이는 타타르인처럼 유대인이 겉으로는 백인처럼 보여도 모든 판사는 유대인을 유색인종으로 간주할 것입니다. 그러므로 우리도 미국의 여러 주에서 채택하는 수준의 원초성으로 밀고 나갈 수 있다는 것이 제 의견입니다. 어느 주는 아예 간단히 "유색인"이라고만 지칭합니다. 그렇게 덜 다듬어진 절차로도 충분합니다.[117]

근대 사법적 도살의 화신이자 "심지어 제3제국의 기준으로도 극도로 정의를 왜곡한" 죄를 지은 이 사악한 인물에게 미국의 보통법 모델은 그렇게나 매력적이었다.[118] 미국 법원은 명확하고 법적으로나 과학적으로 타당한 인종 개념 따위에 일일이 얽매이지 않았다. 그저 해야 할 일을 처리할 뿐이었다. 비록 미국이 유대인을 겨냥하지는 않았어도, 이처럼 느긋하고 개방적이고 실용적인 미국식 보통법의 사법적 인종주의는 나치 판사들에게 "완전히 최적"인 "원초성"을 갖추고 있었다.

이것은 귀르트너에게 감당이 안 되는 견해였다. 그래서 그는 프라이슬러에게 다음과 같은 답변으로 재차 미국 "모델"의 유용성을 반박하고자 시도했다. "미국 모델에서 쓸만한 것을 얻어낼 수 있다는 생각은 현실적으로 실행이 어렵습니다. 프라이슬러 차관님도 언급하셨듯이 미국법은 '유색인종' 개념에 각종 변형과 뉘앙스 차이가 있어서 때에 따라 이런 식, 저런 식으로 사용되기 때문입니다. 아마 가장 분명한 사례에 해당할 버지니아주의 경우 물라토와 메스티소는 '유색인종'에 속합니다."[119] "유색인종"에 대한 그와 같은 모호한 언급은 독일에 무용하다고 귀르트너는 주장했다. 모호한 개념으로 다른 인종 간 혼인을 보편적으로 범죄화해서는 안 되기 때문이었다. 새 법률의 목적으로 채택할 수 있는 유일한 목표는 자신의 인종을 악의로 기만하고 혼인한 자를 처벌하는 것뿐이었다. 그리고 자연스러운 일이지만 어차피 "유색인종"은 자신의 인종을 속일 수 없는 처지였다. "인종 보호를 위한 우리의 형법상 목표가 악의적 기만을 처벌하는 데 있다면, 그 과정에서 유색인종 문제는 바로 유색인종이라는 그 사실 때문에 성립할 수 없게 됩니다. 제가 보기에 유색인종이 악의로 자신의 인종을 속이는 일이 발생할 확률은 매우 적기 때문입니다."[120] 이리하여 미국 문제는 강경파와 온건파 사이에 일어난 갈등의 일부로서 뚜렷이 부각되었다. 가혹한 범죄화 조치를 촉구하며 법적 판단보다 "원초적" 판단을 옹호했던 프라이슬러는 미국식 접근법이 "우리에게 완전히 최적"이라고 주장한 반면에, 1934년 6월 초 아직 실권을 쥔 상태였으나 곧 정치적 싸움에서 패배할 운명인 온건파 법률가 귀르트너는 좀 더 신중하고 전통적인 법적 접근을 옹호했고 거기에 "미국 모델"이 끼어들 자리는 없다는 입장을 견지했다.

회의에서 미국법을 언급하는 부분은 더 있지만, 여기서 전부

다루지는 않겠다. 하지만 그중에서도 회의 끝 무렵에 이루어진 대화가
눈에 띈다. 내무부에 배속된 나치 의사 에리히 뫼비우스는[121] "유색인종"과
사귀는 행위의 범죄화에 반대하는 외국 세력 때문에 어려운 점이 있다고 한
번 더 침울하게 언급하면서 미국인과 나눈 대화를 인상적으로 보고했고,
여기에 프라이슬러는 역시 그답게 인상적으로 반응했다. 뫼비우스는
미국인 지인이 나치 정책에 담긴 노골적인 인종주의가 나치에게 외교
문제를 일으키고 있는데 그렇게까지 노골적일 필요가 있는지 물었다고
전했다.

> 뫼비우스 박사: 최근 어느 미국인이 우리에게 한 말이 기억납니다. 그가
> 이렇게 설명했습니다. "우리도 당신들과 똑같이 하고 있습니다.
> 그런데 왜 당신들은 굳이 법률에 명시해야 하는 겁니까?"

> 프라이슬러 차관: 하지만 미국인들은 자기들 법에 훨씬 더 노골적으로
> 규정하고 있어요![122]

맞는 말이었다.

이리하여 뉘른베르크법에 담길 내용을 기획하는 중대한 회의가 속기록으로
남았다. 이 회의록은 비교법상 대단한 자료다. 누가 어떤 영향을 미쳤는지
그 과정을 이처럼 솔직하고 상세하게 기록한 자료를 보유한다는 것은 사실
드문 일이다.
    그리고 이 6월 5일 회의록이 미국법의 "놀라운 사소함"의 증거가
아님은 두말할 필요도 없다. 미국법이 회의의 첫 논제로 등장하는가 하면,

히틀러의 모델, 미국

그림 8. 1936년 형법개정위원회 회의. 나치 완장을 차고 있는 자가 롤란트 프라이슬러. 그 옆에 여송연을 들고 있는 자가 프란츠 귀르트너 법무장관. 자료: 울슈타인 빌트 © Getty Images.

참석자들이 미국 전역의 여러 혼혈금지법을 수없이 직접 인용하는 등 상세한 내용을 숙지한 상태에서 미국법을 논의에 부쳤다. 게다가 미국 사례는 이미 1933년 9월 프로이센 제안서에서도 강조되었고 회의가 열리기 전부터 논의와 논쟁을 거친 것이 분명해서, 법무부가 일부러 이 주제로 각별히 자세한 보고서를 준비했을 정도였다. 특히 짐 크로 법의 도입이 독일 대중의 "교육과 계몽"에 도움이 되지 않을까 하는 문제를 둘러싸고 논쟁이 있었던 것이 분명했다. 일부 온건파는 범죄화의 대안으로 짐 크로 식의 "계몽책"을 옹호했지만, 클레 같은 강경파는 짐 크로 법을 나치가 벌였던 험악한 유대인 상점 불매운동의 확장 버전쯤으로 간주했다. 귀르트너 법무장관은 "미국 모델"을 불편해하는 빛이 역력했으나 프라이슬러와 마찬가지로 미국법을 때때로 대단히 세밀한 부분까지 인용하는 모습을 보였다.[123] 게다가 귀르트너는 이날 회의에서 일반 토론에 앞서 법무부 보고서를 발표해야 할 압박감을 느꼈다. 그는 특히 미국의 여러 주에서 다른 인종 간 혼인을 형사처벌하는 드문 조치를 시행하고 있는 점을 언급해야 할 압박감을 느꼈다. 물론 이 회의에서 오로지 미국만 다룬 것은 아니지만, 참석자들은 미국법에서 무엇을 배울 수 있을지에 진지한 관심을 기울이며 반복해서 이를 논의했다. 그리고 과격파가 미국 사례를 가장 강하게 옹호한 것도 엄연한 사실이다. 그 순간에는 과격파가 불리했지만 15개월 후 뉘른베르크 전당대회에서 결국 승리를 거두게 된다.

단언컨대 회의록에 기록된 나치의 미국 사례 언급은 대외 선전 노력이 아니었다. 참석자들은 분명히 "대외 정책"의 측면을 염려했다. 그러나 형법개정위원회 위원인 그들이 비공개 회의를 연 목적은, 그리고 특히 미국법을 모아 정리하는 "꽤 어려웠던" 작업을 수행하느라 애쓴 목적은 자체적인 나치법 마련을 위한 "자료" 확보에 있었다.

이 모든 사실은 물론 나치 혈통법이 미국의 일부 주법을 그대로 베꼈음을 뜻하지는 않지만, 그렇다고 해서 그것을 무의미하게 여길 수도 없다. 1920년대의 히틀러처럼 1934년 여름 과격파 나치 법률가들이 봤을 때 미국은 독일에 적용하기는 쉽지 않아도 명백하게 탁월한 "인종 국가"의 예였다는 점을 확실히 알 수 있다. 결론은 이렇다. 1934년 6월 초 주요 나치 법률가들이 모여 신생 제3제국의 인종주의 제도화 방편을 토론하는 자리에서 그들은 미국인은 어떻게 했는지 묻는 것으로 논의를 시작했다.

나치의 미국법 지식의 출처

회의에 관해 한 가지 의문점이 남는다. 참석자들은 대체 어디서 정보를 얻었을까? 귀르트너가 회의에서 제시한 "미국 인종법의 개요를 종합적으로 면밀히 조사한 자료"는 이후 어떻게 되었을까? 프라이슬러가 언급한 30개 주법 "목록"의 출처는 어디였을까? 문제의 원본 문서들은 그동안 소실됐으나 상당히 신뢰성 있게 재구성할 수 있으며, 그것들은 20세기

중반에 이루어진 미국식 인종주의 사고의 확산에 관하여 흥미로운
이야기를 들려준다.

회의가 있고서 몇 달 후에 출간된『법과 법 제정에 관한 국가사회주의
안내서』에 실린 미국 주법 목록은 귀르트너와 프라이슬러가 일부 참고했던
바로 그 목록이었던 것으로 보인다.[124]『안내서』에 관해서는 곧 다시 한번
언급할 예정이다. 한편 법무부 보고서는 앞서 여러 차례 언급한 하인리히
크리거의 조사에 근거하여 작성된 것이 확실하다. 나중에 따로 편집된
회의록 축약본의 참고문헌에는 그의 이름이 추가되었다.[125] 1930년대
초반에 나치가 미국법에 천착한 사실을 안다는 것은 곧 하인리히 크리거를
안다는 뜻이므로, 여기서 그의 이력을 잠시 짚고 넘어갈 필요가 있다.

크리거는 1933~34년 미국 아칸소 법대에서 교환학생으로 두
학기를 보내고 독일로 막 돌아온 젊은 나치 법률가였다.[126] 그는 미국법에
깊이 몰두한 나머지 1935년에『조지 워싱턴 로 리뷰』에 "인디언법의
원리"라는 제목으로 잘 다듬어진 영어 논문을 발표하기도 했다.[127] 그는
"민족 혁명"의 열기에 휩싸인 고국 독일로 돌아와 오토 쾰로이터 등의
후견에 힘입어 프리크의 내무부가 장악한 뒤셀도르프의 한 교육기관에서
연구원직을 얻었다.[128] 뒤셀도르프에서 일하던 바로 이 시기에 크리거의
연구가 귀르트너 법무장관의 눈에 띄었다. 크리거는 1936년 자신의 대표적
연구 업적인『미국의 인종법』을 출간한 뒤 국외 인종주의 정권에 관한
연구를 계속하기 위해 또다시 독일을 떠났다. 그는 나치당 인종정책국
소속 신분으로 남서아프리카를 여행했다. 그곳은 30년 전 독일 식민지
관리자들이 미국 인종법 모델을 최초로 조사한 장소이기도 했다.[129]
크리거는 아프리카에서 생산적인 2년을 보내며 현지 인종법과 원주민 법
전통에 대한 취급법을 연구한 논문들을 발표하는 한편, 남아프리카에 관한
포괄적인 논문을 위해 자료를 모았다. 그는 이 논문에서 남아프리카를
강대국으로 변신 중인 "노르딕 인종" 국가로 묘사했다.[130] 그는 독일에서

전쟁이 발발한 시점인 1939년에 귀국하여, 어쩌면 이 전쟁이 인종 문제의 "진화 과정 전반에서 가장 중요한 전환점"일 수 있다고 보고 독일군으로 복무했다.[131] 패전 후 크리거의 삶은 새롭게 방향을 틀었다. 1950년대에 그는 존경받는 교사가 되었고 이력에도 변화가 있었다. 그는 국제 이해와 평화의 열렬한 지지자로 변신하여 유럽 통합을 옹호하는 한편, 아프리카와 아시아의 개발도상국들을 대상으로 교환학생 프로그램과 원조를 기획했다.[132] 1950년대의 국제주의자 크리거가 젊은 날 나치였던 자신의 과거를 어떻게 생각했는지 우리는 알지 못한다.

청년 크리거의 글은 그가 나치의 가치관에 깊이 충성했음을 보여준다. 또한 그가 독일 고등 학문의 정교한 테크닉을 얼마나 능숙히 구사했는지도 보여준다. 나치법은 미국에서 "법현실주의"(Legal Realism)로 불리던, 뉴딜 시대를 풍미한 법학 연구 학풍에 매우 충실했다는 것이 특징이다. (결론 부분에서 두 나라의 법현실주의를 다시 한번 비교하도록 하겠다.) 1930년대의 법현실주의는 더 광범위한 사회적·문화적 작용력에 대처하기 위해 '블랙레터법'(black letter law: 보통법 체계에서 표준적인 법의 원리로 널리 확립된 기본 법원칙 — 옮긴이)을 너머 그 이상을 살피는 접근법이었다. 젊은 크리거는 나치식 현실주의를 대표하는 전형이었다. 실제로 그의 미국법 해설문은 현실주의 성향의 나치 문헌 중에서도 인상적인 축에 속한다.

『조지 워싱턴 로 리뷰』에 실렸던 '인디언법'에 관한 논문은 크리거의 미국법 해설 작업의 출발점이었다. 이 법현실주의 논문의 목적은 블랙레터법 원칙에 일견 일관성이 없어 보이는 현상을 해명해줄 근원적인 사회적 가치를 포착하는 데 있었다. 이 젊은 나치 법학자는 페이엣빌에 있는 아칸소 대학교 법대도서관에서 지내던 시절 모아둔 사료를 바탕으로 미국 인디언법의 역사에 관한 세심하고 박식한 연구물을 선보였다. 요점은 그 공식법에 존재하는 궁극적인 비일관성을 드러내는 데 있었다. 미국

인디언법이 지닌 껄끄러운 모순을 이해할 방법은 하나뿐이라고 크리거는
주장했다. 인디언은 인종이 다르니 별도의 법적 제도에 구속되어야 한다는
비공인된 신념에 근거한 일종의 인종법으로 보면 된다는 것이다.[133]
유대인 전용 법적·인종적 제도를 따로 확립하는 것이 뉘른베르크법의
핵심 아이디어였고 훗날 독일이 동유럽을 점령할 때 미국의 원주민 처우
방식이 선례로 들먹여진 나치의 역사에 비추어 볼 때 그 논문은 음험하게
읽힌다. 1942년 한스 프랑크가 우크라이나 유대인을 "인디언"이라
칭했다 하니 얼마나 끔찍한가.[134] 그러나 크리거의 해설은 음험했을지는
몰라도 어리석지는 않았다. 미국 인디언법 속에서 작동하던 인종주의를
감지해냈으니 어리석은 것과는 거리가 멀었다.

　　그의 저서 『미국의 인종법』 역시 멍청하다고 치부할 수 없는
연구물이었다. 흉측한 나치식 견해로 가득하면서도 진지한 배움과 다양한
통찰이 담긴 책이었다. 말하자면 하인리히 크리거는 군나르 뮈르달의 나치
버전이었으며, 그의 책은 오늘날 적어도 부분적으로 번역할 가치가 있다.
이 책에서 그는 미국의 법역사를 소개하면서 그 이면의 사회경제적 배경을
풍부하게 묘사한다. 지금 읽어도 이 책은 놀랍다. 놀라운 이유는 다름이
아니라 크리거의 영웅이 바로 토머스 제퍼슨과 에이브러햄 링컨이었기
때문이다. 『미국의 인종법』은 미국의 건국을 "세계 지배를 위한 아리안족의
투쟁을 가장 강력히 받쳐주는 버팀목"의 탄생으로 여긴 나치 세계사관에
동반자 역할을 하는 법률서였다. 이 책은 미국사를 위대한 대통령들의
주도하에 인종 혼합에 맞서 싸운 길고도 몹시 힘든 투쟁의 역사로
해석했다.

　　제퍼슨은 벌써 1934년부터 크리거의 글에 등장했다. 그 글은
1821년에 제퍼슨이 인종 병존의 불가능성을 언명했던 일을 강조했다.
"동등하게 자유로운 두 인종이 같은 통치 체제에서 생활할 수 없다는
것은 확실하다."[135] 더불어 『미국의 인종법』은 1863년 노예해방 선언 전에

링컨이 미국의 유일한 희망은 흑인을 다른 데로 이주시키는 것뿐이라고
말했던 사실을 길고 자세하게 기록했다.[136] 이것은 뉘른베르크법 시대를
맞은 독일에서 매우 강력한 자료였다. 독일 유대인에 관한 나치 정책의
골자는 바로 그들을 제국에서 내쫓는 것이었다. 크리거는 링컨을 모범적인
정치인으로 숭배했다. 여러 인종이 한 나라에 살 수 없다는 점을 알 만큼
지혜로웠던 링컨이 암살당하지만 않았어도 미국은 진정으로 건강한
인종 질서를 확립할 수 있었을 것이라고 그는 주장했다.[137] 크리거의 눈에
악당은 미국 공화당 급진파였고, 1930년대에 그가 미국에 대해 내린
궁극적 진단은 나치식 법현실주의의 또 다른 작품이었다. 공화당 급진파는
미국에 수정헌법 제14조라는 부담을 지웠다. 수정헌법 제14조는 인간의
경험상으로나 당시 미국 대중에 기본으로 장착된 인종주의 세계관에
비추어 당연히 이질적이었던 추상적 평등 개념에 근거한 지극히 형식적인
법리였다. 그 결과 미국법은 형식주의적인 자유평등사상과 현실주의적인
인종주의라는 두 가지 "형성력"(shaping forces) 사이에서 망설이는 상태가
되었다는 것이 크리거의 논리였다.[138] 그는 현실주의적인 인종주의가
궁극적으로 승리하기를 기원했다.

이는 분명 미국 법역사에 대한 심히 불쾌한 해설이었다. 그러나 당시
이런 식의 설명을 믿는 미국인은 북부든 남부든 흔했다.[139] 게다가 350쪽에
달하는 크리거의 저서는 미국의 성문법과 판례법을 상세히 다룸은 물론,
미국 사회에 관한 통계 연구 및 질적 연구도 곁들였으며, 미국의 법적
인종주의의 작동 방식에 대한 날카로운 관찰과 정교한 이론을 풍부하게
담고 있었다. "일급 나치 학문"이라는 표현이 귀에 거슬릴지 몰라도
하인리히 크리거의 『미국의 인종법』이 바로 거기에 해당했다. 그러나
그렇게 실력 있는 법률가의 재능도 나치즘의 유혹을 막아주지는 못했고, 또
그런 사람은 크리거뿐만이 아니었다.

1934년 6월 기획회의 회의록에는 젊은 크리거가 끼친 영향의 흔적이

남아 있다. 귀르트너가 인용한 "자료"의 출처는 크리거의 또 다른 논문일 가능성이 매우 높다. 이 논문의 제목 역시 "미국의 인종법"이었고, 1934년 중반에 행정법 학술지 『페르발퉁스아르히프』에 발표된 이래 나치 정책 입안자들 사이에서 자주 인용되었다.[140] 이 논문은 1934년 여름 당시 독일이 알고 있던 사항을 개괄적으로 설명한다. 크리거는 독자를 위해 1930년대 초반의 미국 혼혈금지법이 지닌 가혹성을 논했다.

> 불법으로 다른 인종 간 혼인을 시도하면 무효 및 형사처벌이라는 거의 보편적인 법적 결과가 초래된다. 그중 전자와 관련하여 법규는 무효, 불법, 범법, 절대 무효 등의 용어를 개별로 또는 혼합하여 사용한다. 민사상 무효의 효력은 일률적으로 규정되어 있지 않으나 자녀의 사생아 취급 및 재산 상속 불능의 결과가 초래되는 것이 일반적이다.

> 이 혼인 금지 규정을 위반하면 벌금형과 징역형을 받을 수 있다. 이 두 가지 형벌을 규정한 조항은 어떤 때는 둘을 동시에 부과하도록 허용하기도 하고, 또는 둘 중 하나만 부과하는 것도 허용한다. 범죄의 경중도 주마다 달라서 예컨대 네바다는 경범죄, 테네시는 중죄, 메릴랜드는 중죄(파렴치죄)로 취급하며 그에 따라 형벌의 경중도 달라진다. 최고 징역이 10년인 주가 있는가 하면 6개월인 주도 있다. 몇몇 주(미주리, 인디애나)에서는 자기 혈통에 대해 무지한 개인이 많다는 점을 감안해 법에 고의의 위법행위 개념을 요건으로 명시한다.[141]

아마 귀르트너가 6월 5일 회의에서 사용한 자료가 바로 이 구절이었거나 또는 이를 일부 변형한 버전이었던 것으로 짐작된다.

또한 크리거의 논문은 미국법이 국민을 "백인종"과 "유색인종"이라는 기본적으로 자의적인 두 범주로 나누는 데 만족한다는 사실에 주목하여 미국법의 접근방식이 개방적이고 "사법적으로 정밀하게 규정되어 있지 않다"는 점을 힘주어 강조했다. 크리거도 프라이슬러처럼 그런 범주 개념이 비과학적이라고 주장했다. 그 두 범주는 인종적 현실이 아닌 "인공적 분류"의 산물이라는 것이다. 그러나 미국법은 독일과 똑같이 "잡종"을 어떻게 취급하느냐 하는 중요한 "문제"를 다루면서도 별 어려움을 겪지 않았다. "'잡종'의 법적 취급 문제는 적어도 미국 성문법의 관점에서 보면 해결이 간단했다. 오직 '백인종'과 '유색인종,' 이렇게 두 인구 집단만을 근본적으로 구분한다. 이에 따라 법규에서 사용되는 모든 개념에도 인공적 분류가 수반되며, 이 작업은 일부는 성문법, 다른 일부는 법원의 판례를 통해 이루어진다." 도나니가 6월 5일 회의에서 강조한 논점이 바로 여기에 담겨 있다. 두 범주밖에 없다는 사실은 미국법이 유대인을 "코카서스 인종"으로 분류한다는 뜻이었다. 크리거가 『미국의 인종법』에서 설명하듯 이것은 미국이 "아직" 유대인 문제에 직면하지 않아서 생긴 현상이었다.[142] 그러나 1934년 논문에서 크리거는 유대인 문제를 깊이 다루지 않았다. 그는 귀르트너나 프라이슬러처럼 한발 더 나아가 "엄청난 잡종 인구"가 제기하는 규정상의 난제 해결을 위해 미국 주들이 채택한 여러 기법의 "흥미로운" 측면을 다루었다. 대체로 미국 주들은 혈통 비율로 정의되는 태생에 주목했지만, 때때로 다른 측면도 살폈다고 크리거는 설명했다.

인종을 구별하는 주들은 유색인종 선조로부터 몇 세대 후손이냐 또는 유색인종의 피가 몇 퍼센트냐에 따라 유색인종 집단 소속 여부를 결정한다. 이 원칙에 따라 네 개 주에서는 법으로 "위로 최대 3세대까지 니그로 조상이 있는 경우 각 세대에 백인 조상이 하나씩 있더라도" 그 후손을 유색인종으로 정의한다. 다섯 개 주의 정의는 더 간단하다. "8분의 1 이상 니그로 혈통일 경우 유색인종이다." 두 개 주는 그

비율이 4분의 1이다. 때로는 "아프리카 혈통"이 최소한도만 섞였어도 법적으로 유색인종으로 구분된다. 또 다른 주에서는 어느 인구 집단에 소속되느냐 여부를 정할 때 예컨대 과거의 노예 신분(노스캐롤라이나), 특정 집단과 규칙적으로 사회적 교류를 한다는 사실(앞과 동일), 또는 재혼의 경우 첫 번째 혼인의 배우자였던 자의 인종 정체성(텍사스) 등 외면적 특징이 결정적일 수 있다.

크리거는 여기서도 또 프라이슬러처럼 미국 판례법의 개방성을 강조했다.

> 법원에서 이루어지는 인종 개념화는 한층 더 다양하다. 백인 혈통이
> 절반 이상이어야 백인으로 볼 수 있다고 선언한 오하이오주 판례는
> 법원에 의한 인종 정의의 극단적 사례로서 드문 경우에 속한다.[143] 사법
> 관행상 신체적으로 조금이라도 니그로의 특징이 눈에 띄는 경우, 그리고
> 더 나아가 그 사람의 니그로 혈통이 상식에 해당할 경우에는 몇 세대
> 전에 니그로 조상이 있었느냐를 따지지 않고 유색인종으로 분류하는
> 경향이 증가하고 있다.[144]

이 내용 역시 귀르트너가 6월 5일 회의에 가져온 보고서에 포함되어 있었던 것으로 추측된다.

크리거의 1934년 논문이 유대인과 직접 관련되지 않은 것은 사실이다. 사실 거기에 유대인은 언급되지도 않았다. 그러나 우리가 고의로 둔감한 척하지 않는 한, 이 논문에 나치의 정책 논의에 정보를 주려는 취지가 있었음을 부정하기 어렵다. 특히 크리거의 논문은 미국법에서 이루어지던, 프라이슬러가 칭찬했던 종류의 "다양한" "인종 개념화"를 논의하는 데 탐스러운 화두를 제공했다. 그런 측면에서 이 논문은 전형적이었다. 곧 살펴보겠지만, 미국이 "아직" 유대인을 억압할 긴박한 필요성을 이해하지

못했다 하더라도 "잡종"에 대한 미국식 접근법으로부터 배울 점이 있다고
생각한 나치 관찰자들은 많았다.

미국 사례에 대한 나치의 관심은 1935년 9월 뉘른베르크법이 공포될
때까지 몇 개월 동안 지속되었다. 1934년 여름에 있었던 형법개정위원회의
미국법 논의만큼이나 놀라운 것은 『법과 법 제정에 관한 국가사회주의
안내서』에 실린 헤르베르트 키어의 논문 "민족, 인종, 그리고 국가"다. 미국
이민법과 관련하여 1장에서 이 논문을 이미 인용한 바 있지만, 여기서 좀
더 인용하고자 한다. 키어는 나치의 목표에 대한 외국의 몰이해를 언급하며
말머리를 연다.

> 여기서 소개된 국가사회주의 이념과 그로부터 마땅히 도출되는 결론은
> 여러 곳에서 완전한 오해를 받았고, 국가사회주의와 독일 민족은
> 심각한 공격 대상이 되었다. 이 사실은 특히 미국이 여러 분야에서
> 인종적 관점의 성문법을 제정했다는 점에서 더욱 이해하기 어렵다.
> 이와 관련하여 미국의 지배적인 정치 이념을 전적으로 자유주의와
> 민주주의로 특징지어야 한다는 것은 언급할 가치가 있다. 인간의
> 모습을 한 모든 것은 평등하다는 기본 전제에서 출발하는 따위의
> 이념을 지녔으면서도 미국에서 인종법 제정이 얼마나 광범위하게
> 이루어지는지를 보면 더더욱 놀랍다. 몇 가지 예를 들어보겠다. 미국의
> 다음 주들은 법으로 백인종과 유색인종의 혼인을 금지한다.[145]

그러고서 키어는 미국 30개 주의 혼혈금지법을 정확한 설명과 참고자료를
곁들여 알파벳 순으로 정리한 표를 두 쪽에 걸쳐 소개했다.[146] 이 표는
귀르트너와 프라이슬러가 앞서 6월에 제시했던 미국법 설명과 일치하며,
그 6월 5일 회의에서 프라이슬러가 언급한 상세한 미국법 정보를 담은
"목록"의 출처 중 하나였을 것으로 추측해도 무리는 없을 듯하다. 이후

몇 년간 같은 표가 계속 유포되었고 혈통법에 관한 표준 해설서에
재등장했다.[147] 표를 제시한 후 키어는 이어 설명했다.

> 따라서 이 목록에 실린 30개 주는 전부 혼혈을 금지하며, 한 곳만
> 제외하면 모두 유럽 출신 미국인과 비유럽 인종의 인종 혼합을 방지하는
> 목표를 추구한다. 오직 노스캐롤라이나에서만 인디언과 니그로의
> 혼혈을 추가로 금지한다. 다른 인종 간의 혼외정사도 여러 주에서
> 금지하거나 심지어 앨라배마와 아칸소의 경우처럼 형사처벌의 대상으로
> 삼기도 한다.[148]

나치가 미국법을 세세한 부분까지 파악하고 있었음을 우리는 여기서
또 한 번 직면한다. 키어의 다음 주제는 인종분리 정책이었다. 미국에서
인종분리가 때때로 얼마나 심하게 이루어졌는지에 대해 그는 다소
놀라움을 표했다.

> 미국의 남부 주들은 대부분 법규에 따라 백인 아동과 유색인종 아동을
> 다른 학교에 보낸다. 더 나아가 미국 대다수의 주는 출생, 혼인, 사망
> 증명서에 인종을 기재할 것을 요구한다. 게다가 대기실, 기차, 침대차,
> 시가 전차, 버스, 증기선, 심지어 교도소와 유치장까지 유색인종용
> 시설과 백인용 시설의 분리를 법으로 요구하는 주도 많다. 플로리다를
> 비롯한 몇몇 주에서는 오직 백인만 민병으로 복무할 수 있고, 아칸소를
> 비롯한 다른 몇 개 주에서는 유권자 목록을 인종에 따라 구분하며, 같은
> 주에서 백인종과 유색인종을 과세대장에 따로 기재한다.[149]

키어는 이 모든 것이 이상하고 다소 과도하다고 여겼다. 우리는 잠시
후 미국법이 지나치다고 여긴 나치 저자의 예를 더 많이 만나게 된다.

어쨌든 미국법은 인종주의 법 제정이 얼마나 자연스럽고도 불가피한지를
시사한다고 키어는 적고 있다.

> 미국에 이처럼 다양하고 풍부한 인종 규제 법규가 존재한다는 것은
> 아무리 — 인간의 가치는 혈통에 따라 다르다는 점을 부정하는 — 정치
> 이념이 훼방을 놓아봤자 인종에 따라 인간을 분리할 필요성이
> 얼마나 자연스럽게 힘을 발휘하는지를 보여준다. H. 크리거는
> 『페르발퉁스아르히프』에서 미국 인종법의 간단한 개관을 보여준다.[150]

그런 다음 키어는 결론으로 넘어가 미국을 "자유주의와 민주주의"
이념에도 불구하고 인종 혼합이라는 악을 "근본적으로 인식"하기에 이른
나치 독일의 전신으로 파악했다. 그 논리적 완결은 이제 제3제국에서
이루어질 터였다.

반복하지만, 이 모든 것을 단순한 대외 선전용으로 보는 견해는
배척해야 한다. 키어가 나치 정권에 대한 국제사회의 "오해"를 언급한
것은 사실이다. 그러나 그의 글이 외국 독자를 대상으로 했다고 보기는
어렵다. 이것도 역시 '프락투어' 인쇄체로 된 밀도 높은 글로 나치의 국내
논의에 정보와 영감을 주려는 의도로 작성되었고, 외국에는 한정된 부수만
배포되었을 것으로 짐작된다.[151] 키어가 외국을 언급하는 부분을 읽어보면
선전 문구를 날리고 있다는 느낌보다는 자기들 방침과 매우 비슷한
것이 미국에도 있는데 다른 국가들이 대체 왜 "오해"를 하는지 진심으로
당혹스러워한다는 인상을 준다. 그리고 그때 나치 정권은 아직 유대인
몰살을 설파하지 않았다는 점을 기억하자. 대신 그들은 미국 인종법의
논리적 연장을 설파했다. 우리가 아무리 아닌 척하고 싶어도 그것은 엄연한
사실이었다.

미국의 영향에 대한 평가

미국 이민법이나 시민권법처럼 미국의 혼혈금지법도 이와 같이 뉘른베르크법이 대두되던 시기에 일정한 기준점 역할을 했다. 그러나 미국의 혼혈금지 방침이 나치에게 직접 의미 있는 방식으로 "영향을 미쳤다"고 말할 수 있느냐 하는 문제는 여전히 남는다. 여기에 대한 답은 (논란이 불가피하더라도) '그렇다'이다.

우선, 미국법이 유대인을 명시적으로 겨냥하지 않았으니 나치의 관심사였을 리 없다는 전제부터 완전히 거부해야 한다. 미국 혼혈금지법에 유대인에 대한 언급이 없었어도 나치 법률가들은 조금도 주저하지 않고 미국법을 검토했다. 미국 혼혈금지법이 주로 "니그로"와 "몽골족"을 겨냥한 것은 사실이다. 그렇다고 해서 미국법이 독일에 쓸모 없었던 것은 아니다. 이 장 맨 앞에 등장했던 광적인 나치 인종주의자 헬무트 니콜라이는 1933년 주요 연설에서 "니그로"와 "몽골족"은 유대인만큼이나 인종 순수성에 위협을 가한다고 선언했으며,[152] 프로이센 제안서도 같은 취지에서 유대인뿐 아니라 "유대인, 니그로, 또는 기타 유색인종"을 언급했다.[153] 1930년대 초반에 과격파 나치는 미국 모델의 활용 가능성을 내내 충분히 인식하고 있었고, 혼혈과 섹스에 관한 "국가사회주의 국가의 기본 헌법" 입안 과정에서 기꺼이 미국법을 참고할 의사가 있었다. 미국에 유대인을 박해하는 공식 방침이 없었으니 나치 법률가들이 미국의 선례를 활용했을 리 없다는 주장은 그야말로 터무니없다. 나치 법률가들은 목표가 약간 다른 법에서도 유용한 법적 기법을 충분히 뽑아낼 만큼 유능한 전문가들이었다.

일단 그런 미심쩍은 주장부터 배제해야 비로소 우리는 비록 불쾌한 용어이지만 "영향"이라고 타당하게 일컬을만한 측면을 솔직하게 논의할 수 있고, 또 논의해야 마땅하다. 다른 무엇보다도 다른 인종 간 혼인의 범죄화에서 "영향"으로 보면 전적으로 옳다고 할만한 측면을 찾아볼 수 있다. 나치의 혈통법은 다른 인종 간 혼인을 민법상 무효이자 형법상 범죄로 규정했다.

독일 혈통과 독일 명예 보호법

제1조

1항   유대인과 독일 혈통 또는 그와 동종 혈통인 국적자 간의 혼인은
      금지된다. 그럼에도 혼인을 할 경우 그 혼인은 무효이며, 이 법을
      우회하기 위해 국외에서 혼인한 경우에도 마찬가지다.

                              …

제5조

1항   제1조의 금지 규정을 위반하는 자는 강제노동형에 처한다.

이 조문을 어느 미국법에서 그대로 베껴오지 않은 것은 분명하다. 하지만 요점은 그게 아니다. 20세기 중반의 수준 높은 독일 법률가들에게 법적 영향이란 법조문 모방을 뜻하지 않는다. 법률가는 보통 좀 더 광범위한 개념 틀을 사용하여 주어진 특정 상황에 알맞게 법안을 작성하며, 나치 정권 초기의 주요 독일 법률가들의 경우에는 중혼과 "악의적 기만"에 의한 혼인 이외의 혼인이 과연 형법의 규제 대상이 될 수 있는가 하는 질문을 자기들의 개념 틀로 삼았다. 미국법은 다른 인종 간 혼인을 형사처벌하는 서구 법체계로서 훌륭한 선례를 제공했다. 독일 법률가들은 20세기 초부터 1930년대 초반에 이르기까지 그 사실을 내내 알고 있었고, 현재 회의록으로 남아 있는 중요한 미공개 회의와 각종 출판물에서 미국 자료를 상세히 논의했다. 특히 그 회의록을 보면 프로이센 제안서 이래로 대대적인 범죄화 방침을 촉구했던 과격파 나치 프라이슬러가 미국의 법률과 법리에 열렬히 찬동한 것으로 기록되어 있다.

　　미국의 영향을 의심하는 사람들은 어차피 과격파 나치는 인용할

미국 사례가 없었어도 다른 인종 간 혼인을 범죄로 규정하는 데 성공했을
것이라고 반박할지 모른다. 충분히 가능한 이야기다. 누가 알겠는가. 그렇다
해도 나치가 미국 모델에 관심을 가진 증거가 자료에 수없이 드러나는데
이를 무시하는 일은 정당화될 수 없다. 어차피 과격파가 이길 운명이었다
하더라도 1930년대 초에 벌어진 과격파와 온건파의 정치적 갈등에서
미국 모델이 아무 역할도 하지 않았다거나 미국법을 반복해서 들먹이던
과격파가 미국법에서 중요한 영감을 얻지 않았다고 단언할 수 없다.
그렇다면 법에 대한 문외한의 순진한 몰이해 — 또는 사실을 직시하는 일을
고집스럽게 외면하는 행태 — 가 아니고서는 미국 모델을 무의미한 것으로
치부하기 어렵다. 만약 우리가 비교법상 조금 덜 부담스러운 사례에서 이런
종류의 증거를 봤다면 "영향"을 논하는 데 잠시도 주저함이 없었을 것이다.
전후 독일의 저명한 비교법 전문가 콘라트 츠바이게르트와 하인 쾨츠는
외국법이 국내 입법 개혁에 어떤 식으로 영향을 주는지에 관해 표준적
설명을 제시한다.

> 세계 각국의 의원들은 일반 연구의 형식이든 또는 문제 되는 주제에
> 관해 특별히 마련한 보고서의 형식이든 비교법의 도움 없이 여러
> 사안에서 좋은 법을 제정하기 어렵다는 것을 인식하게 되었다.

> 19세기 후반 이래 독일에서는 입법에 앞서 포괄적인 비교법 연구가
> 선행되었다.[154]

다른 전후 독일 학자들처럼 츠바이게르트와 쾨츠도 나치 시대에 대해서는
침묵하고 지나갔다. 그러나 입법 과정에 대한 이들의 설명은 좋은 법뿐
아니라 나쁜 법의 제정 과정에도 적용되며, 1933~35년 독일에도 똑같이
적용된다. 그리고 1930년대 초반에 나치 법률가들이 행한 "포괄적인 비교법

연구"는 뉘른베르크법 제정 과정에 미국을 불가피하게 이어놓았다.

"잡종"에 대한 정의: 한 방울 규칙과 미국 영향의 한계

미국의 역할이 가장 선명한 사례는 다른 인종 간 혼인의 형사처벌이지만,
인종적으로 열등한 "잡종"(mongrels)의 구분에 관한 나치의 논의에서도
미국의 예는 중요했다. 독일법이 "유대인"을 정의하느라 고심하듯 미국법은
"니그로"의 정의에 부심했고, 나치 관찰자들은 미국이 쓸만한 모델을
제공한다는 점을 잘 인식하고 있었다. 독일인 가운데 미국 인종 분류법에
비상한 흥미를 보인 것은 법률가만이 아니었다. 이를테면 학생에게 나치
인종정책을 어떻게 가르칠지 지도하는 1934년도 교사용 안내서에는
이런 구절이 있었다. 안내서 저자는 미국이 인종 순수성의 필요성을
너무나 진지하게 받아들인 나머지 나치의 기준으로 봐도 지나치게 가혹한
분류 방침을 마다하지 않는다고 언급했다. "뚜렷하게 백인의 외모를
지닌 잡종마저 니그로로 간주하는 경우처럼 특정 사례에서 인간적인
가혹함이 초래되더라도 백인과 흑인의 철저한 사회적 인종분리는 미국에서
필수인 것으로 드러났다."[155] 이처럼 미국식 한 방울 규칙의 세상은 나치
논평가들의 눈에도 충격적이어서 그들은 거기에 수반된 "인간적인
가혹함"에 고개를 저었다. 또 다른 나치 저자도 1936년 영어 교사들을
대상으로 한 글에서 비슷한 표현을 사용했다. 그는 인종 순수성을 법으로
규정하는 미국의 집념을 칭찬하면서도 "혈관에 니그로 피가 단 한
방울이라도 흐르는 미국인 남녀는 흑인으로 보는 사회적 관습의 무자비한
가혹함"에 질리고 말았다.[156]

　　한 방울 규칙은 나치의 시각에서 너무 가혹했고(적어도 대다수는
그렇게 여겼지만 극렬 나치 아힘 게르케는 한 방울 규칙과 유사한 방침을
선호했다),[157] 그 때문에라도 미국 인종 분류법의 영향은 제한적일 수밖에

없었다. 따라서 미국과 나치의 인종 분류법을 닮은꼴로 보는 학자들은
— 미국법이 상대적으로 더 혹독했다는 사실을 과소평가한다는 점에서
— 그만큼 잘못 알고 있다.[158] 나치 문헌은 다른 장애물도 포착했다. 독일
유대인은 미국 흑인과는 달랐다. 1935년 어느 익명의 저자가 설명했듯
미국 흑인은 일반적으로 신체적인 특징 때문에 바로 알아볼 수 있었고,
그것은 미국이 "대체로 확실한 피부색 구분"에 의존할 수 있다는 것을
의미했다.[159] 유대인을 구별하는 일은 훨씬 어려웠다. 흑인과 달리 유대인은
피부색이 아니라 문화로 공동체의 정체성을 유지했다. 그에 반해 미국
흑인은 수 세기에 걸친 억압 속에서 자신들의 독특한 문화를 전부 상실했다.
"니그로는 [자신들의 문화적 전통을 상실하여] 이제는 소극적으로
신체적 특징에 의해서만 집단으로 유지된다. ⋯ 그러나 유대인과 미국의
니그로는 외면적으로 동화되고자 하는 의지를 지닌다는 공통점이 있다. 이
점에서 유대인이 더 유리하다고 볼 수 있는데, 신체적 차이가 시각적으로
두드러지지 않아서 더 성공적으로 숨을 수 있기 때문이다."[160] 독일의
"유대인 문제"는 미국의 "니그로 문제"보다 훨씬 음험했다. 독일 유대인은
"근면, 질서에 대한 사랑, 절약"이라는 독일인의 특성을 수용하는 척하면서
공동체에 매우 쉽게 침투할 우려가 있었다.[161]

　　미국은 상황이 달랐다. 따라서 미국이 나치의 인종 분류에 미칠
수 있는 영향에는 한계가 있었고 나치 저술가들도 그 점을 잘 인식하고
있었다. 그럼에도 미국의 인종 분류법은 필연적인 법적 관심사였고, 나치가
미국 혼혈금지법에서 느낀 매력의 큰 부분을 차지했다. 우리는 미국법의
인종 규정 방식에 관한 귀르트너 법무장관의 보고에서 그 점을 목격한다.
나치 지도부가 참고할 수 있도록 미국의 어떤 주가 얼마만큼의 흑인 혈통
비율로 흑인을 정의하는지 세심하게 정리한 키어의 논문 "민족, 인종,
그리고 국가"에서도, 그리고 미국의 주법을 검토한 요한 폰 레어스의 1936년
논문에서도 우리는 그 점을 목격한다.[162] 크리거의 1934년 논문과 1936년

저서도 마찬가지다.

그리고 적어도 미국법의 한 측면이 독일 내의 논쟁에서 일정한 영향력을 미쳤다. 미국의 주들은 엄격히 혈통만을 기준으로 "잡종"을 규정하지 않았다. 크리거가 설명한 대로 미국의 인종 분류에는 다른 요건도 존재했다. 미국의 일부 주, 특히 노스캐롤라이나와 텍사스의 법원은 다른 "외면적 특징"도 참고했다. 특히 텍사스는 결혼력을 참고했다. "어느 인구 집단에 소속되느냐 여부를 정할 때 예컨대 과거의 노예 신분(노스캐롤라이나), 특정 집단과 규칙적으로 사회적 교류를 한다는 사실(앞과 동일), 또는 재혼의 경우 첫 번째 혼인의 배우자였던 자의 인종 정체성(텍사스) 등 외면적 특징이 결정적[일 수 있다]."[163]

인종 분류에 혈통 이외의 요소, 특히 결혼력을 기준으로 삼을 수 있다는 관념은 주목할만하다. 이 관념은 나치의 최종적인 "유대인" 규정 방식에서 매우 중요한 역할을 했다. 앞서 살펴본 대로 과격파 나치는 — 미국이 "4분의 1" 유색인종이라고 지칭하던 범주처럼 — 조부모 가운데 한 명만 유대인이어도 유대인으로 규정하고 싶어 했었다. 그러나 1933년 4월에 벌써 대안이 제출되었다. 이 대안 분류법은 반쪽 유대인을 — 유대교 계율을 지키거나 유대인 배우자와 결혼하지 않는 한 — 유대인으로 분류하지 않을 것을 제안했다.[164] 이 대안은 궁극적으로 뉘른베르크법의 주요 시행령에 포함되었다.[165]

제국 시민법 1차 시행령, 1935년 11월 14일

제5조

1항 조부모 가운데 적어도 세 명이 인종적으로 완전히 유대인인 자는
　　유대인이다.

2항 조부모 가운데 두 명이 완전히 유대인이고 다음에 해당하는 자는
　　유대인으로 간주한다.

(a) 이 법이 공포되는 시점에 유대교 공동체에 소속된 상태이거나
또는 이후 일원으로 받아들여진 경우 [또는]

(b) 이 법이 공포되는 시점에 유대인과 혼인한 상태이거나 또는 이후
유대인과 혼인한 경우

[다른 덜 중요한 세부 조항이 뒤따름][166]

이런 식으로 온건파는 반쪽 유대인을 일부나마 보호할 수 있었다.
뢰제너는 종교와 배우자 선택이 "잡종"의 "성향"을 드러내므로 중요하다고
주장함으로써 이 타협안을 정당화했다. "유대인"으로 "간주"되는 반쪽
유대인들은 독일 문화와 가치관을 따르지 않는 자들이었다. "특정한 상황
때문에 유대인 성향이 더 강한 것으로 여겨지는 일부 반쪽 유대인(조부모 두
명이 완전히 유대인이고 다른 두 명은 유대인이 아니거나 일부만 유대인인
경우)은 유대인으로 간주한다."[167] 여기서 미국의 예는 어떤 역할을 했을까?
당사자의 결혼력을 유대인 분류 문제의 법적 해결책으로 일부 활용한다는
관념의 출처는 크리거의 논문 말고도 더 있었다. 앞서 보았듯이 미국
이민법을 다룬 나치 문헌들은 아시아 남성과 혼인하는 수치를 범한 여성의
시민권을 박탈하는 미국 케이블법을 높이 평가했다.[168] 혼혈금지법의 모델
국가 미국이 결혼력을 인종 분류의 요건으로 삼아야 한다는 관념을 지지한
사실은 뉘른베르크법 공포 후 몇 주 동안 벌어진 열띤 토론에서 중요하게
작용했을 수 있다.

하지만 결국 우리도 정확한 사실은 모른다. 미국 모델의 이와 같은
측면이 당시 독일인의 사고에 어떤 역할을 했는지 말하기란 어렵다. 요지는
나치가 미국식 인종 분류법을 지나치게 가혹하다고 여겼고 그것을 가감 없이
도입하기에는 미국의 인종 문제가 독일과 너무 다르다고 보았다는 것이다.
그러나 궁극적으로 중요한 것은 나치가 미국 사례의 존재를 알고 있었으며,
실제로 미국 사례를 제일 먼저 살폈고 수없이 반복해서 검토했다는 사실이다.

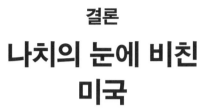

결론
나치의 눈에 비친
미국

이른바 "자유의 전당대회"에서 총통이 뉘른베르크법을 공포하고
8일이 지난 1935년 9월 23일, 나치 법률가 45인으로 구성된 대표단은
국가사회주의 독일법률가협회가 조직한 "현장학습"에 참여하기 위해
미국행 호화 여객선 '오이로파호'에 승선했다. 대표단장은 당시 나치당
법무국에서 고위 직책을 맡고 있던 루트비히 피셔 박사였다. 4년 후 피셔는
나치가 점령한 폴란드에서 바르샤바 지구 총독으로 임명된다. 수십만
폴란드 유대인을 무자비하게 검거하고, 바르샤바 게토를 만들고(이곳에서
"유대인은 굶주림과 고난으로 뒈질 것이다. 유대인 문제는 흔적도 없이
사라지고 묘지만 남을 것"이라고 피셔는 장담했다),[1] 바르샤바 게토 봉기를
잔인하게 진압하고, 약 30만 명을 죽음의 수용소로 이송한 일 등은 전부
그가 거기서 최고위 책임자로 근무하는 동안 이루어졌다.[2]

그러나 1935년 9월 시점에서 그 모든 것은 아직 미래의 일이었다.
남성 38인, 여성 7인을 포함한 나치 법률가 45명은 피셔의 지휘 아래
여객선에 올라 멋진 여행을 즐겼다. 나치당 법조 언론이 보도한 바와
같이 뉴딜 통화정책에 의한 미국 달러 가치의 하락으로 환율이 유리했던
덕택에 이들에게는 호화로운 체험이 보장되어 있었다.[3] "현장학습"의 첫
목적지는 뉴욕으로, 대표단은 뉴욕시변호사협회가 주관하는 리셉션에서
환대받았다.[4] 그런 후 이들은 "학습과 강연을 통해 미국 법과 경제의
작동 방식에 관한 특별한 통찰 [및] 신세계의 전반적인 생활의 개요"를
제공하는 교육 프로그램에 참여했다. (나치회계사협회 회원들도 이 행사에
초대받았으나 여행에 합류한 흔적은 보이지 않는다.)[5]

여객선이 출항하기 전, 45인은 국가사회주의 독일법률가협회 회장
빌헬름 호이버를 통해 나치당의 법조계 거물 한스 프랑크가 보내는 승선
"축사"를 전달받았다. 스와스티카의 격상과 함께 거의 3년 만에 나치당
반유대인 정책의 정식 입법을 실현시킨 뉘른베르크 전당대회로 인해 나치
법률가들이 느꼈을 승리감이 그 축사에 표현되어 있었다. 대표단원들은

협회의 용어를 빌리면 "독일법의 수호자"였고, 호이버는 대표단의 여행을 새 질서를 대표해 1년간 고생을 치르고 반대파를 누른 데에 대한 포상으로 묘사했다. "호이버 박사의 설명처럼 … 독일법의 수호자들은 삶의 현실을 무시하는 쪽으로 늘 기울어지는 구시대적 법률가 부류에 대항하느라 소비한 한 해를 이 현장학습 여행을 통해 적절히 보상받을 것입니다."[6] 그로부터 80년이 지났건만 나치 45인이 승리에 대한 만족감을 속삭이고, 건배하고, 구두 뒷굽을 맞부딪치는 소리가 아직도 들리는 것만 같다.

하지만 여행이 순조롭기만 했던 것은 아니다. 45인은 9월 26일 뉴욕에 도착했다. 반나치 시위대 1,000여 명이 오이로파호의 자매 여객선 브레멘호를 습격한 지 두 달, 그리고 맨해튼 관할 치안판사 루이스 브로드스키가 스와스티카를 "해적의 검은 깃발"로 선언하고 나치즘을 "중세 이전의 야만적인 사회적, 정치적 상태로 돌아가는 원시적 회귀"라 부르며 선동적인 판결을 내린 지 3주가 지난 시점이었다.[7] 다시 말해 뉴욕시는 반나치 정서의 온상이자 온갖 "유대적 요소"의 본거지였고, 독일 방문객은 이곳에서 시위에 맞닥뜨렸다. 가먼트 지구 소재 호텔에 투숙한 대표단이 서로 "하일 히틀러!"를 외치며 나치 경례를 하는 모습을 목격한 유대인 모피 상인들은 여섯 시간 동안 요란하게 시위를 벌였고 현장에 수많은 경찰이 출동했다.[8]

대표단장 피셔가 이 소동에 대해 보인 분노의 반응이 인상적이었다. 피셔는 나치 독일을 방문한 유대인들은 "친절하고 품위 있는 방식으로 대접받았다"며 씩씩거렸다. 그는 1947년 전범으로 교수대에 섰다.

> 우리는 미국을 직접 체험하려고 현장학습을 왔는데 첫인상이
> 나쁘다. … 뉴욕시가 준 인상은 대단했지만, 다른 인상은 안 좋았다.
> 점잖은 미국인들은 이런 시위에 찬성하지 않으며 매우 친절하고
> 다정하다는 것을 나도 알고 있다. 내가 본 바로는 시위대는 전부

히틀러의 모델, 미국

유대인이었다.

　　　독일은 방문객을 잘 대접하며 심지어 유대인 방문객도 환대한다. 지난여름 독일에서 개최된 여러 국제회의에는 유대인 참석자도 있었는데, 그들은 친절하고 품위 있는 방식으로 대접받았다.[9]

일단 그렇게 울화를 터뜨렸지만, 피셔는 이내 "뉴욕시 자체가 주는 인상은 강렬하고 압도적"이라고 강조하면서 뉴욕시변호사협회가 자신과 동료 나치들에게 보여준 따뜻한 환대가 "특별히 만족스럽다"고 덧붙였다.[10]

　　　안타깝게도 피셔와 그가 이끄는 대표단이 이 현장학습 여행을 얼마나 성공적으로 마쳤는지 더 자세한 내용을 알아내기는 어렵다(하지만 궁금한 사람은 아마 피셔의 교수형에 관한 영상을 인터넷에서 찾아볼 수 있을 것이다).[11] 그러나 우리는 앞서 살펴본 대로 나치가 "구시대적 법률가 부류에 대항하느라 소비한 한 해" 동안 미국법에 관심을 가진 사실은 잘 알 수 있다. 1930년대 초에 나치 법률가들이 미국에 대해 거부한 것도 많았다. 특히 루이스 브로드스키, 뉴욕 유대인 모피상, 그리고 그 동조 세력으로 상징되는 자유주의 미국을 거부했다. 그렇지만 나치가 좋아한 것도 많았다. 유대인과 "점잖은 미국인"을 구별한 나치 법률가는 피셔가 처음이 아니었다. 히틀러와 괴링도 11일 전에 열렸던 뉘른베르크 전당대회에서 같은 행태를 보였다. 피셔가 이끈 대표단은 최초로 미국을 연구하거나 최초로 그 나라에 강렬한 인상을 받은 나치 집단이 아니었다.

　　　『나의 투쟁』이래로 나치 법률가와 정책 입안자들은 미국 인종법에 지속적인 관심을 보였다. 특히 뉘른베르크법을 입안하던 1930년대 초에 나치는 미국의 이민법, 이등시민법, 혼혈금지법, 잡종법 등에 관하여 상세한 연구에 몰두했다. 그들 중 일부는 짐 크로 인종분리법에서 매력적인 측면을 보았다. 특히 나치의 과격한 법 정책을 정리한 1933년 기본 문서 프로이센 제안서는 구체적으로 짐 크로 법을 지목하되, 나치 독일에 맞는 좀 더 "제한적인" 버전의 도입을 제안했다. 미국 인종법의 특정 측면은 나치 관찰자들의 호감을 자극했다. 특히 다른 인종 간 혼인을 엄격하게 형사처벌하는 미국의 이례적 방침은 나치 혈통법에 영향을 미쳤다. 한편 한 방울 규칙 같은 또 다른 측면은 과도하게 가혹한 것으로 인식되었다. 롤란트 프라이슬러처럼 일부 악랄한 나치들은 미국 법률과 법리에서 얻을 수 있는 교훈을 열렬히 옹호했지만, 귀르트너 법무장관 같은 온건파는 미국 사례의 유용성을 과대평가하지 않았다. 그러나 미국의 방침을 그대로 직수입하자고 주장하는 사람은 아무도 없었다. 미국의 자유주의 전통이 인종주의와 대립하고 있다는 점은 다들 인지하고 있었다. 하지만 다수는 『법과 법 제정에 관한 국가사회주의 안내서』의 표현대로 법으로 강제하는 인종 질서를 확립할 사명에 관한 미국의 "근본적인 인식"에 승인을 표시했다. 단, 완전한 인종 국가의 실현을 완수하는 임무는 나치 독일의 몫이라고 나치 저자들은 꼭 덧붙였다.

우리는 이 모든 것을 어떻게 이해하면 좋을까?

우선 이 책에 담긴 역사가 우리에게 말해주지 않는 사항부터 분명히 해두는 것이 중요하다. 이 책에 담긴 역사는 나치즘의 기원을 설명하지 않는다. 상식적인 사람이라면 미국이 제공한 영감이 간단히 나치의 범죄로 이어졌다고 단정하지 않을 것이다. 극좌와 극우 양편에서 흔히 그러듯 미국이 세상 모든 악의 근원이라고 우기는 것은 비정상이며, 1933~45년 사이 독일과 독일의 점령 지역에서 일어난 일을 미국의 책임으로 돌리는 일도 제정신이라 할 수 없다. 나치즘은 여러 가지 이유로 탄생했고, 그 이유의 대부분은 독일에 고유한 것들이었다. 나치 범죄의 책임은 독일인과 그들에게 직접 협조한 자들의 몫이다. 미국은 어쨌거나 히틀러를 패배시키는 데 분명한 역할을 했고 이 세상에서 상당히 빈번하게 선한 세력으로 작동해왔다.

이 책에서 소개되는 역사는 우리에게 나치즘의 기원보다는 미국의 속성이라는 문제를 직시하라고 요청한다. 어차피 나치는 미국 인종법에 얼마나 흥미와 매력을 느꼈는지와 무관하게 끔찍한 범죄를 저질렀을 것이라는 데 우리는 일단 동의할 수 있다. 하지만 미국은 대체 어쩌다가 나치의 눈에 흥미롭고 매력적으로 보이는 법을 만들어냈단 말인가?

어찌 보면 대답하기 어려운 질문은 아니다. 미국에 인종주의가 뿌리 깊었다는 사실은 누구나 안다. 미국이 20세기 초에 흉악한 인종주의 법률을 보유했던 점은 새로운 사실이 못 된다. 우리는 짐 크로 시대의 미국과 나치 독일 사이에 닮은 점이 있다는 것을 이미 알고 있었다. 어차피 유사성은 너무나 자명했다.[12] 나치가 미국의 서부 정복을 찬양한 일은 역사가들이 이미 상세히 기록해놓았다. 프랭클린 루스벨트가 나치들 사이에서 누린 인기는 잘 알려지지는 않았어도 이미 확인된 사실이다. 뉘른베르크법 입안 과정에서 나치가 미국 인종법에 보인 관심은 우리가 그 깊이까지는 몰랐더라도 그 사실 자체가 완전히 의외일 수는 없다. 1930년대 초에 나치의 눈에 비친 미국의 이미지는 우리가 소중히 여기는 이미지와는 다르지만 전혀 생소한 이미지라고는 할 수 없다.

그렇다 하더라도 나치의 눈에 비친 미국은 우리가 몰랐거나 또는 온전히 고려하지 못했던 것들, 즉 미국 인종주의의 속성과 규모, 그리고 더 광범위한 세계 인종주의 역사 속에서 미국이 차지하는 위치에 관해 이야기해주는 바가 분명히 있다. 특히 나치의 눈에 비친 미국은 미국 법문화의 특징에 관하여 몇 가지 불편한 이야기를 들려준다.

세계 인종주의 역사에서 차지하는 미국의 위치

우선 나치의 눈에 비친 미국은 일부 현명한 학자들 말고는 대중이 미처 인식하지 못했던 하나의 진실을 여실히 깨닫게 한다. 미국 인종주의의 역사는 단순히 남부 짐 크로 법의 역사에 국한되지 않는다.[13] 우리는

미국의 인종법을 짐 크로 인종분리법과 동의어로 보는 경향에서 벗어나야
한다. 그리고 나치 독일과 미국 남부라는 "거울 이미지"를 넘어 더 멀리
내다보아야 한다. 만약 우리가 미국의 인종주의 역사를 플레시 대 퍼거슨
판례와 브라운 대 교육위원회 판례의 역사, 인종분리 정책의 역사,
민권운동의 역사로만 바라본다면 실제로 일어난 일의 광대한 확장성을
미처 알아보지 못할 위험이 있다. 흑인과 백인의 갈등은 미국 인종주의
역사에서 그저 하나의 측면에 불과하다는 것을 1930년대의 유럽인
관찰자들은 다들 알고 있었다.[14] 실제로 나치는 미국에서 흑인이 받는
대우를 언급할 때마다 미국 내의 다른 집단, 특히 아시아인과 아메리카
원주민이 받는 대우를 거의 늘 함께 언급했다. 나치가 봤을 때 "노르딕 인종"
국가 미국은 "니그로 문제"뿐 아니라 "몽골족," 아메리카 원주민, 필리핀인,
그 외 수많은 "비노르딕 인종" 집단이 "밀고 들어오려" 한다는 문제를 안고
있었다.[15] 마찬가지로 20세기 세계 인종주의에서 미국이 중요한 위상을
차지하는 이유는 남부의 인종분리 정책뿐 아니라 더 광범위한 차원의
미국 정책 및 기타 미국 법체계와 관련이 있었다. 특히 전국적으로 시행된
인종차별 이민법, 인종차별 이등시민법, 그리고 인종차별 혼혈금지법이
여기에 결부되어 있었다. 나치 독일이 미국법에서 가장 매력을 느낀 측면도
바로 이 법들이었고, 그들의 관심은 협소하게 짐 크로 인종분리법에만
한정되지 않았다.

　　이미 살펴보았듯이 나치가 미국법의 그러한 측면에 느낀 매력은
강렬했다. 그것은 불쾌한 진실이며, 우리로 하여금 세계 인종주의 역사에서
미국이 점하는 위치에 관한 거북한 사실 하나를 직시하게 한다. 20세기
초에 미국은 단순히 하나의 인종주의 국가가 아니었다. 미국은 인종주의
사법제도의 주요 선도자였다. 그랬던 나머지 심지어 나치 독일마저
미국에서 영감을 구했다. 데이비드 피츠제럴드와 데이비드 쿡-마틴이
미국 이민정책에 대해 내린 결론, 즉 "미국은 노골적으로 인종주의적인

국적 및 이민정책 개발의 선도자"[16]였다는 결론은 이 책에서 다루는 법의
다른 영역에도 적용된다. 뿌리 깊은 백인 우월주의와 활발하고 혁신적인
법문화가 공존하던 20세기 초의 미국은 인종주의 법률을 제정하는
데도 최첨단을 달리는 나라였다. 그것이 나치의 상황 인식이었고, 또
미국을 그렇게 바라본 것은 나치만이 아니었다. 브라질이 그랬고,[17]
오스트레일리아와 남아프리카도 마찬가지였으며,[18] 혼혈금지법 모델을
탐색하던 독일 식민지 관리자들도 같은 생각이었다.[19] 나치가 남아프리카를
즐겨 동반자로 언급한 것은 사실이지만, 실질적으로 그들은 1930년대 초의
남아프리카 법에서 참조할만한 점을 거의 찾아내지 못했다.[20] 나치의 관심은
미합중국의 "모범 사례"에 집중되어 있었다.

　　물론 미국이 인종주의 법률 제정의 선도자였다고 해서 인종주의를
근거로 비난받아야 하는 나라가 오로지 미국뿐이었다고 말할 수는 없다.
절대로 그렇지 않다. 유럽도 나름대로 수 세기에 걸친 기나긴 인종박해의
역사를 지니고 있고, 이것이 나치 정책 전반에서 명백히 드러났다. 1930년대
초반의 나치는 유대인 추방을 시도한 최초의 유럽인이 아니었으며 그들도
그 점을 잘 알고 있었다.[21] 더구나 팽창하던 유럽 식민 제국 전역에서 일정한
종류의 인종법을 발견할 수 있었다. 이베리아반도와 라틴아메리카는
역사가들이 근대 인종법의 근간으로 보는 전통을 16세기부터 보유했다.[22]
19세기 말에 브라질은 노골적으로 인종을 구분하는 이민 제한법을
제정했고,[23] 『입법상의 혈통과 인종: 민족사 산책』을 집필한 나치 저자 요한
폰 레어스 같은 인물은 수 세기를 통틀어 시대마다 일정한 인종주의 법
조치를 찾아볼 수 있다고 열렬히 주장했다.[24]

　　그중에서도 유독 인종주의가 무성한 곳은 영국 식민지였다. 우리는
오토 쾰로이터 같은 선두적인 나치 법률가가 "미국과 영국 자치령"에서
나타난 "흥미로운 결과"를 언급한 점에 주목해야 한다. 그와 같은 언급은
보통법 체계인 영미권에 관하여 떨쳐내기 어려운 문제 하나를 제기한다.

나치즘의 배경을 이루는 요소가 부분적으로 영국식 전통에서 발견된다는 점이다. 미국만이 아니라 오스트레일리아, 남아프리카, 그리고 정도는 덜하지만 다른 영국 영향권의 "자유로운 백인" 영어 사용자로 구성된 민주국가에서 발견된다. 하나같이 땅을 소유한 정착민들이 공평한 자치권을 요구하며 소수민을 냉대하거나 전쟁으로 짓밟았던 지역이었고,[25] 나치는 그곳들을 전부 흥미롭게 관찰했다.

그러나 히틀러가 부상하던 시대에 미국은 영미권 내에서도 단연 선도자였다. 그것이 진실이며 우리는 이를 회피할 수 없다. 나치가 되풀이해 참고한 것은 다름 아닌 미국의 이민법, 시민권법, 그리고 혼혈금지법이었다. 프로이센 제안서는 미국의 짐 크로 법을 특별히 강조했다. 법무부는 1934년 6월 5일 기획회의를 위해 미국법에 관한 보고서를 준비했다. 그 회의에서 과격파는 미국법을 논거로 삼했다. 나치 혈통법의 선례는 다른 인종 간 혼인을 범죄로 규정한 미국법이었다. 히틀러가 1920년대에 그랬듯 나치는 1940년대에 살인적인 군사작전을 펼치면서 본보기로 미국의 서부 정복을 들먹였다.[26] 나치즘이 미국에서 개발되어 독일로 수입된 물건이 아닌 것은 분명하지만, 나치가 인종주의 질서 확립의 태세를 갖추고 쓸만한 모델을 찾아내려고 제일 먼저 살핀 곳이 미국이었다는 것은 변함없는 사실이다.

물론 이것은 오늘날 매우 이상하고 심지어 삐딱하게 느껴진다. 우리는 미국을 자유와 평등의 고향으로, 그리고 힘겨웠던 2차 세계대전 반나치 연합 항쟁의 충실한 일원으로 여긴다. 더 광범위한 차원에서 우리는 영국식 보통법 전통을 권리에 관한 근대 문화의 탁월한 역사적 원천으로, 심지어는 '유일하게' 탁월한 역사적 원천으로 여긴다. 그러나 일단 나치즘이 주장하는 내용을 이해하고 나면 이상한 느낌은 일부 사그라든다. 나치즘은 자유

운동은 아니지만, 일종의 평등 운동이었다. 내가 다른 데서도 주장한 바와 같이 나치즘이 일반 독일 대중에게 약속한 "민족 혁명"은 상향 평등에 대한 약속 — 나치가 독일 인종으로 규정하는 사람은 전원 독일 사회의 고위 구성원으로 대접받을 것이라는 약속 — 이기도 했다. 사회가 더 이상 독일인을 귀족과 평민, 주인과 하인으로 나누지 않겠다는 약속이었다. 이제 모든 독일인은 "주인 인종"(Master Race)의 일원이라는 간결한 미덕에 따라 지배계급의 동등한 구성원으로 간주될 터였다.[27] 그런 의미에서 나치의 "민족 혁명"은 철저한 평등주의 사회혁명이었다.

나치와 영미권, 특히 미국과의 유사성은 지금 우리가 상정하는 것보다 훨씬 컸다. 미국의 백인 우월주의도 "백인 남성들 간의 확고한 평등"에 기반을 두고 있었다.[28] 이것은 과거의 귀족제도가 안고 있던 계급 불평등을 강력히 거부하고, 혜택받은 인종에 해당하는 모든 구성원의 평등함을 지지한 운동이었다. 바로 그것이 잭슨 민주주의(19세기 앤드루 잭슨 대통령이 실천한 정치사상으로 의회 권한 축소, 백인 남성의 참정권 확대 등이 이루어졌다 — 옮긴이)의 특징이었다. 그런 의미에서 미국 평등주의와 미국 인종주의의 관계는 심오했다. 히틀러가 『나의 투쟁』에서 미국을 칭찬한 것도 독일에 꼭 필요한 종류의 평등화 작업을 미국에서 이행한다고 믿었기 때문이다. 미국이 유럽과는 달리 "풍성한 발명품"을 쏟아내는 이유는 미국인이 유럽인과는 달리 "사회 최저 계급 출신의 인재"에게 스스로 뭔가를 성취할 기회를 부여하기 때문이었다.[29] 그래서 히틀러도 "사회 최저 계급 출신자"를 위로 끌어올림으로써 독일 사회를 변혁하겠다고 약속했다. 물론 이런 평등주의의 약속은 "아리안족"이 아닌 자를 희생시켜야만 실현 가능했지만, 이 또한 드넓은 영미권에서 목격되던 현상과 별반 다르지 않았다. 이와 관련하여, 독일어로 "주인"(master)을 뜻하는 '헤어'(Herr)와 "우월성"(supremacy)을 뜻하는 '포어헤어샤프트'(Vorherrschaft) 또는 '오버헤어샤프트'(Oberherrschaft)는

어원상 서로 가깝다는 것을 언급해둘 만하다. 독일어의 "주인
인종"(Herrenrasse)도 영어의 "백인 우월주의"(white supremacy)와
언어학적으로 가까운 사촌지간이며, 나치 시대의 독일 저자들도 그렇게
이해했다.

따라서 1930년대에 나치가 미국에 관심을 보였다는 사실은 지금
느끼는 인상과는 달리 그리 이상하지 않다. 물론 당시의 지정학적 상황을
염두에 두는 것도 중요하다. 나치가 살핀 세상은 대체로 영어권 국가가
점령해버린 세상이었다. 영국은 히틀러가 야심을 품기 훨씬 전부터 세계
정복을 목표로 했다.[30] 게다가 시어도어 루스벨트나 제임스 브라이스
같은 영미의 지도자와 지성인들은 자기들이 그렇게 넓은 지구상의
영토를 지배한다는 사실을 노골적인 인종주의 논거로 설명하고 옹호했다.
시어도어 루스벨트의 표현을 빌리면 이들은 "신세계와 최신세계의 온대
지방을 백인의 유산으로" 유지해야 한다는 신념을 지닌 사람들이었다.[31]
그리고 학자들이 정확히 지적한 대로 "노르딕 인종" 세력 가운데 미국은
나치 독일의 자연스러운 지정학적 모델이었다. "앵글로색슨" 미국이야말로
위용 있는 대륙 제국을 건설했고, 따라서 동유럽을 점령할 결심을 굳힌
나치 제국의 눈에 미국은 팽창주의 모델로서 각별히 돋보였다. 먼로주의와
그보다 더 적극적인 '1904년 루스벨트 귀결론'(시어도어 루스벨트 대통령이
먼로주의를 강화하고 미국의 라틴아메리카 개입을 정당화하기 위해
발표한 선언문 — 옮긴이)의 형식으로 일정 영역에서 패권국의 지위를
정당화하는 국제법 독트린을 고안한 것도 바로 "앵글로색슨" 미국이었다.[32]
물론 양차 대전 사이에 독일 인종주의자들은 — 아돌프 히틀러 본인의
생각은 달랐지만 — 적어도 2차 세계대전 발발 전까지 미국이 인종 혼합에
굴복하여 몰락할 것으로 추측하곤 했다.[33] 하지만 일부 나치가 미국을
쇠망할 나라로 여겼다고 해서 미국의 인종주의로부터 배울 점 찾기를
거부할 이유는 없었다. 오히려 미국의 지정학적 몰락 가능성은 미국이

지탱하지 못한 정책들을 나치 독일이 더 철저하게 시행해야 한다고 절실히 느끼게끔 했다.

그러나 나치 독일이 "노르딕 인종" 국가 미국에 그렇게 매력을 느꼈어도 두 나라 간에 여전히 중요하고 궁극적으로 심대한 차이가 있었던 것은 분명하지 않은가?

나치들도 강조한 대로 물론 차이가 있었다. 우선 미국 인종법은 미국 법문화를 강력히 장악했던 헌정 전통, 특히 재건 시대 수정헌법이라는 형태의 헌정 체계와 병존했다. 하지만 그런 강력한 전통도 미국의 인종주의 제도 확립을 막기에는 확실히 역부족이었다. 1877년(재건 시대가 끝나던 시점 — 옮긴이) 이후 몇십 년 동안 미국 법역사는 재건 시대의 수정헌법이 보장하고자 했던[34] — 그리고 나치가 "인간의 얼굴을 한 자는 누구나 평등"하다고 경멸의 어조로 언급했던 — 평등 원리를 외면한 부끄러운 기록의 연속이었다. 그렇다 하더라도 수정헌법은 엄연히 존속했고, 미국 법률가들은 우회할 방법을 고민할지언정 어쨌든 수정헌법을 항상 염두에 두어야만 했다. 데스먼드 킹과 로저스 스미스가 기록한 대로 미국에서는 "백인 우월주의 질서"와 "평등주의 변혁을 초래하는 질서"라는 두 가지 인종 질서 사이에 늘 긴장이 존재했다.[35] 나치 독일에는 그에 비견할만한 것이 없었으므로 나치 관찰자들은 미국의 헌법 전통을 곤혹과 경멸이 뒤섞인 눈으로 바라보았다.

미국과 나치 독일이 다른 점은 헌법 전통만이 아니다. 논쟁의 여지는 있지만 그보다 더 중요한 차이점이 있었다. 나치 인종주의자들은 미국 인종주의자들보다 국가권력을 아주 다른 방식으로, 훨씬 더 잔인하게 활용했다. 이 주제에 관해서는 스웨덴 출신 사회과학자 군나르 뮈르달을 참조하는 것이 유용하다. 1944년에 나온 그의 저서 『미국의 딜레마: 니그로 문제와 근대 민주주의』는 미국의 인종 관계에 파란을 일으켰고 2차 세계대전이 끝난 후 민권운동 촉발의 발판을 마련하는 데 기여했다. 뮈르달은 미국 남부의 짐 크로 법을 "파시즘"으로 볼 수 있느냐 하는 1930~40년대에 흔히 제기되던 질문에 다음과 같이 답변했다.

미국 남부는 파시스트인가?

일당 체제와 시민자유의 위태로운 상태 때문에 남부는 종종 파시스트로 일컬어진다. 그러나 이것은 잘못이다.… 남부는 파시스트 국가의 중앙집권적 조직을 완전히 결여한다. 남부의 정치는 오히려 분권화되어 있고 종종 혼란스럽기까지 하다. 민주당은 근대 파시즘의 요소인 "국가 정당"과는 정반대다. 민주당은 의식적인 정치 이념도 없고, 결속된 지역 및 국가 단위의 조직이나 중앙집권화된 효율적인 관료체제도 갖추고 있지 않다. 남부를 정치적으로 견고하게 유지하는 "통제 체제"는 어떤 것을 '지지'하려고 조직한 체제가 아니라 — 일반 정책을 지지하는 것은 더더욱 아니다 — 니그로에 '대항'하는 통제 체제다. 남부는 역동적이거나 공격적이 아니라 고정적이고 방어적이다.[36]

이 분석에는 이의를 제기할만한 부분이 있다. 논쟁의 여지는 있지만, 캐츠넬슨의 주장대로 남부 민주당은 뉴딜 정책과 특히 남부의 빈곤 지역을 대상으로 하는 빈곤퇴치 정책에 중요한 정치적 지지 기반을 제공했다는 점에서 1930년대 초에 "일반 정책"을 분명히 갖고 있었다.[37] 그리고 나치식 파시즘도 어떤 긍정적인 비전을 그저 '지지'한 것이 아니라 분명히 유대인에 격렬하게 '대항'했다. 1930년대 초의 미국과 나치 독일은 뮈르달이 생각하는 것보다 더 닮은꼴이었다.

그래도 어쨌든 뮈르달은 나치식 인종주의와 그들과 "동족인

미국인"의 인종주의 사이에 존재하는, 필시 가장 중요하다고 할만한
차이점을 짚어냈다. 나치 운동의 배경에는 미국식 인종주의, 더
넓게는 영미권의 인종주의가 존재했지만, 나치는 거기에 "파시스트
국가조직"이라는 조금 다른 요소를 첨가했다. 히틀러가 장악한
중부유럽에서 발생한 현상에 비교하면 미국이 "분권화되어
있고 … 혼란스럽기까지 하다"는 것은 사실이었다(지금도 그렇다). 실제로
미국은 "중앙집권화된 효율적인 관료체제"가 없었다(지금도 마찬가지다).
이 차이점은 이 책에서 반복해 등장한다. 우리는 어떻게 뉘른베르크법이
길거리 린치를 대신할 공식 국가 박해 제도로서 수립되었는지 이미
살펴보았다. 그에 반해서 미국은 충실하게 린치를 고수했다. (실제로
린치의 빈도는 1933~35년 사이 눈에 띄게 증가했다.)[38] 미국은 이민법과
시민권법에서 인종주의의 국가적 공인을 자제하는 대신 수정헌법 제14조를
준수하는 외양을 유지하기 위해 편법이나 은밀한 장치에 의존했다. 이에
비해 나치는 인종주의를 공공연히 선포했다. 나치는 인종주의 질서의
필요성에 대한 미국의 "근본적인 인식"을 매우 긍정적으로 봤으나 독일
나름의 인종주의 질서를 확립하는 작업은 미국이 늘 용인을 거부해온
종류의 효율적 국가기구에 맡겼다.

　　따라서 차이는 존재했고 또 실제적이었다. 미국의 인종주의를 중부
유럽 땅에 기계적으로 이식해놓은 것이 나치즘이었다고 결론지어서는
안 된다. 그러나 닮은 점도 엄연히 있었고, 아무리 소원해봐야 그것들은
사라지지 않는다. 나치 관찰자들이 미국의 건국으로 "세계 지배를 위한
아리안족의 투쟁"에 "가장 강력한 버팀목"이 탄생했다는 경악스러운
판단을 내린 데에는 그만한 이유가 있었다.[39] 1933년 11월 『월간
국가사회주의』가 그토록 따스한 어조로 "우리와 동족인 미국인들에게
우리는 친선의 손을 내민다"고 적은 데에도 그만한 이유가 있었다.[40] 사실
미국에서 백인 우월주의의 역사는 유구해서, 법역사의 측면에서 그 기록이

버지니아주에서 미국 최초로 인종주의 혼혈금지법을 채택한 1691년, 그리고 제1대 의회가 "자유로운 백인 외국인"에게만 귀화를 허용한 1790년으로까지 거슬러 올라간다. 게다가 남부를 장악한 민주당에 정치적으로 의존한 상태로 뉴딜 정책이 시행되던 1930년대 초반은 미국의 백인 우월주의가 최고 수위에 달했던 시기였다.

이 모든 것을 종합해보면 올바른 결론은 다음과 같다. 우리에게 집단적 수치심을 일으키는 일이지만, 미국의 백인 우월주의와 더 넓게 봐서 영미권의 백인 우월주의는 일정 부분 1930년대의 나치즘에 유용한 자료를 제공했다. 그런 의미에서 오토 쾰로이터가 "미국과 영국 자치령"에서 포착한 "흥미로운 결과"에 대한 논의가 빠진 나치즘의 역사란 불완전할 수밖에 없다. 그러나 나치 독일의 백인 우월주의 전통과 관례는 영국 제국주의 영향권에서 발견되는 그 어떤 것보다 훨씬 더 강력하게 국가기구에 의해 지탱되었고, 유럽 엘베강 서편의 그 어느 곳보다도 유례없이 잔인했다.

나치즘과 미국식 법문화

미국과 영미권의 백인 우월주의 말고도 제기해야 할 문제는 또 있다. 프라이슬러가 나치 동료들에게 "우리에게 최적"이라고 칭찬했던 실용적인 미국식 보통법 법리에도 문제가 있다. 미국 인종법의 매력은 단순히 백인 우월주의에 헌신하는 "노르딕 인종" 대륙 제국의 매력이 아니었다. 그것은 개방적이고 유연한 미국식 보통법의 매력이었다. 그것은 미국식 "현실주의"의 매력이었다. 지도자급 나치 법률가들 사이에서는 뉴딜 시대를 선도하던 미국 법률가들만큼이나 법에 현실주의적으로 접근하는 경향이 널리 퍼져 있었다. 미국은 그 매력적인 혁신 의욕 덕택에 지금도 여러 법 분야에서 세계를 계속 주도하고 있지만, 바로 같은 이유로 한 세기 전에는 우생학과 인종법 분야에서 세계를 선도했다. 나치 법률가들을 사로잡은 것은 단순히 미국의 인종주의만이 아니라 미국의 법문화였고, 그 얘기는 우리가 미국식 일 처리 방식을 평가할 때 몇 가지 불편한 문제를 직시해야 한다는 것을 뜻한다.

가장 두드러지면서도 불가피한 문제점은 보통법 전통과 관련된다. 프라이슬러가 미국법에 관해 칭찬한 부분은 우리가 오늘날 보통법의 장점으로 찬양하는 부분과 확연하게 동일하다. 판사를 중심에 놓고 판례를 근거로 삼는 보통법은 흔히 유연성과 개방성, 그리고 "변화하는 사회적 요구"에 대한 적응력을 갖추고 있다고 인정받는다.[41] 다른 나치들도 판사들이 만들어가는 미국의 보통법을 칭찬하면서 비생산적인 법적 형식주의의 소산이 아닌, "국민(Volk)으로부터 생성된" 건전한 법의 창조를 돕는 제도라고 단언했다.[42] 우리는 이것을 어떻게 바라보아야 할까?

요즘 미국에서 보통법의 우월성을 칭송하는 경향이 아주 일반적이라는 점에서 이 문제는 더욱 절실하다. 나치즘에 장악된 고국에서 배척당한 오스트리아 출신의 저명한 자유시장 옹호자 프리드리히 하이에크가 "자유의 본질"이라 불렀던 것을 바로 보통법이 구현하기 때문에 우월하다는 것이다. 오늘날 미국의 저술가들은 흔히 자유를 지향하는 보통법의 미덕을 성문법 중심인 유럽 대륙법 전통의 결점에 대비시키면서 대륙법을 과도하게 경직된 체계로 본다. 그 체계에서 법은 강력한 국가의 융통성 없는 명령에 불과하다. 미국의 한 저명한 법학 교수는 왜 오늘날 둘 중 보통법이 더 우월한 가치를 구현하는 것으로 널리 간주되는지 다음과 같이 설명한다.

하이에크는… 법체계의 차이점에 관하여 가장 탁월한 논의를 제공한다. 그는 영국법 전통(보통법)이 프랑스(대륙법)보다 우월하다고 열렬히 주장한다. 법규상의 실질적인 차이점 때문이 아니라 개인과 국가의

역할에 관한 전제에 차이가 있기 때문이다. 하이에크는 일반적으로
보통법 체계가 경제 자유 및 기타 자유…에 대한 정부 제약의 축소와
관련된다고 믿었다. 이 시각은 법역사상 옳다.**43**

이 설명에 따르면 보통법 체계에서 판사가 누리는 상대적 자유는 보통법
자유주의라는 장대한 문화의 제도적 표현이며, 법전에 담긴 국가의
작위 명령을 따라야만 하는 유럽 대륙 시민의 상대적 종속성과 대륙법
법조인의 상대적 부자유에 대조된다.**44** 보통법 체계에서 사법기관은 과도한
국가권력을 막아내는 방벽이다. 보통법에 대한 이 같은 관념은 늘 명확히
표현되지는 않지만, 현재 미국에서 막연하게나마 널리 받아들여지고
있다고 봐도 무방하다. 실제로 이 관념은 우리가 미국식 자유의 속성을
이해하는 핵심 어딘가에 자리한다. 그런데도 나치가 대체 왜 미국 보통법을
긍정적으로 봤는지 궁금해질 수밖에 없다.

　한편 하이에크가 우려하고 거부한 바로 그 국가 중심적 실증주의가
나치즘을 촉진했다는 믿음도 널리 퍼져 있다. 나치의 일원이 되려면 총통의
의지에 무조건 복종하고 독립된 판단력을 전부 포기해야 했을 거라고
사람들은 가정한다. 법은 있어도 자유는 없었다는 것이다. 이 시각에
따르면 나치의 법철학은 철학자들이 "법실증주의"(legal positivism)라고
부르는 것의 조잡한 버전, 즉 법을 군주나 독재자의 단순한 명령으로
격하하는 철학이었다. 그것은 "굴종"**45**과 순종**46**의 철학이었다. 그리고 나치
범죄의 교훈은 사회 전체를 노예화하려고 한계점까지 밀어붙이는 국가
중심적 실증주의 접근법의 위험에 대한 교훈이었다.

　그러나 이 책에서 설명되는 역사는 상황이 좀 더 복잡했음을 명백히
드러내며, 또 실제로도 그러했다. 사실 나치즘을 면밀히 연구해온 학자들은
히틀러 치하에서 만연했던 법철학은 법실증주의의 조잡한 버전 같은
것이 전혀 아님을 이미 밝힌 바 있다.**47** 나치가 신봉한 것은 프라이슬러가

신봉했던 것, 즉 보통법 실용주의에 훨씬 가까웠다. 그리고 만일 나치 범죄에서 얻을 수 있는 법리적 교훈이 존재한다면 그것은 단순히 조잡한 법실증주의나 대륙법 성향의 위험성에 관한 교훈이 결코 아니다.

놀라운 사실이지만, 나치 법률가들은 법을 단순한 복종으로 축소하는 법 이론에 반대했다. 물론 총통에 대한 복종을 원칙으로 하는 '지도자원리'(Führerprinzip)가 독일을 지배했던 것은 맞다. 그러나 일반 시민은 맹목적으로 순종해야 했던 반면에 나치 관료들에게는 다른 태도가 기대되었다. 이 문제에 관한 나치의 지침은 예컨대 히틀러의 오른팔 루돌프 헤스가 1934년에 작성한 '아돌프 히틀러 총통에 대한 맹세' 초기 버전에서 찾아볼 수 있다. 이 맹세에 따르면 일반 독일 국민은 총통의 명령에 무조건 복종할 것을 맹세해야 했던 반면에 "정치 지도자들"은 "히틀러의 정신에 충성할 것, 즉 무엇을 하든 자신이 바라보는 총통의 이미지에 따라 과연 총통이라면 어떤 행동을 취했을지 항상 자문할 것"을 요구받았다.[48] 이것은 나치 목표 추구에 진정한 재량을 부여하기 위한 하나의 방식이었다. 이언 커쇼의 표현대로 관료들은 "총통을 지향하며 노력해야"(work towards the Führer) 했다.[49] 나치가 "중앙집권화된 파시스트 국가조직"에 무한대의 권력을 부여한 것은 사실이다. 그러나 그들은 그 권한을 휘두르는 관료가 개별적 주도권을 빼앗긴 단순한 졸병이어야 한다는 생각에는 반대했다. 나치는 일반 독일 시민에게는 자유를 주지 않았지만, 나치 관료 개개인에게는 "히틀러의 정신에 따라" 독자적으로 행동할 수 있는 일종의 자유를 줄 것을 빈번히 주장했다. 이것은 사실 나치즘을 그토록 무시무시한 것으로 만든 요소 가운데 하나다.

그리고 나치즘이 성문법에 근거한 유럽의 대륙법 전통 속에서 발생한 것도 맞다. 그러나 나치가 대륙법 전통을 수용하거나 구현했다는 생각은 완전한 오해다. 오히려 나치가 대륙법 법률가들의 전통적인 사법적 태도를 작정하고 파괴했다는 점이야말로 법역사상의 중요한 진실이다. 나치는 법치주의 국가의 전통을 대변하기는커녕 대륙법 법률가들이 훈련받아온 방식을 경멸하는 문화에 속했다. 나치 과격파는 1935년 9월 여객선 오이로파호에 탄 법률가 45인이 전달받은 한스 프랑크의 "축사"에 등장하는 표현대로 자신들을 "삶의 현실을 무시하는 쪽으로 늘 기울어지는 구시대적 법률가 부류"에 대항하는 운동가로 이해했다. 그것은 이들이 나치의 국가 장악 이전까지 독일에 존재해온 대륙법 전통에 강경하게 반대했다는 것을 의미했다.

그로 인해 갈등이 펼쳐진 현장이 바로 1934년 6월 5일에 열린 회의였다. 유대인 박해에 관하여 비교적 온건한 접근을 옹호했던 프란츠 귀르트너, 베른하르트 뢰제너, 한스 폰 도나니 등은 바로 프라이슬러 같은 과격파가 내치려고 작정하던 "구시대적 법률가 부류"를 대표했다. 우리가 그 회의장에서 일어난 법리적 충돌의 드라마나 프라이슬러 같은 인물의 미국 보통법 칭송을 이해하려면, 적어도 프리드리히 하이에크보다는 좀 더 조심성과 공감을 갖고 전통적인 법률가들의 태도를 묘사할 필요가 있다. 앞서 보았듯이 이 대륙법 법률가들은 법학을 과학으로 여겼던 사람들이다. 법과학은 법률가나 입법자가 할 수 있는 일에 실질적으로 제한을 가하는 기본 원칙의 집합체를 확립했다. 중력의 법칙이나 수학 원리를 폐지할 수 없듯 입법자들은 법과학의 논리적 명령을 무시할 수 없었다. 특히 프로이센 제안서에 담긴 과격한 나치 정책은 형법전에 논리적으로 일관되게 통합될 수 없었고, 그렇기 때문에 거부되거나 적어도 대폭 수정되어야만 했다.

이런 명백한 "과학적" 태도는 대륙법 전통 속에서 잘 훈련받은 법률가들의 진정한 특징이었다. 이것은 보통법 판사의 태도와는 확실히 다르나 국가에 대한 맥없는 복종의 태도는 아니었다. 오히려 "법과학"에 대한 이 같은 사법적 의지가 과격한 입법 정책에 준헌법적 제동을 걸었다고 볼 수 있다. 말하자면 법과학 전통이 성문 법전을 이루었던 것이다. 그 결과 "과학적으로" 박식한 법률 전문가들은 적어도 1934년 초여름까지는

"과학적" 판단 대신 여차하면 "정치적" 또는 "원초적" 결정을 밀어붙일지 모르는 과격파 나치의 요구를 감시할 수 있는 위치에 있었다. 기본적으로 대륙법 영향권 국가의 권력이 상대적으로 강했던 것은 사실이지만, 법과학 전통은 이를 견제하는 기능을 수행했다.

프라이슬러 같은 인물이 미국식 법리에 이끌렸던 이유도 미국법은 법과학이나 사법 전통에 대한 이런 식의 "구시대적" 존중심에 발목 잡혀 있지 않았기 때문이다. 그렇다면 우리는 보통법의 자유주의가 과연 나치류의 폭정에 대항하는 최선의 방어책인지 의구심을 품을 수밖에 없다. 미국 보통법이 롤란트 프라이슬러에게 매력적이었던 이유는 나치즘에 젖은 그의 눈에 미국이 형식주의 법과학의 족쇄로부터 자유로운 축복받은 나라로 보였기 때문이다. 독일의 기준에서 그의 시각은 옳았다. 미국은 그때나 지금이나 정치에 제동을 거는 "과학적" 법 원리가 존재한다는 믿음이 비교적 미약한 나라다. 훈련된 "법과학자"들은 귀르트너나 뢰제너가 1934년 6월 초까지도 여전히 휘두를 수 있었던 종류의 권한을 미국 땅에서는 누려본 적이 없다.

물론 미국인들도 때때로 이른바 "법과학"을 장려한 적이 있었고,[50] 미국식 법과학도 입법 과정에 종종 제약을 가한 일이 분명히 있었다. 특히 19세기 말에서 20세기 초에 자칭 미국 "법과학자"들이 하버드 법대 같은 기관을 장악했다. 같은 시기에 대법원도 수정헌법 제14조의 적법절차 조항을 토대로 나름대로 "법과학"을 발전시켰고, 이것은 진보적인 경제법을 폐기하는 데 이용되었다. 그중 가장 유명한 것이 1905년 로크너 대 뉴욕주 판례(하루 최대 노동시간을 열 시간으로 제한하는 뉴욕주 법을 계약의 자유 침해로 보고 위헌으로 판결한 사건 — 옮긴이)다.[51] 일반적으로 "로크너 시대"라고 부르는 시기의 미국 법률가들은 일정 부분 귀르트너와 뢰제너 같은 독일 "법과학자들"이 열망한 권위와 똑같은 권위를 열망했다.

그러나 아무리 미국인이 "법과학"을 즐겨 언급해봤자 현실적으로

미국 법과학은 독일 법과학보다 언제나 훨씬 힘이 약했다. 미국 로스쿨의
교조적 "법과학"은 미묘하고 체계적 심도를 갖춘 독일 법과학에 절대로
적수가 될 수 없었다. "로크너 시대"의 법원이 가끔씩 경제법을 폐기했어도
대다수 진보적 법규는 건드리지 않았다. 더 중요한 사실은 법원이 인종주의
법률 역시 거의 일체 손대지 않고 놔두었다는 점이다. 인종 문제에 관한
한 미국의 "법과학"은 대개 격식이고 뭐고 없이 정치에 양보했다.[52] 미국
보통법 판사들은 뢰제너 같은 독일 "법과학자"와는 달리 자기들이 내리는
인종주의적 판결의 개념적 모순성에 전혀 개의치 않는 모습을 보였다.
뢰제너는 과학적 근거 없이 "유대인"을 정의하면 범죄화에 문제가 생긴다고
주장한 데 반해, 미국의 보통법 판사들은 프라이슬러가 긍정적으로
언급했듯이 "유색인종"의 개념을 상황에 따라 즉흥적으로 지어냈다.

　　그게 바로 과격파 나치 법률가들의 존경심을 자아낸 인종주의
국가 미국이었다. 그곳에서는 정치가 법의 참견을 비교적 덜 받았다.
나치 독일에서 발생한 거대한 법리적 갈등은 자유를 중시하는 보통법과
국가권력을 중시하는 대륙법 간의 갈등이 아니었다. 그 거대한 갈등은
대륙법의 법과학 정신을 토대로 하는 적법성(lawfulness)과 프라이슬러
같은 인물이 미국 보통법을 들먹여가며 선호했던 무법성(lawlessness)
간의 갈등이었다.[53] 프라이슬러가 상상한 나치법은 법을 상급자의 명령에
복종할 의무쯤으로 축소하는 법실증주의의 조잡한 형태가 아니었다.
그들이 바란 나치법은 과거로부터 해방된 법이었다. 과거로부터 물려받은
정의 관념의 족쇄로부터 나치 독일의 판사, 입법자, 정당 고위 실세들을
풀어주어 이들이 히틀러의 정신에 따라 재량을 발휘할 의무감을
갖고 체제의 인종주의 목표 실현을 "지향하며 노력"할 수 있게 해주는
법이었다.[54] 특히 판사들은 총통의 목표에 발맞추어 의미 있는 독립권을
행사할 수 있게 된다.[55] 이런 식으로 법은 여러 국가 부서에서 일하는
무수한 '히틀러들'의 야만적 본능에 재량권을 안겨줌으로써 야만적 형태의

민족 혁명을 제도화하고 영속해나가게 된다. 무수한 머리가 달린 나치 히드라를 창조하는 것이다. 바로 프라이슬러가 인민재판소장 자리에 앉아 정확히 그렇게 행동했다. "실용성"과 "신속성"을 갖추고 판사에게 입법 권한을 넘기는 보통법의 법리가 그에게 그토록 매력적이었던 이유도 바로 그 때문이다.

마지막으로 우리가 1930년대 "현실주의"의 속성을 짚어보아야 하는 것도 위와 같은 문제 때문이다.

1930년대에 나치 독일과 뉴딜 시대 미국의 주요 법률가들이 각기 자국에서 "삶의 현실을 무시하는 쪽으로 늘 기울어지는 구시대적 법률가 부류"에 맞서 싸우던 자칭 "현실주의자"였다는 점은 이 이야기에서 큰 비중을 차지한다. 미국에서는 이때가 이른바 '미국 법현실주의'(American Legal Realism) 운동의 전성기였다. 오랫동안 이 운동은 하면 된다는 정신으로 사회 문제와 씨름할 태세를 갖추고 독단에 건전하게 저항하는 미국 실용주의의 위대한 산물로 묘사되었다. 이를 지지하는 미국인들이 봤을 때 그와 같은 현실주의는 근대 사회의 필요에 부응하지 못하는 경직된 가짜 과학 법칙을 낳는 "형식주의"와 날카롭게 대립했다.[56] '미국 법현실주의'와 뉴딜 정책은 실제로 긴밀한 관련성을 지니며,[57] 브라이언 라이터의 표현대로 "20세기를 통틀어 가장 중요한 미국 고유의 법리학 운동"인 자국의 현실주의 전통에 미국 법률가들은 종종 상당한 자부심을 드러낸다.[58]

한편 뉴딜 시대 초기의 경제정책은 그것과 밀접히 연관된 실용주의 정신 속에서 실행되었다. 프랭클린 루스벨트는 유명한 1932년 연설에서 "국가가 담대하고 끈질긴 실험을 요청한다"는 표현으로 미국의 분위기를 묘사했다.[59] 뉴딜 시대 역사에서 반복 서술되는 1930년대 초의 서사시적 법률 드라마는 행정부가 주도하는 담대한 실험과 여기에 적대적인 대법원 사이에 불거진 갈등의 드라마였다. 법학자 잭 벌킨은 1930년대의 법률가들이 이 대립을 어떻게 바라보았는지 묘사한다. 한편에는 "형식주의"에 따라 일부 진보 경제법을 폐기한 전력이 있는 보수적인 대법원이 있었고, 다른 한편에는 "사회 현실"을 지향한 뉴딜 "실용주의"가 있었다. "로크너 시대의 법원은 사회 현실을 무시하는 경직된 형식주의를 채택했던 반면에 뉴딜 정책은 사회와 경제 변화에 예리하게 발맞춘 활기찬 실용주의를 수용했다. 로크너 시대의 법원은 국가권력과 적법절차 조항의 해석을 통해 자유방임 보수주의 가치를 내세웠지만, 뉴딜 정책은 공공 이익 보호에 필요한 유연하고 실용적인 국가권력 개념을 도입했다."[60] 보수적인 대법원은 뉴딜 정책의 핵심 개혁들을 계속 봉쇄하다가 1937년 중요한 "전환점"을 계기로 결국 행정부의 정책을 더는 견제하지 않게 되었다. 행정부와 사법부 간의 이런 서사시적 갈등도 뉴딜 정책의 다른 측면과 함께 나치 문헌에 기록되었으며, 나치 저자들은 미국 현실주의자들과 똑같은 방식으로 이 문제를 바라보았다. 즉, 그 충돌은 뉴딜 정책의 "담대한 실험"이 과연 헌법의 명령이라는 "구시대적" 법 관념을 극복하고 경제 위기를 헤쳐나가는 데 필요한 "현실적" 조치를 취할 수 있을지 가늠하는 하나의 테스트였다. 어느 나치 논평가는 뉴딜 초기의 몇몇 정책을 폐기한 대법원 판결들이 "불가해하게 형식주의적이고 실생활과 괴리되어 있다"고 표현했다.[61]

한편 독일에서도 같은 시기에 반형식주의 접근법이 나치 문헌을 지배했으나 나치는 "현실주의"라는 용어를 미국인만큼 자주 혹은 일관되게 사용하지 않았다. 나치 법률가는 독일에서 20세기를 통틀어 가장 강력한 영향력을 행사한 법률가들이었지만, 전쟁이 끝나자 모두 자신의 나치 활동 전력을 숨기려고 필사적인 노력을 기울였다. 요즘 독일에서 1930년대 나치 현실주의에 대한 국민적 자긍심 따위는 찾아보기 어렵다.[62] 그렇다 해도 "1930년대 나치 현실주의"라고 합당하게 일컬을만한 것이 실제로 존재했었고 움직임도 활발했다. 또한 학자들이 미국과 나치 독일 양쪽의 법리를 묘사할 때 거의 동일한 공식에 도달한다는 사실은 인상적이다. 미국 법현실주의자들은 "법과 실생활이 조화되지 않는다는 인식"에서 활동 의욕을 얻었고,[63] 마찬가지로 나치에게도 "실생활과 법의 괴리를 극복"하는 것은 중요한 목표였다.[64] 한 나치의 표현대로 "실생활에 기반을 둔 법이 형식적인 법보다 우위라는 것은 국가사회주의 법 생활의 근본적인 활력소"였다.[65] 법을 "실생활"과 "사회 현실"에 다시 조화시키자는 것이 그 뒤숭숭하던 시절 대서양 양편에서 동시에 대두된 표어였다.

　　그렇다면 나치 "현실주의"와 뉴딜 "현실주의"의 관계는 정확히 무엇이었을까? 양자 간에 밀접한 관련이 있다고 생각한 관찰자는 1930년대에도 분명히 많았다. G. 에드워드 와이트가 적은 대로 1930년대에 미국 법현실주의자들은 "자신들의 도덕 상대주의가 비도덕적인 전체주의 체제의 등장과 관련 있다는 인식"과 내내 싸워야 했다.[66] 예컨대 1934년 4월 미국 법현실주의의 대변자 칼 르웰린은 "당신은 새로운 제국의 생명줄로 통합될 자격이 있는 진정한 나치의 일원으로 인정받았다"는 소리를 들었다. 열성적인 자유주의자였던 르웰린은 그 말에 격분했지만,[67] 당시 "현실주의"에 결부된 나쁜 이미지를 제어해야 했던 사람은 그뿐만이 아니었다. 또 다른 주목할만한 예는 국제관계에서 "현실주의"를 개척한 한스 모겐소다. 모겐소는 독일에서 젊은 법률가로서 경력을 쌓으면서 바이마르 공화국의 최첨단 독일 법사상을 흡수했다. 그러나 1930년대에 히틀러가 부상하자 그는 외국으로 도피했다. 그의 전기 작가에 따르면, 그는 미국에 막 도착한 망명자로서 "현실주의"라는 용어의 사용을 피해야겠다고 판단했다. "미국 독자들이 자기를 '미국 법현실주의' 계파로 분류하거나, 더 안 좋게는 '현실주의' 법률관을 옹호하는 나치 이론가들과

연계된 자로 추측할 수 있다고 우려했기 때문"이다.[68] 2차 세계대전이
끝나서야 비로소 모겐소는 다시 "현실주의"를 옹호하게 되었다.

  1930년대 초반에 "가장 중요한 미국 고유의 법리학 운동"에
달라붙은 나치즘의 악취는 좀처럼 가시지 않았다. 그렇다고 해서 미국
법현실주의자들이 나치 동조자였다는 뜻은 아니다. 대다수는 확실히
아니었다. 프랭클린 루스벨트가 실상 독재자가 아니었듯 법현실주의자들도
실상 파시스트는 아니었다.[69] 나치즘이 현실주의의 한 변종이었다는
사실만으로 우리 전통 일체에 치를 떨며 움츠러들 필요는 없다. 미국
법현실주의 운동은 몇 가지 탁월한 통찰을 제공했고, 내가 봤을 때
거기서 배울 점은 여전히 많다.[70] 게다가 뉴딜 시대의 미국 법현실주의가
결과적으로 1950년대의 브라운 대 교육위원회 판결을 위한 토대를
마련했다고 보는 견해도 있다.[71] 아무튼 양편에 어떤 유사점이 존재했든
간에 나치 사법부가 가공할 무법성의 나락으로 빠져들었다는 사실에는
변함이 없다. 미국 법원이 최악이었을 때에도 나치 법원보다는 나았다.[72]
그럼에도 뉴딜 현실주의와 나치 현실주의 사이에는 분명히 닮은 점이
있었다. 우리가 그 부분부터 이해하려고 노력하지 않으면, 미국 인종법에
대한 나치의 관심과 히틀러 정권 초기에 나치가 미국에 느낀 우호감을
제대로 평가할 수 없다.

  미국 뉴딜 시대와 나치 독일의 "현실주의"에는 내가 여기서 탐색할
수 있는 범위 이상으로 많은 측면이 존재한다. 그것을 전부 다루려면 따로
책 한 권이 필요하다. 이 책에서는 오직 자명한 논점만 강조하고자 한다.
양국의 "현실주의자"들은 "실생활"과 정치가 갈 길에 "형식주의" 법과학이
설치해둔 장애물을 박살 내는 일에 열의를 공유했다. 그리고 뉴딜 시대
미국과 나치 독일의 "실생활"은 두 나라를 대공황에서 구해줄 경제정책만
담고 있었던 것이 아니다. "실생활"에는 인종주의도 얽혀 있었다.

  나치 독일의 현실주의와 미국 뉴딜 시대의 현실주의 간의 유사성이

우리를 본격적으로 불편하게 만들기 시작하는 부분이 바로 여기다.
미국 법현실주의는 단순히 칼 르웰린 같은 자유주의자들의 전유물이
아니었다. 1930년대 미국의 여러 쟁쟁한 인종주의자들 또한 법현실주의를
수용했다.[73] 미국법의 "현실주의적" 태도는 경제정책 분야에 관해서만
정치적 의사 결정자의 뜻에 굴복한 것이 아니었다. 인종주의 법 제정에
관해서도 정치적 의사 결정자의 뜻에 굴복했다. 일부 저명한 현실주의자가
미국 인종주의에 맞서 반대 의사를 표명했지만, 1930년대 당시
대다수는 인종 문제에 침묵했다.[74] 그런 의미에서 1930년대 초반의 미국
법현실주의는 경제개혁가와 남부 인종주의자의 '악마에게 영혼을 파는'
거래를 토대로 성립한 초기 뉴딜 정책과 완전히 편안하게 어우러졌다.
똑같은 "현실주의" 법철학이 프랭클린 루스벨트의 "담대한 [경제] 실험"을
옹호하는 데도 원용될 수 있었고 남부 민주당의 인종주의를 옹호하는 데도
원용될 수 있었다.

　　　바로 이것이 히틀러 정권 초기에 독일 법률가들의 눈에 비친 미국의
모습이었다. 미국은 대공황에 직면하여 경제개혁과 인종주의를 결합했다.
그 인종주의 측면은 아칸소 법대에 교환학생으로 갔던 독일 법률가
하인리히 크리거에 의해 예리하게 묘사되었다. 그의 연구물은 혈통법을
기획하던 법무부 관료들의 수중에 들어갔고, 미국에 대한 나치의 이해를
돕는 데 가장 큰 역할을 했다. 크리거는 미국 인종법에 존재하는 심한
긴장이 미국 경제법에 존재하는 심한 긴장과 다를 바 없다고 보았다. 그의
말처럼 미국은 형식주의와 현실주의라는 두 가지 "형성력" 사이에서
망설이는 나라였다. 특히 인종 문제와 관련하여, 한편으로는 모든 인간의
평등을 보장하는 수정헌법 제14조라는 "실생활과 괴리된" 형식주의 법리가
존재했다. 그런가 하면 다른 한편으로는 "미국 국민의 법적 직관"에 뿌리
박고서 이등시민법의 교묘한 "기만적 우회로"와 혼혈금지법의 노골적
인종주의를 탄생시킨 "현실주의적"인 법적 인종주의도 존재했다.[75]

크리거는 이런 미국의 상태가 건강하다고 생각지 않았다. 그는 미국이 법적 인종주의에 관해 솔직해지려고 투쟁하고 있으며 또 그래야 마땅하지만, 아직 그 일을 해내지 못했다고 믿었다. 그래도 그는 일단 미국이 형식주의를 포기하고 마침내 현실주의를 택한다면 완전히 건강한 상태에 도달할 수 있다는 희망을 잃지 않았다. 1938년 남부의 한 인종주의자가 발표한 크리거의 저서에 대한 서평은 크리거가 미국에 품었던 희망을 완벽하게 전달한다. 서평 작성자는 크리거의 『미국의 인종법』을 저자의 "현실주의" 관점이 반영된 "귀중한 학술 연구"로 평했다. 나치 크리거는 "문제를 있는 그대로 직시"하는 "솔직한" 사람이었고, 자신의 영웅 제퍼슨과 링컨의 인종적 배타주의를 되살려야 한다고 강력한 주장을 펼쳤다. "우리의 인종 문제는 우리의 가장 위대한 정치가들의 관점으로 되돌아갔을 때만 비로소 해결할 수 있다는 자신의 연구를 크리거는 확신하고 있다. 그리고 진지한 독자라면 누구나 그에게서 같은 확신을 얻을 것이다. 그 정치가들의 관점이야말로 바로 현실주의 관점이었고, 오로지 그 관점만이 모든 인종에 대한 건강하고 공정한 해결책으로 이어질 수 있다."[76] 바로 그런 "현실주의 관점"을 하인리히 크리거는 페이엣빌에서 고국 나치 독일로 가져갔다.

이 모든 사실에 비추어 우리가 미국 법문화의 실용주의 전통과 미국 보통법의 개방성과 융통성을 다시 생각해보아야 하는 것은 어쩌면 당연한 일이다. 미국 보통법은 "법과학"에 상대적으로 덜 구애받고, 실험적이고, 판사에게 큰 권한을 줌으로써 실제로 종종 탁월한 결과를 낼 수 있다. 내가 보기에 미국 계약법의 혁신성은 그런 모범적인 예다. 미국의 민주적 정치 과정은 때로 칭찬할만한 법을 만들어낸다. 하지만 미국식 보통법 체계를 채택했다는 것은 정치인의 요구를 견제할 힘이 실제로 거의 없는 법체계를

히틀러의 모델, 미국

택했다는 뜻이며, 이 경우 정치가 나쁘면 법도 몹시 나빠질 수 있다.

그런 결과로 이어질 위험은 지금도 존재하며 그 위험이 특히 잘 감지되는 현대 미국법의 한 분야를 거론하지 않고서 이 책을 마무리한다면 잘못일 것이다. 그 분야는 바로 미국 형사법이다. 미국 형사법은 국제 기준으로 봤을 때 극적으로 무시무시하게 가혹하다. 예컨대 상습범에 대한 선고 제도인 "삼진아웃법"(2회 중범죄 전과가 있는 자가 세 번째로 범죄를 저지르면 최저 25년형 내지 종신형을 선고하는 가중형 부과 제도 — 옮긴이) 같은 일부 관행은 나치가 도입했던 방침들을 불편하게 연상시킨다. 나치도 상습범에 대한 가중형 부과 제도를 장려했었다.[77] 대체 현대 미국 형사법은 왜 이토록 가혹할까? 그 해답의 일부는 경제 선진국 중에서도 독특하게 미국 형사법이 강경 범죄 대응법 제정이나 다른 나라에는 없는 판검사 선출제도 등의 정치 과정에 크게 좌우된다는 데 있다.[78] 반면에 미국의 "법과학"은 형사법의 정치화 위험을 막아낼 능력이 없는 것으로 지난 세대에 드러났다. 미국 법조인은 정치인이 범죄 강력 대응 공약을 발판으로 인기몰이를 하는 것에 제동을 걸 힘이 없다. 나치 이후 법과학 전통이 다시 강한 힘을 발휘하게 된 유럽 대륙은 그런 면에서 다르다. 현재 유럽 대륙에서는 일반적으로 법률 전문가들이 주도권을 가지고 형사법 제도를 안정적으로 운용하고 있다.[79] 미국은 그렇지 못하다. 80년 전 롤란트 프라이슬러가 미국 인종법에 관해 칭찬했던 특징이 지금도 여전히 미국 형사법이라는 정치 문제 속에 내재해 있다. 거기에는 특히 미국의 인종 문제가 크게 자리 잡고 있다. 그런 의미에서 이 책에 담긴 이야기는 아직도 끝나지 않았다.

아돌프 히틀러는 "더 나은 질서가 미약하게나마 시작된 국가가 현재 하나 있다"고 적었다. 나치 법률가 겸 친위대 상급 돌격대 지도자 프리츠 그라우는 인종법 하면 "북미"가 떠오른다고 말했다. 프란츠 귀르트너 제국 법무장관은 "외국 모델을 찾는 일은 매력적"이라고 언명했고, 법무부 소속 법률가들은 이전에 선배들이 그랬듯 미국에서 모델을 발견했다. 하인리히 크리거의 말대로 확실히 미국은 "지금까지는" 유대인을 표적으로 삼는 데 실패했지만, 나치 인민재판소장 자리에 앉아 교수형을 남발했던 롤란트 프라이슬러는 그 "예외"를 제외하면 미국이 독일에 한 수 가르쳐주는 점이 있다고 선언했다. 그가 봤을 때 미국은 감탄스러울 만큼 거리낌 없는 인종주의 법리를 고안했고 그 법리는 법적 세부 사항에 구애받지 않았으므로 "우리에게 완전히 최적"이었다. 이들 나치의 눈에 미국은 진정한 "모범 사례"였다. 미국은 매우 "흥미로운" 혁신을 낳는 나라였고, 따라서 "인종 국가" 기획 사업에 종사하는 자가 가장 먼저 미국을 참고하는 것은 자연스러웠다.『법과 법 제정에 관한 국가사회주의 안내서』가 인종 국가 건설에 관한 장을 마무리하면서 미국을 인종주의라는 진리에 관한 "근본적인 인식"에 도달한 나라로 묘사하고 미국이 내디딘 필수적 첫걸음을 이제 나치 독일이 이어받아 완수할 차례라고 한 것도 바로 그 때문이었다.

물론 미국이 과거에 수많은 훌륭한 법제도를 개척했고 지금도 그러하다는 것은 분명한 사실이다. 나치가 미국 자유민주주의 전통의 여러 측면을 경멸한 것도 사실이고, 미국이 나치즘의 희생자 가운데 적어도 일부에게 관대한 도피처가 되어준 것도 물론 사실이다. 그럼에도 수많은 나치 법률가들은 인종법에 관한 한 미국을 빼어난 사례로 간주했다. 우리가 아무리 부정하고 싶어도 1930년대 초에 나치는 자기들의 정책이야말로 흑인, 아시아인, 아메리카 원주민, 필리핀인, 푸에르토리코인 등을 겨냥한 미국의 방침을 더욱 전면적이고 엄밀하게 실현하는 방안으로 여겼고, 그런 생각을 스스로 이상히 여기지 않았다. 그 점은 나치 체제에서 표적이

유대인으로 바뀌었어도, 이후 나치가 근대 국가권력의 인종주의적 행사를 상상할 수 없이 끔찍한 방향으로 밀고 나갔어도 달라지지 않는다.

이 이야기도 미국 국가 서사의 일부가 되어야만 한다.

감사의 말

내가 이 책의 집필을 위한 자료 조사에 착수한 곳은 프린스턴 대학교였다. 거기서 나는 2014~15년 법과 공공문제 프로그램 석학회원으로 지내는 사치를 누렸다. 이후 예일 법학대학원의 오스카 M. 립하우젠 기금으로부터 재정 지원을 받았다. 여러 친구와 동료들이 자료 조사와 관련하여 소중한 충고와 첨언을 해주었다. 특히 아리엘라 그로스, 대니얼 샤프스틴, 새뮤얼 모인, 패트릭 웨일, 비비언 큐런, 케네스 레드포드, 데이비드 엥, 밴 고스, 더크 하톡, 재클린 로스, 데이비드 슐라이어, 브루스 액커먼, 로렌스 프리드먼에게 감사한다. 대니얼 로저스는 이 책의 초안을 정신이 번쩍 들 만큼 철저하고도 비판적으로 검토해주었다. 이 최종 버전에 그가 만족했기를 바란다. 내 글을 읽고 의견을 주었을 뿐 아니라 번역까지 검토해준 크리스토프 파울루스에게 특별히 감사를 표한다. 마크 핑커트는 미국 법역사 관련 자료 조사에 탁월한 도움을 주었고, 제니 월코위키는 날카로운 눈을 지닌 제작편집자로서 격려를 아끼지 않았다. 컬럼비아 법대, 하버드 법대, 예일 법대, 그리고 텔 아비브 대학교의 부흐만 법대에서 열렸던 수많은 워크숍 참가자들의 의견도 큰 도움이 됐다. 참가자 전원에게 감사한다.

이 책은 프린스턴 대학교 출판사와 협업하는 익명의 논평가 3인의 서평으로부터 커다란 도움을 받았다. 그들의 정성스럽고 박식하고 때때로 적절하게 까다로운 논평을 받으면서 학술 전문 출판사로 정하길 잘했다는 흐뭇한 생각이 들었다.

사라 맥두걸은 늘 그랬던 것처럼 이번에도 나의 파트너가 되어주었다.

추가로 읽어볼만한 문헌

나치 독일에 관한 추천 문헌 목록을 작성하자면 늘 논란이 있게 마련이다. 그럼에도 이언 커쇼의 *Hitler, 1889~1936: Hubris*(New York: Norton, 1999) [한국어판:『히틀러 1, 2』교양인, 2010]는 좀 더 심도 있게 파고들고 싶은 독자들에게 이상적인 출발점이 되어준다는 데 이견이 거의 없다. 이 책은 쉽게 읽히면서도 출처, 사건, 관련 논쟁에 관한 조심스러운 판단과 긴밀한 지식을 바탕으로 쓰여 학술적 가치가 높은 모범적 저서다. 뉘른베르크법 제정을 둘러싼 일련의 사건에 관해 폭넓은 기록을 살펴보고 싶은 독자들은 페터 롱게리히의 *Holocaust: The Nazi Persecution and Murder of the Jews* (Oxford: Oxford University Press, 2010)를 참조하면 된다.

미국법에 대한 나치의 관심은 당시 유럽이 미국 문화에 매혹되거나 때때로 혐오감을 보였다는 더 광범위한 배경을 염두에 두고 바라보아야 한다. 빅토리아 데 크라치아의 *Irresistible Empire: America's Advance through Twentieth-Century Europe*(Cambridge, MA: Harvard University

Press, 2005)은 이에 대해 원숙한 설명을 제공한다. 데이비드 엘우드의
The Shock of America: Europe and the Challenge of the Century(New York:
Oxford University Press, 2012)는 국제적 강국으로 부상하는 미국의
문화와 경제에 대한 유럽의 반응에 초점을 둔 폭넓은 연구를 담고 있으며,
애덤 투즈의 *The Deluge: The Great War, America and the Remaking of
the Global Order, 1916~1931*(New York: Penguin, 2014)는 해당 시기의
외교관계를 면밀하게 탐색한다. 20세기의 첫 10년 동안 이루어진 지성의
교류를 주제로 삼은 대니얼 로저스의 *Atlantic Crossings: Social Politics in
a Progressive Age*(Cambridge, MA: Harvard University Press, 1998)도
긴요하고 명쾌한 연구물이다.

미국이 외국에 끼친 영향에 관한 문헌들은 대부분 미국의 대중문화,
소비주의, 헨리 포드와 프레더릭 윈슬로 테일러의 산업 혁신을 다루어왔다.
그러나 최근 들어 미국의 인종주의 정책과 우생학이 국제 무대에 미친
영향에 관하여 역사학자들의 관심이 증가하고 있다. 메릴린 레이크와
헨리 레이놀스의 *Drawing the Global Colour Line: White Men's Countries
and the International Challenge of Racial Equality*(Cambridge: Cambridge
University Press, 2008)는 영어권에 초점을 둔 탁월한 연구물이다.
데이비드 스콧 피츠제럴드와 데이비드 쿡-마틴의 *Culling the Masses: The
Democratic Origins of Racist Immigration Policy in the Americas*(Cambridge,
MA: Harvard University Press, 2014)는 특히 인종에 근거한 이민법을
주제로 다룬다. 이 문헌들은 미국이 국제사회에서 문화적, 경제적 우상의
지위를 누렸을 뿐 아니라 19세기 말에서 20세기 초까지 인종 구분을
근거로 하는 정책에 있어 일종의 국제적 신호등 역할을 했음을 확실하게
밝히고 있다.

특별히 미국이 독일에 끼친 영향에 관해서는 슈테판 퀼의 *The
Nazi Connection: Eugenics, American Racism, and German National*

Socialism(New York: Oxford University Press, 1994)이 나치가 미국 우생학에 보였던 열띤 관심을 조명하는 기본적인 문헌이다. 미국의 서부 정복에 매혹된 독일에 관해서는 독일의 여러 역사학자들이 반복해서 이야기해온 바 있다. 이에 대한 강력한 주장과 추가 문헌에 관해서는 캐럴 P. 케이클의 *The American West and the Nazi East: a Comparative and Interpretive Perspective*(New York: Palgrave Macmillan, 2011)를 참조하라. 데이비드 E. 바클레이와 엘리자베트 글레이저-슈미트가 편집한 *Transatlantic Images and Perceptions: Germany and America since 1776*(New York: Cambridge University Press, 1997)에 실린 필리프 가세르트와 데틀레프 융커의 도전적이고도 통찰력 있는 논문과 메리 놀란의 *Visions of Modernity: American Business and the Modernization of Germany*(New York: Oxford University Press, 1994)는 독일이 미국에 대해 지녔던 태도의 다른 측면들을 다룬다. 옌스-우베 귀텔의 *German Expansionism, Imperial Liberalism, and the United States, 1776~1945*(Cambridge: Cambridge University Press, 2012)은 나치 득세 직전의 시기에 관해서 소중한 연구자료를 제공하지만, 내가 봤을 때 나치 시대 자체에 관해서는 신뢰성이 다소 떨어진다.

나치의 인종정책과 미국 짐 크로 법의 유사성은 다음의 두 연구물, 존피터 호스트 그릴과 로버트 L. 젠킨스의 "The Nazis and the American South in the 1930s: A Mirror Image?," *Journal of Southern History* 58, no. 4(November 1992): 667~94, 그리고 조지 프레드릭슨의 *Racism: A Short History*(Princeton: Princeton University Press, 2002)에서 논의된다. 그릴과 젠킨스는 히틀러에 대한 남부의 지지가 어느 정도였는지 평가하기 위해 심혈을 기울인다. 스티븐 H. 노우드의 *The Third Reich in the Ivory Tower*(Cambridge and New York: Cambridge University Press, 2009)는 미국 지식층 지도자들 중에 나치 지지자들이 존재했던 사실을 추적한다.

뉴딜 정책, 그리고 진보주의나 법현실주의 같은 미국의 조류에 대한 해석은 이 책에서 이루어진 연구에 의해 제기되는 가장 어려운 문제에 속한다. 우리는 1920년대와 1930년대 초의 미국을 중남부유럽에서 부상하던 흉악한 정권들과 관련하여 정확히 어떻게 바라보면 좋을까? 존 P. 디긴스의 *Mussolini and Fascism: The View from America*(Princeton: Princeton University Press, 1972)는 미국의 초기 뉴딜 정책이 이탈리아 파시스트 정권이 제공하는 모델에 상당한 관심을 기울였다는 불편한 이슈를 연구한 선구적인 저서다. 나 역시 다음 논문에서 같은 주제를 다룬 바 있다. James Q. Whitman, "Of Corporatism, Fascism and the First New Deal," *American Journal of Comparative Law* 39 (1991): 747~778. 뉴딜 정책과 나치식 통치 및 대공황 문제 접근법의 유사성은 존 개러티의 "The New Deal, National Socialism, and the Great Depression," *American Historical Review* 78 (1973): 907~944, 그리고 볼프강 시벨부슈의 *Three New Deals: Reflections on Roosevelt's America, Mussolini's Italy, and Hitler's Germany, 1933~1939*, trans. Jefferson Chase (New York: Metropolitan, 2006)에서 다루고 있다. 그러나 이 같은 연구가 뉴딜 정책에 불명예를 안기는 것으로 간주되어서는 안 된다. 진지한 학자라면 아무도 1930년대 초의 미국을 파시스트 국가라고 부르지 않을 것이다. 그럼에도 학술 연구들이 미국과 유럽에 유사점이 존재했다는 사실을 보여주었다고 말하는 것은 공정하며, 그 연구들이 제기한 문제점에 대해 충분히 만족할만한 답변을 제시하는 일은 결코 쉽지 않다.

아이라 캐츠넬슨은 두 권의 논란 많은 저서 *Fear Itself: The New Deal and the Origins of Our Time*(New York: Liveright, 2013), 그리고 *When Affirmative Action Was White: An Untold History of Racial Inequality in Twentieth-Century America*(New York: Norton, 2005)에서 뉴딜 개혁가와 미국 남부 민주당 인종주의자들의 정치적 결탁을 지적하며

더욱 곤혹스러운 의문을 제기한다. 한편 몇몇 역사학자들은 진보 시대와 뉴딜 시대 초기의 "과학적 인종주의" 및 우생학의 중요성을 강조해왔다. 주요 미국 법사상가들이 우생학에 이끌린 점에 관한 논의의 출발점은 홈스 대법관이 "정신박약은 3대면 족하다"고 선언한 것으로 악명 높은 벅 대 벨 판례(Buck v. Bell, 274 US 200, 1927)이다. 빅토리아 누스의 *In Reckless Hands: Skinner v. Oklahoma and the Near Triumph of American Eugenics*(New York: Norton, 2008)에서 제공되는 풍부한 자료도 생생하고 흥미로운 연구 결과를 드러낸다. 데이비드 번스타인의 논란 많은 저서 *Rehabilitating Lochner: Defending Individual Rights against Progressive Reform*(Chicago: University of Chicago Press, 2011)는 법조계에 도사린 진보주의의 어두운 단면을 보여주고 있으며, 한편 토머스 C. 레너드의 *Illiberal Reformers: Race, Eugenics and American Economics in the Progressive Era*(Princeton: Princeton University Press, 2016)는 경제 분야를 살핀다.

위의 모든 문헌들은 20세기 초 미국의 지성과 정치를 우리가 바라던 것보다 어둡게 묘사하고 있다. 이 책 역시 마찬가지다.

옮긴이의 글

2018년 1월 11일 도널드 트럼프 미국 대통령은 백악관에서 의원들과 이민 문제를 논의하는 자리에서 미국에 임시보호 지위로 머물고 있는 아이티와 여러 아프리카 국가 출신자에게 비자를 주자는 일부 의원들의 의견에 화를 내며 "우리가 왜 거지소굴(shithole) 나라에서 오는 사람들을 받아줘야 하느냐, 노르웨이 같은 나라에서 오는 이주민을 더 많이 받아야 한다"고 발언해 논란이 됐다.

트럼프의 인종차별 발언은 그뿐만이 아니었다. 대선 기간은 물론 대통령에 취임한 후에도 그는 "멕시코 이민자는 강간범에 마약 밀매범", "아이티 이민자들은 전부 에이즈 보균자", "나이지리아 사람들은 일단 미국에 오면 자기네 오두막으로 돌아가려 하지 않는다"는 등 원색적인 발언을 일삼았다.

한편, KKK 대표를 지낸 적이 있는 유명한 극우 인종주의자 데이비드 듀크는 대선 기간에 공공연히 트럼프를 지지했고, 트럼프는 지난 2017년

8월에 버지니아주 샬러츠빌에서 백인 우월주의자들이 반유대주의 구호를 외치며 대규모 폭력 시위를 일으켜 사상자가 발생했을 때에도 극우와 그 반대 진영 "양측 모두의 책임"이라는 말로 백인 우월주의 단체를 두둔했다. 여기에 듀크는 대통령이 솔직하게 진실을 말해서 감사하다는 트윗을 날렸다.

예나 지금이나 미국 사회의 그늘에 늘 인종주의가 도사리고 있다는 것은 전혀 새로운 이야기가 아니지만, 인종주의가 백악관의 옹호까지 받아가며 이렇게 노골적으로 전면에 모습을 드러내고 정당성과 진실성을 인정받으려고 시도하는 모습을 보고 있자니 시곗바늘이 몇십 년 거꾸로 돌아간 듯 플래시백을 보는 것만 같다.

더욱 염려스러운 현상은 이런 미국을 유럽의 극우가 새삼 긍정적인 눈으로 바라보고 있다는 점이다. 트럼프가 대통령에 당선된 직후인 2017년 1월, 독일 코블렌츠에서 유럽 극우당이 한자리에 모였다. 최근에 크게 득세한 독일의 극우 정당 '독일을 위한 대안'(AfD)의 주선으로 이루어진 이 행사에는 프랑스의 국민전선, 이탈리아의 북부동맹, 네덜란드의 자유당 등이 참여했다.

이 자리에 참석한 프랑스 국민전선의 당수 마린 르펜은 트럼프의 당선을 환영하고 그보다 앞서 영국에서 있었던 '브렉시트'(Brexit) 투표를 함께 칭찬하면서 "2016년은 앵글로색슨 나라들이 잠에서 깨어난 해였고, 2017년 유럽 대륙이 깨어날 해"라고 선언했다. 그리고 유럽 유권자들은 미국과 영국의 사례를 따라야 한다고 촉구했다. 이제껏 그늘에서 조심스럽게 행동하던 유럽 극우는 도널드 트럼프의 대통령 당선을 계기로 이렇게 무대 중앙에 나와 집중 조명을 받는 일을 더는 꺼리지 않게 되었다. 이들이 트럼프를 영웅으로 여길 만도 했다.

유럽 극우 정치인들은 지금도 기회가 있을 때마다 트럼프의 인종차별적인 반이민, 반이슬람 정책을 비롯한 포퓰리즘 정책 전반을 칭찬하고 있으며, 유럽 극우 언론매체의 어조에서도 같은 경향을 읽어낼 수 있다. 이들이 트럼프라는 인물 개인을 특별히 좋아해서가 아니다. 미국에서 트럼프가 떠오른 현상에서 자기들이 배울 점이 있다고 보고 그것을 분석해 정치적으로 유용하게 활용하려는 것이다. 이 책을 한창 번역 중이던 나의 머릿속에서는 바로 이 부분이 과거에 나치 독일이 미국을 바라보던 시각과 겹쳐졌다.

이 책에서 자세히 소개되는 바와 같이 1930년대에 나치를 비롯한 유럽의 극우들은 미국의 '앞서가던' 인종분리 정책과 인종차별적인 이민법, 시민권법, 혼혈금지법 등을 살펴보며 자기들이 얻어갈 점이 무엇인지 연구했다. 요즘 돌아가는 상황을 관찰해보면 유감스럽게도 그런 현상은 지금도 계속되고 있는 듯하다. "노르웨이 같은 나라에서 오는 이주민을 더 많이 받아야 한다"는 트럼프의 언급은 북구인에게 가장 많은 이민자를 할당했던 1920년대의 미국 이민할당법을 연상시키고, 그따위 언급에 박수를 보내며 "잠에서 깬 앵글로색슨" 운운하는 유럽 극우는 미국을 경멸하면서도 배울 점은 배워야 한다고 주장하던 나치 지도자들을 떠올리게 한다.

이 책에서 펼쳐지는 독특한 역사의 한 단편은 그런 의미에서 독자들이 미처 인식하지 못했던 부분을 조명한다. 자유민주주의의 수호자인 줄로 알았던 미국이 실은 나치 독일에 실제적인 모델과 영감을 제공했고, 유감스럽게도 그런 현상은 지금도 일정 부분 되풀이되고 있다는 점이다. 역사로부터 배우지 못하면 같은 잘못을 되풀이하게 마련이라는 말이 단지 상투적인 격언만은 아니라는 생각이 부쩍 드는 시절이다.

2018년 봄
노시내

주

서론

1　Johnpeter Horst Grill and Robert L. Jenkins, "The Nazis and the American South in the 1930s: A Mirror Image?," *Journal of Southern History* 58, no. 4(November 1992): 667~ 694.

2　George Fredrickson, *Racism: A Short History*(Princeton: Princeton University Press, 2002), 2, 129; Judy Scales-Trent, "Racial Purity Laws in the United States and Nazi Germany: The Targeting Process," *Human Rights Quarterly* 23(2001): 259~307.

3　Mark Mazower, *Hitler's Empire: How the Nazis Ruled Europe*(New York: Penguin, 2008), 584, 1장에서 더욱 상세히 다루고 있다. 2002년에 한 학생이 발표한 날카로운 추측을 담은 논문도 참조하라. Bill Ezzell, "Laws of Racial Identification and Racial Purity in Nazi Germany and the United States: Did Jim Crow Write the Laws That Spawned the Holocaust?," *Southern University Law Reivew* 30(2002~3): 1~13.

4　Andreas Rethmeier, *"Nürenberger Rassegesetze" und Entrechtung der Juden im Zivilrecht*(New York: Lang, 1995), 138~139.

5　Ibid., 139.

6　Ibid.

7   Richard Bernstein, "Jim Crow and Nuremberg Laws," *H-Judaica*, March 31, 1999. http://h-net.msu.edu/cgi-bin/logbrowse.pl?trx=vx&list=H-Judaic&month=9903&week=e&msg=BHhgu7G7S8og2GgfCEpHNg&user=&pw=.

8   *H-Judaica*, March 31, 1999, Bernstein, "Jim Crow and Nuremberg Laws"에 인용됨.

9   Jens-Uwe Guettel, *German Expansionism, Imperial Liberalism, and the United States, 1776~1945*(Cambridge: Cambridge University Press, 2012), 204~206.

10   Retmeier, *"Nürenberger Rassegesetze,"* 140. 이와 비슷한 분석으로서 다음의 문헌이 미국에 대한 나치의 참고를 다루고 있어 흥미롭다. Michael Mayer, *Staaten als Täter. Ministerialbürokratie und "Judenpolitik" in NS-Deutschland und Vichy Frankreich. Ein Vergleich*(Munich: Oldenbourg, 2010), 101.

11   Karl Felix Wolff, *Rassenlehre. Neue Gedanken zur Anthropoligie, Politik, Wirtschaft, Volkspflege und Ethik*(Leipzig: Kapitzsch, 1927), 171, 173. 그러나 볼프는 인종이 뒤섞이는 현상으로 인해 미국은 몰락할 수밖에 없다고 믿었다. 국제사회에서 유럽이 미국을 바라보던 시각에 관해서는 다음을 참조하라. Adam Tooze, *The Deluge: The Great War, America and the Remaking of the Global Order, 1916~1931*(New York: Penguin, 2014).

12   예컨대 Wahrhold Drascher, *Die Vorherrschaft der Weissen Rasse*(Stuttgart: Deutsche Verlags-Anstalt, 1936), 340; Michael Kater, *Different Drummers: Jazz in the Culture of Nazi Germany*(Oxford: Oxford University Press, 1992), 29~56. 미국 포디즘과 산업사회에 관한 독일의 관심에 관해서는 다음을 참조하라. Mary Nolan, *Visions of Modernity: American Business and the Modernization of Germany*(New York: Oxford University Press, 1994); Volker Berghahn, *Industriegesellschaft und Kulturtransfer: Die deutsch-amerikanischen Beziehungen im 20. Jahrhundert*(Götingen: Vandenhoeck & Ruprecht, 2010), e.g., 28~29.

13   Hitler, *Mein Kampf*, 143, 144 ed.(Munich: Eher, 1935), 479(= Hitler, *Mein Kampf. Eine kritische Edition*, ed. Christian Hartmann, Thomas Vordermayer, Othmar Plöckinger, and Roman Töppel [Munich: Institut für Zeitgeschichte, 2016], 2: 1093~1095).

14   Victoria de Grazia, *Irresistible Empire: America's Advance through Twentieth Century Europe*(Cambridge, MA: Harvard Universtiy Press, 2005); Egbert Klautke, *Unbegrenzte Möglichkeiten. "Amerikanisierung" in Deutschland und Frankreich(1900~1933)*(Wiesbaden: Steiner, 2003).

15   이 인용문들의 출처는 나치당 기관지 『푈키셔 베오바흐터』(*Völkischer Beobachter*)로 Hans-Jürgen Schröder, *Deutschland und die Vereinigten Staaten 1933~1939; Wirtschaft und Politik in der Entwicklung des deutschamerikanischen Gegensatzes*(Wiesbaden: Steiner, 1970), 93~119에 담겨 있다. 데틀레프 융커는 1937년 10월 격리 연설을

전환점으로 본다. Detlef Junker, "Hitler's Perception of Franklin D. Roosevelt and the United States of America," in *FDR and His Contemporaries: Foreign Perceptions of an American President*, ed. Cornelius A. van Minnen and John F. Sears(New York: St. Martin's, 1992), 143~156, 150, 151; Klaus P. Fischer, *Hitler and America*(Philadephia: University of Pennsylvania Press, 2011), 65~69. 추가 논의는 1장 28번 주를 볼 것.

16 Schröder, *Deutschland und die Vereinigten Staaten*, 93~119. "파시스트 뉴딜"에 관해서는 다음을 참조하라. James Q. Whitman, "Commercial Law and the American Volk: A Note on Llewellyn's German Sources for the Uniform Commercial Code," *Yale Law Journal* 97(1987): 156~175, 170. 유럽 진보파들도 물론 뉴딜에 관심이 있었다. Daniel Rodgers, *Atlantic Crossings: Social Politics in a Progressive Age*(Cambridge, MA: Harvard University Press, 1998), 410, 411.

17 Detlef Junker, "The Continuity of Ambivalence," in *Transatlantic Images and Perceptions: Germany and America since 1776*, ed. David E. Barclay and Elisabeth Glaser-Schmidt (New York: Cambridge University Press, 1997), 246.

18 Wulf Siewert, "Amerika am Wendepunkt," *Wille und Macht*, April 15, 1935, 22.

19 Junker, "Hitler's Perception of Franklin D. Roosevelt"가 1937년 격리 연설에 주목하는 데 반해, Steven Casey, *Cautious Crusade: Franklin D. Roosevelt, American Public Opinion, and the War against Nazi Germany*(New York: Oxford University Press, 2001), 40은 1939년까지 FDR이 히틀러 규탄을 꺼렸던 점을 기록한다. ibid., 9를 참조할 것. 이와는 대조적으로 필리프 가세르트는 다소 확신 없이 1936년 1월 미국 대통령 국정 연설을 지목한다. Gassert, " 'Without Concessions to Marxist or Communist Thought': Fordism in Germany, 1923~1939," in Barclay and Glaser-Schmidt, *Transatlantic Images and Perceptions*, 238.

20 Ira Katznelson, *Fear Itself: The New Deal and the Origins of Our Time*(New York: Liveright, 2013).

21 인종주의 공유를 바탕으로 친선을 도모하고자 했던 시도에 관해서는 다음을 참조. Waldemar Hartmann, "Deutschland und die USA. Wege zu gegenseitigem Verstehen," *Nationalsozialistische Monatshefte* 4(November 1933): 493, 494.

22 Katznelson, *Fear Itself*, 126~127. 미국 대통령에 대한 찬사를 유럽의 다른 지역에서도 찾아볼 수 있다는 점 또한 중요하다. David Ellwood, *The Shock of America: Europe and the Challenge of the Century*(New York: Oxford University Press, 2012), 186~193.

23 공통점과 영향에 관한 연구로는 다음을 참조. John Garraty, "The New Deal, National Socialism, and the Great Depression," *American Historical Review* 78(1973): 907~944; Wolfgang Schivelbusch, *Three New Deals: Reflections on Roosevelt's America, Mussolini's Italy, and Hitler's Germany, 1933~1939*, trans. Jefferson Chase(New York: Metropolitan,

2006); 이탈리아에 관해서는 다음을 참조. James Q. Whitman, "Of Corporatism, Fascism and the First New Deal," *American Journal of Comparative Law* 39(1991): 747~778.

24 Grill and Jenkins, "Nazis and the American South."

25 전쟁 와중에 이행된 이 정책과 독일 법사상적 기반에 관해서는 다음을 참조. Christian Merkel, *"Tod den Idioten"- Eugenik und Euthanasie in juristischer Rezeption vom Kaiserreich zur Hitlerzeit*(Berlin: Logos, 2006), 20, 21 및 그 외 여러 곳.

26 Stefan Kühl, *The Nazi Connection: Eugenics, American Racism, and German National Socialism*(New York: Oxford University Press, 1994), 37 및 그 외 여러 곳.

27 예컨대 Randall Hansen and Desmond King, "Eugenic Ideas, Political Interest and Policy Variance: Immigration and Sterilization Policy in Britain and the U.S.," *World Politics* 53, no. 2(2001): 237~263; Véronique Mottier, "Eugenics and the State: Policy-Making in Comparative Perspective," in *Oxford Handbook of the History of Eugenics*, ed. Alison Bashford and Philippa Levine(New York: Oxford University Press, 2010), 135.

28 Timothy Snyder, *Black Earth: The Holocaust as History and Warning*(New York: Tim Duggan Books, 2015), 12.

29 Ibid.

30 다음 문헌에서 부분적으로 인용되고 논의됨. Ian Kershaw, *Fateful Choices: Ten Decisions That Changed the World*(New York: Penguin, 2007), 386, 387; cf. Carroll P. Kakel, *The American West and the Nazi East: A Comparative and Interpretive Perspective*(New York: Palgrave Macmillan, 2011), 1. 커쇼가 인용한 문장을 내가 Adolf Hitler, *Reden, Schriften, Anordnungen*(1928; Munich: Saur, 1994), 3: 1, p.161를 참조하여 좀 더 내용을 추가하고 번역도 다소 고쳤음.

31 Kakel, American West and the Nazi East, 1-2; David Blackbourn, "The Conquest of Nature and the Mystique of the Eastern Frontier in Germany," in *Germans, Poland, and Colonial Expansion in the East*, ed. Robert Nelson(New York: Palgrave Macmillan, 2009), 152, 153; Alan Steinweis, "Eastern Europe and the Notion of the 'Frontier' in Germany to 1945," *Yearbook of European Studies* 13(1999): 56~70; Philipp Gassert, *Amerika im Dritten Reich: Ideologie, Propaganda und Volksmeinung, 1933~1945*(Stuttgart: Steiner, 1997), 95~97.

32 Guettel, *German Expansionism*, 193~195, 209~211는 제시되는 수많은 예시들을 부인하면서 이 문헌을 무시하고자 하지만 설득력이 없다.

33 Norman Rich, "Hitler's Foreign Policy," in *The Origins of the Second World War Reconsidered: The A. J. P. Taylor Debate after Twenty-Five Years*, ed. Gordon Martel(Boston: Allen & Unwin, 1986), 136.

34 1933년 Preußische Denkschrift의 2장 및 다른 문헌과 토의를 참조.

35 Gustav Klemens Schmelzeisen, *Das Recht im Nationalsozialistischen Weltbild. Grundzüge des deutschen Rechts*, 3rd ed.(Leipzig: Kohlhammer, 1936), 84.

36 2장 참조.

37 Bernstein, "Jim Crow and Nuremberg Laws"에 인용.

38 예를 들어 David Dyzenhaus, *Legality and Legitimacy: Carl Schmitt, Hans Kelsen and Hermann Heller in Weimar*(Oxford: Oxford University Press, 1997), 100에 나온 언급 참조.

39 파운드에 관해서는 Stephen H. Norwood, *The Third Reich in the Ivory Tower*(Cambridge and New York: Cambridge University Press, 2009), 56, 57; 그리고 미국의 나치즘에 관한 개괄적 논의는 다음을 참조. Sander A. Diamond, *The Nazi Movement in the United States, 1924~1941*(Ithaca, NY: Cornell University Press, 1974).

40 Hermann Ploppa, *Hitlers Amerikanische Lehrer: Die Eliten der USA als Geburtshelfer der Nazi-Bewegung*(Sterup: Liepsen, 2008).

1장 나치 깃발과 나치 시민의 창조

1 Hitler, *Mein Kampf*, 143~144 ed.(Munich: Eher, 1935), 313, 314. 더 초기 버전은 다음을 참조. Hitler, *Mein Kampf. Eine kritische Edition*, ed. Christian Hartmann, Thomas Vordermayer, Othmar Plöckinger, and Roman Töppel(Munich: Institute für Zeitgeschichte, 2016), 1: 743 및 주35의 논의.

2 "Reich Adopts Swastika as Nation's Official Flag; Hitler's Reply to 'Insult,'" *New York Times*, September 16, 1935, A1.

3 예컨대 Wilhelm Stuckart, "Nationalsozialismus und Staatsrecht," in *Grundlagen, Aufbau und Wirtschaftsordnung des nationalsozialistischen Staates*, ed. H.-H. Lammers et al.(Berlin: Spaeth & Linde, 1936), 15: 23; *Meyers Lexikon*, 8th ed.(Leipzig: Bibliographisches Institut, 1940), 8: 525, s.v. "Nürenberger Gesetze."

4 Jay Meader, "Heat Wave Disturbing Peace, July 1935 Chapter 111," *New York Daily News*, June 13, 2000, http://www.nydailynews.com/archives/news/heat-wave-disturbing-peace-july-1935-chapter-111-article-1.874082. 더 총체적인 역사에 관해서는 다음을 참조. Klaus P. Fischer, *Hitler and America*(Philadelphia: University of Pennsylvania Press, 2011, 50-52; Thomas Kessner, *Fiorello H. La Guardia and the Making of Modern New York*(New York: McGraw-Hill, 1989), 401, 402.

5   "Text of Police Department's Report on the Bremen Riot," *New York Times*, August 2, 1935. 브레멘호와 자매 여객선 오이로파호에 관해서는 다음을 참조. Arnold Kludas, *Record Breakers of the North Atlantic: Blue Riband Liners, 1838~1952*(London: Chatham, 2000), 109~117.

6   *U.S. Department of State. Press Releases*(1935), 101.

7   예컨대 다음을 참조. Fischer, *Hitler and America*, 49.

8   "Louis B. Brodsky, 86, Former Mgistrate," *New York Times*, May 1, 1970, 35. 그의 정확한 졸업 일자에 관해서는 다음을 참조. "New York University Commencement," *New York Times*, June 7, 1901, 9.

9   Detlef Sahm, *Die Vereinigten Staaten von Amerika und das Problem der nationalen Einheit*(Berlin: Buchholz & Weisswange, 1936), 92~96.

10 존 F. 하일런 시장과 지미 워커 시장에 의해 차례로 임명되었던 일에 관해서는 다음을 참조. "Louis B. Brodsky, 86, Former Magistrate," *New York Times*, May 1, 1970, 35.

11 New York Inferior Criminal Courts Act, Title V. §§70, 70a, *Code of Criminal Procedure of the State of New York*, 20th ed.(1920).

12 Herbert Mitgang, *The Man Who Rode the Tiger: The Life and Times of Judge Samuel Seabury*(New York: Lippincott, 1963), 190, 191. 브로드스키는 투기로 꽤 많은 재산을 모았던 듯하다.

13 Terry Golway, *Machine Made: Tammany Hall and the Creation of Modern American Politics*(New York: Liveright, 2014), e.g., 253, 254.

14 Jay Gertzman, *Bookleggers and Smuthounds: The Trade in Erotica, 1920~1940*(Philadelphia: University of Pennsylvania Press, 1999), 167.

15 "Court Upholds Nudity. No Longer Considered Indecent in Nightclubs, Magistrate Says," *New York Times*, April 7, 1935, F17.

16 Ibid.

17 "Brodsky Releases 5 in Bremen Riot," *New York Times*, September 7, 1935, 1, 5.

18 예컨대 "U.S. Apology for Reich. Hull Expresses Regrets on Brodsky Remarks," *Montreal Gazette*, September 16, 1935. 개괄적 상황은 다음에 실린 문헌들을 참조. *Foreign Relations of the United States*(1935), 2: 485~490.

19 예컨대 다음을 참조. Ian Kershaw, *Hitler, 1889~1936: Hubris*(New York: Norton, 1999), 419~468.

20 Erlaß des Reichspräsidenten über die vorläufige Regelung der Flaggenhissung(vom 12, März 1933), Reichsgesetzblatt(1933), 1: 103.

21 여기서 나는 다음의 분석을 따르고 있다. Dirk Blasius, *Carl Schmmitt: Preussischer Staatsrat in Hitlers Reich*(Göttingen: Vandenhoeck & Ruprecht, 2001), 109.

22 Gobbels, entry for September 9, 1935, in *Tagebücher*, ed. Angela Hermann, Hartmut
    Mehringer, Anne Munding, and Jana Richter(Munich: Institut für Zeitgeschichte,
    2005), 3/1. Discussed in Peter Longerich, *Politik der Vernichtung. Eine Gesamtdarstellung
    der nationalsozialistischen Judenverfolgung*(Munich: Piper, 1998), 622n198.

23 Johannes Stoye, USA. *Lernt Um! Sinn und Bedeutung der Roosevelt Revolution*(Leipzig:
    W. Goldmann, 1935), 140.

24 예컨대 다음을 참조. Arthur Holitscher, *Wiedersehen mit Amerika*(Berlin: Fischer, 1930),
    45~49.

25 "전적으로 올바르고 명예로운"(thoroughly decent and honorable)은 "in loyalster
    Weise"를 내가 번역한 것이다. Max Domarus, *Hitler: Reden und Proklamationen,
    1942~1945*(Neustadt a.d. Aisch, 1962), 1: 537.

26 Hitler, in ibid., 1: 536, 537.

27 Ibid., 1: 538: "wir bedauern das amerikanische Volk darum, daß es gezwungen war, einer
    solchen Verunglimpfung zuzusehen." "괘씸한 유대인" 브로드스키에 관해서는. ibid.
    참조.

28 Philipp Gassert, "'Without Concessions to Marxist or Communist Thought': Fordism in
    Germany, 1923~1939," in *Transatlantic Images and Perceptions: Germany and America
    since 1776*, ed. David E. Barclay and Elisabeth Glaser-Schmidt(New York: Cambridge
    University Press, 1997), 239. 1937년을 전환점으로 보는 시각에 관해서는 다음을
    참조. Junker, "Hitler's Perception of Franklin D. Roosevelt," 150~151; Fischer, *Hitler and
    America*, 65~69.

29 Albrecht Wirth, *Völkische Weltgeschichte(1879~1993)*(Braunschweig: Westermann,
    1934), 10. 간명히 하기 위해 "Westarier"는 그냥 "아리안"(Aryan)으로 번역했다.
    이 구절은 힌덴부르크 흉상을 표지에 담고 있는 비르트(Wirth)의 1924년 판본에
    이미 등장했다. Wirth, *Völkische Weltgeschichte*, 5th ed.(Braunschweig/Hamburg:
    Westermann, 1924), 10.

30 Thurgood Marshall, "Reflections on the Bicentennial of the United States Constitution,"
    Harvard Law Review 101(1987): 2.

31 Wahrhold Drascher, *Die Vorherrschaft der Weissen Rasse*(Stuttgart: Deutsche Verlags-
    Anstalt, 1936), 159~160. For Drascher and his "vielbeachtetes, von der Parteijedoch nicht
    einhellig gutgeheißenes Buch," Albrecht Hagemann, *Südafrika und das "Dritte Reich"*
    (Frankfurt: Campus, 1989), 117, 118.

32 Drascher, *Vorherrschaft der Weissen Rasse*, 339.

33 Ibid., 217.

34 Alfred Rosenberg, "Die rassische Bedingtheit der Aussenpolitik," *Hochschule und*

Ausland, October 1933, 8, 9.

35 Hitler, *Mein Kampf*, 313, 314. 1930년 이전까지는 이 부분이 "인종 오염의 희생자가 되지 않는 한"이 아니라 "인종 오염의 희생자가 될 때까지"로 되어 있었다. 아마도 그 사이 히틀러가 미국이 하나의 인종 국가로서 존속할 가능성을 좀 더 인정하게 된 것으로 보인다. 다음을 참조. Hitler, *Mein Kampf. Eine kritische Edition*, 1: 743.

36 예컨대 드라셔(Drascher)는 미국이 백인 우월주의에 좀 더 충실해졌다는 징조를 드러낸 것으로 믿었지만, 미국은 자국 국경 내에 머물면서 백인 우월주의를 위한 전 세계적 투쟁에는 기여하지 않을 것으로 보았다. See Drascher, *Vorherrschaft der WeissenRasse*, 294~95; and for the uncertainty about whether the United States would remain faithful to the racist cause, see ibid., 351.

37 Waldemar Hartmann, "Deutschland und die USA. Wege zu gegenseitigem Verstehen," *Nationalsozialistische Monatshefte* 4(November 1933): 481~494; Hartmann, "Politische Probleme der U.S.A.," *Nationalsozialistische Monatshefte* 4(November 1933): 494~506; Karl Bömer, "Das neue Deutschland in der amerikanischen Presse," *Nationalsozialistische Monatshefte* 4(November 1933): 506~509.

38 Reichsgesetzblatt(1935), 1: 1146, https://de.wikisource.org/wiki/Reichsb%C3%BCrgergesetz.

39 Domarus, *Hitler*, 1: 538.

40 나는 단순화를 위해 Zuchthaus를 "강제노동"(hard labor)이라고 번역했다. Zuchthaus의 더 구체적인 의미에 관해서는 다음을 참조. James Q. Whitmann, *Harsh Justice: Criminal Punishment and the Widening Divide between America and Europe*(New York: Oxford University Press, 2003), 132.

41 Reichsgesetzblatt(1935), 1: 1146, https://de.wikisource.org/wiki/Gesetz_zum_Schutze_des_deutschen_Blutes_und_der_deutschen_Ehre.

42 "Nazis Bar Jews as Citizens; Make Swastika Sole Flag in Reply to Insult," *New York Herald Tribune*, September 16, 1935, 1.

43 인종분리에 대한 의례적인 초점을 넘어서는 설명에 관해서는 다음을 참조. Ariela J. Gross, *What Blood Won't Tell: A History of Race on Trial in America*(Cambridge, MA: Harvard University Press, 2008), 5~7.

44 347 US 483(1954).

45 163 US 537(1896).

46 서론 참조.

47 예컨대 James E. Falkowski, *Indian Law/Race Law: A Five-Hundred Year History*(New York: Praeger, 1992), 47~80.

48 Ian Heney López, *White by Law*(New York: New York University Press, 2006), 27, 28.

49 예컨대 Christopher Waldrep, "Substituting Law for the Lash: Emancipation and Legal Formalism in a Mississippi County Court," *Journal of American History* 82(1996): 1425~1451, 1426; Bruce Ackerman and Jennifer Nou, "Canonizing the Civil Rights Revolution: The People and the Poll Tax," *Northwestern Law Review* 103(2009): 63~148.

50 아래 "American Second-Class Citizenship" 참조.

51 Peggy Pascoe, *What Comes Naturally: Miscegenation Law and the Making of Race in America*(Oxford: Oxford University Press, 2009).

52 388 US 1(1967).

53 Haney López, *White by Law*, 27~34.

54 Immigration and Nationality Act of 1965(Pub. L. 89~236, 79 Stat. 911, enacted June 30, 1968). 자유화의 한계에 관해서는 다음을 참조. Christian Joppke, *Selecting by Origin: Ethnic Migration in the Liberal State*(Cambridge, MA: Harvard University Press, 2005), 57~59.

55 Stefan Kühl, *The Nazi Connection: Eugenics, American Racism, and German National Socialism*(New York: Oxford University Press, 1994), 21, 22, 38, 39.

56 An Act to Establish a Uniform Rule of Naturalization, ch.3, 1 Stat. 103(1790). 1790년 법의 역사적 중요성에 관해서는 다음을 참조. David Scott Fitzgerald and David Cook-Martin, *Culling the Masses: The Democratic Origins of Racist Immigration Policy in the Americas*(Cambridge, MA: Harvard University Press, 2014), 82; 인종을 기준으로 한 이민과 귀화 역사에서 이 법이 차지하는 위치에 관해서는 다음을 참조. Haney López, *White by Law*, 31; 그 제정 시기에 이 법의 속성이 "논란거리가 아니었던" 점에 관해서는 다음을 참조. Rogers Smith, *Civic Ideals: Conflicting Visions of Citizenship in U.S. History*(New Haven, CT: Yale University Press, 1997), 159, 160; Douglas Bradburn, *The Citizenship Revolution: Politics and the Creation of the American Union, 1774~1804*(Charlottesville: University of Virginia Press, 2009), 260.

57 Heinrich Krieger, *Das Rassenrecht in den Vereinigten Staaten*(Berlin: Junker & Dünn-haupt, 1936), 74. 프랑스에 이민 금지법이 없었던 점에 관해서는 다음을 참조. Peter Sahlins, *Unnaturally French: Foreign Citizens in the Old Regime and After*(Ithaca, NY: Cornell University Press, 2004), 183, 184. 그러나 1777년 8월 9일에 내려진 포고령은 개인이 두는 하인을 제외한 "흑인, 흑백혼혈인 및 유색인종"이 프랑스에 입국하는 것을 금지했었다는 점을 일러둔다. Joseph-Nicolas Guyot, *Repertoire Universel et Raisonné de Jurisprudence*(Paris: Panckoucke, 1778), 23: 383~386. 프랑스 혁명기의 대조적인 분위기에 관해서는 다음을 참조. Robert Forster, "Who is a Citizen?," *French Politics and Society* 7(1989): 50~64. 대서양의 전반적인 역사와 이루는 대조에 관해서는 다음을 참조. Alan Taylor, *American Revolutions: A Continental History, 1750~1804*(New York:

Norton, 2016), 21~23.

58 Otto Koellreutter, *Grundriß der allgemeinen Staatslehre*(Tübingen: Mohr, 1933), 51.

59 Gerald L. Neuman, "The Lost Century of American Immigration Law(1776~1875),"
Columbia Law Review 93(1993): 1866, 1867.

60 Tyler Anbinder, *Nativism and Slavery: The Northern Know Nothings and the Politics of the
1850's*(New York: Oxford University Press, 1992), 136.

61 Philip P. Choy, Marlon K. Hom, and Lorraine Dong, eds., *The Coming Man: 19th Century
American Perceptions of the Chinese*(Seattle: University of Washington Press, 1994),
123; M. Margaret McKeown and Emily Ryo, "The Lost Sanctuary: Examining Sex
Trafficking through the Lens of United States v. Ah Sou," *Cornell International Law
Journal* 41(2008): 746; Ernesto Hernández-López, "Global Migrations and Imagined
Citizenship: Examples from Slavery, Chinese Exclusion, and When Questioning
Birthright Citizenship," *Texas Wesleyan Law Review* 14(2008): 268.

62 Andrew Gyory, *Closing the Gate: Race, Politics, and the Chinese Exclusion Act*(Chapel Hill:
University of North Carolina Press, 1998), 1.

63 Cal. Const. of 1879, art.XIX, §4(repealed 1952); Iris Chang, *The Chinese in America*(New
York: Viking, 2003), 43~45, 75, 119, 120, 176.

64 Chinese Exclusion Act of 1882, ch. 126, 22 Stat. 58, repealed by Chinese Exclusion
Repeal Act of 1943, ch. 344, §1, 57 Stat. 600; *Chae Chan Ping v. United States*, 130 US
581(1889)(The Chinese Exclusion Case)(upholding the Chinese Exclusion Act of 1888 ch.
1015, 25 Stat. 476).

65 Sucheng Chan, *Entry Denied: Exclusion and the Chinese Community in America,
1882~1943*(Philadephia: Temple University Press, 1991), vii-viii; Terri Yuh-lin Chen,
"Hate Violence as Border Patrol: An Asian American Theory of Hate Violence," *Asian
American Law Journal* 7(2000): 69~101; Ronald T. Takaki, *Strangers from a Different
Shore: A History of Asian Americans*(Boston: Little, Brown, 1989), 203.

66 An Act to Amend the Immigration Laws of the United States, H.R. 7864, 54th
Cong.(1896).

67 Grover Cleveland, Message from the President of the United States, Returning to the
House of Representatives, without his approval House Bill numbered 7864, entitled "An
Act to Amend the Immigration Laws of the United States," S. Doc. No. 54~185, at 1~4(2d
sess. 1897).

68 An Act to Regulate the Immigration of Aliens to, and the Residence of Aliens in, the
United States("Asiatic Barred Zone Act"), H.R. 10384, Pub. L. 301, 39 Stat. 874., 64th
Cong.(1917).

69 An Act to Limit the Immigration of Aliens into the United States("Emergency Quota Act"), H.R. 4075, 77th Cong. Ch.8(1921).

70 An Act to Limit the Immigration of Aliens into the United States, and for Other Purposes("The 1924 Immigration Act"), H.R. 7995; Pub.L. 68~139; 43 Stat. 153., 68th Cong.(1924).

71 Mae Ngai, "The Architecture of Race in American Immigration Law: A Reexamination of the Immigration Act of 1924," *Journal of American History* 86(1999): 69. 다음의 논문은 1921년 법이 인종주의 정책을 최대한 저지하려고 의도했다는 점을 보여준 중요한 논문이다. Son Thierry Ly and Patrick Weil, "The Anti-Racist Origin of the Quota System," *Social Research* 77(2010): 45~78. 그러나 본서의 목적과 관련해 여기서 중요한 점은 1921년 법이 여전히 인종에 근거한 것이었고, 나치가 이를 인종주의 방침으로 인식했다는 데 있다.

72 John William Burgess, *Political Science and Comparative Constitnutional Law*(London: Ginn & Co., 1890), 1: 42, 다음 문헌에 인용 및 논의됨. Marilyn Lake and Henry Reynolds, *Drawing the Global Colour Line: White Men's Countries and the International Challenge of Racial Equality*(Cambridge: Cambridge University Press, 2008), 139. 개괄적인 조명은 다음을 참조. Aziz Rana, *The Two Faces of American Freedom*(Cambridge, MA: Harvard University Press, 2010), 3 and often.

73 Lake and Reynolds, *Drawing the Global Colour Line*, 164, 315~320.

74 Ibid., 17~45(물론 당시의 빅토리아 식민지에 관해 논한다); Charles A. Price, *The Great White Walls Are Built: Restrictive Immigration to North America and Australasia, 1836~1888*(Canberra: Australian National University Press, 1974).

75 Lake and Reynolds, *Drawing the Global Colour Line*, 71, 72, 119~125.

76 Joppke, *Selecting by Origin*, 34에 인용됨. 미국과 오스트레일리아에 관한 일반적인 설명은 31~49쪽 참조.

77 Fitzgerald and Cook-Martin, *Culling the Masses*, 7.

78 André Siegfried, *Die Vereinigten Staaten von Amerika: Volk, Wirtschaft, Politik*, 2nd ed., trans. C. & M. Loosli-Usteri(Leipzig: Orell Füssli, 1928), 79~108. 미국 이민법 제정의 특징에 관해서는 100쪽 참조. 프랑스어판 원서는 1927년에 출간.

79 예컨대 Jean Pluyette, *La Sélection de l'immigration en France et la doctrine des races*(Paris: Bossuet, 1930), 58~69; M. Valet, *Les Restrictions à l'Immigration*(Paris: Sirey, 1930), 23, 24.

80 Lake and Reynolds, *Drawing the Global Colour Line*, 29, 35, 49~74(브라이스의 영향), 80, 119, 129~131, 138~144, 225, 269.

81 예컨대 다음을 참조. Pierre Wurtz, *La Question de l'Immigration aux États-Unis. Son État*

Actuel(Paris: Dreux and Schneider, 1925), 259, 260.

82   Theodor Fritsch, *Handbuch der Judenfrage*, 26th ed.(Hamburg: Handseatische Druck- und Verlagsanstalt, 1907), 8, 9.

83   Mark Mazower, *Hitler's Empire: How the Nazis Ruled Europe*(New York: Penguin, 2008), 584.

84   아메리카 원주민에 관해서는 다음을 참조. Burt Estes Howard, *Das Amerikanische Bürgerrecht*(Leipzig: Dunker & Humblot, 1904), 35~38; 푸에르토리코인들에 관해서는 다음을 참조. Paul Darmstädter, *Die Vereinigten Staaten von Amerika. Ihre politische, wirtschaftliche und soziale Entwicklung*(Leipzig: Quelle & Meyer, 1909), 208.

85   Dred Scott v. Sandford, 60 US(19 How.) 393(1857), superseded by constitutional amendment, US Const. Amend. XIV.

86   Stephen Breyer, "Making Our Democracy Work: The Yale Lectures," *Yale Law Journal* 120(2011): 2012, 2013("만약 드레드 스콧이 남북전쟁에 어떤 영향을 주었다면, 그것은 전쟁을 막기보다는 일으키는 데 기여했다는 점에 오늘날 대다수의 역사가들이 동의할 것이다"). 그러나 다른 견해도 있다. Jack M. Balkin and Sanford Levinson, "Thirteen Ways of Looking at Dred Scott," *Chicago-Kent Law Review* 82(2007): 67("오늘날 다수가 드레드 스콧이 남북전쟁을 촉발했다고 믿지만 … 전혀 확실하지 않다 — 실제로는 오히려 촉발을 몇 년 미루는 역할을 했을 수도 있다").

87   US Const. Amends. XIV, XV.

88   1850년대에 코네티컷과 매사추세츠는 주 헌법을 개정해 문맹이 아니어야만 선거권과 피선거권을 누릴 수 있다는 요건을 삽입했다. Conn. Const. of 1818, Art. XI(1855); Alexander Keyssar, *The Right to Vote: The Contestd History of Democracy in the United States*(New York: Basic Books, 2000), 144, 145.

89   Lake and Reynolds, *Drawing the Global Colour Line*, 63.

90   문맹이 아니어야 한다는 개정 법률의 요건을 백인 유권자에게는 면제해주고 흑인 유권자에게에게만 적용하는 조부 조항은 1915년에야 비로소 법원에서 위헌 판결을 받았다. *Guinn v. United States*, 238 US 347(1915).

91   예컨대 다음을 참조. Daryl Levinson and Benjamin I. Sachs, "Political Entrenchment and Public Law," *Yale Law Journal* 125(2015): 414.

92   예컨대 다음을 참조. *Breedlove v. Suttles*, 302 US 277, 283(1937), overruled by *Harper v. Virginia State Bd. of Elections*, 383 US 663(1966); *Lassiter v. Northampton Cty. Bd. of Elections*, 360 US 45, 53, 54(1959).

93   Max Weber, "Die Protestantischen Sekten und der Geist des Kapitalismus," reprinted in *Gesammelte Aufsätze zur Religionssoziologie*, 2nd ed.(Tübingen: Mohr, 1922), 1: 207~236, 1: 217.

94 Ibid.

95 Eduard Meyer, *Die Vereinigten Staaten von Amerika. Geschichte, Kulture, Verfassung und Politik*(Frankfurt: Keller, 1920), 93; cf., e.g., Otto Hoetzsch, *Die Vereinigten Staaten von Nordamerika*(Bielefeld/Leipzig: Velhagen & Kalsing, 1904), 174.

96 Robert Michels, *Wirtschafliche und politische Betrachtungen zur alten und neuen Welt*(Leipzig: Gloeckner, 1928), 10 및 개괄적으로 10~12, 29, 30.

97 Konrad Haebler et al., *Weltgeschichte*(Leipzig: Bibliographisches Institut, 1922), 250.

98 Darmstädter, *Die Vereinigten Staaten von Amerika*, 216.

99 Der Grosse Brokaus. *Handbuch des Wissens*, 15th ed.(Leipzig: Brockhaus, 1932), 13: 253, s.v. "Negerfrage"; and e.g., Rudolf Hensel, *Die Neue Welt. Ein Amerikabuch*(Hellerau: Hegner, 1929), 106, 107.

100 1930년대 초에 대한 설명에 관해서는 다음을 참조. Dudley McGovney, "Our Non-citizen Nationals, Who Are They?," *California Law Review* 22(1934): 593~635.

101 Gerald Neuman and Tomiko Brown-Nagin, eds., *Reconsidering the Insular Cases: The Past and Future of the American Empire*(Cambridge, MA: Harvard University Press, 2015).

102 David Ellwood, *The Shock of America: Europe and the Challenge of the Century*(New York: Oxford University Press, 2012), 22~25.

103 예를 들어 Darmstädter, *Die Vereinigten Staaten von Amerika*, 208.

104 Frank Degenhardt, *Zwischen Machtstaat und Völkerbund. Erich Kaufmann(1880~1972)*(Baden-Baden: Nomos, 2008)에 인용됨. 모엘러 반 덴 브루크와 유니클룹과 그가 맺고 있던 관계 등 그의 이력에 관해서는 추가로 다음을 참조. ibid., 124~126. 카를 슈미트와의 관계에 관해서는 다음을 참조. Stefan Hanke, "Carl Schmitt und Erich Kaufmann — Gemeines in Bonn und Berlin," in *Die Juristen der Universität Bonn im "Dritten Reich,"*ed. Mathias Schmoeckel(Cologne: Böhlau, 2004), 388~407; 그의 국가 철학에 대한 평가에 관해서는 다음을 참조. Daniel Kachel, "Das Westen des Staates — Kaufmanns frühe Rechtsphilosophie," in Schmoeckel, *Die Juristen*, 408~424.

105 우리를 사로잡는 또 다른 예시는 물론 제국에 대한 신비주의 우파적 견해를 지니고 있던 에른스트 칸토로비츠다. "나치와 아슬아슬하게 가깝던" 그의 이력과 그를 정치적으로 자리매김하는 데 따르는 복잡함에 관해서는 다음을 참고. Conrad Leyser, "Introduction" to Ernst Kantorowicz, *The King's Two Bodies: A Study in Medieval Political Theology*, new ed., ed. William Chester Jordan(Princeton: Princeton University Press, 2016), ix-xxiii, xiii, 그리고 개괄적으로 xi-xv.

106 Erich Kaufmann, *Auswärtige Gewalt und Koloniale Gewalt in den Vereinigten Staaten von Amerika*(Leipzig: Duncker & Humblot, 1908), 139.

107 Ibid., 156.

108 특히 다음을 참조. Gnaeus Flavius [Hermann Kantorowicz], *Der Kampf um die Rechtswissenschaft*(Heidelberg: Winter, 1906), 7, 8. 그러나 독일 자유사상가들이 미국 법사상가들에게 영향을 미친 보통법을 이상화하고 그것을 기초로 이론을 쌓은 그 교차적 영향에 대해서는 이 책에서는 다루지 않겠다.

109 Kaufmann, *Auswärtige Gewalt*, 11. 물론 카우프만의 저서는 나치 시대에 인용이 허락되지 않았을 터이므로 이것이 미국에 대한 나치의 인식에 영향을 주었는지는 말하기 어렵다.

110 Hugo Münsterberg, *Die Amerikaner*(Berlin: Mittler, 1912), 1: 208, 209.

111 Ernst Freund, *Das öffentliche Recht der Vereinigten Staaten von Amerika*(Tübingen: Mohr, 1911), 62.

112 Ibid., 63, 64. 1922년에 개최된 제4차 코민테른에서도 비슷한 시각이 드러난다는 점을 기억해둘 만한다. *Resolutions and Theses of the Fourth Congress of the Communist International, Held in Moscow, Nov. 7 to Dec. 3, 1922*(London: Communist International, n.d.), 85, 86. 미국법의 이 같은 측면이 국제사회에서 어떤 의미를 띠는지 더 온전히 설명하기 위해서는 공산주의 운동도 함께 다루어야만 하지만, 논의의 간명함을 위해 이 이슈는 차치하기로 한다.

113 Wm. Weber, "Die auswärtige Politik der Vereinigten Staaten," *Preussische Jahrbücher* 145(1911): 345~354, 346. 베버는 펜실베이니아에서 활동한 목사다.

114 Nationalsozialistisches Parteiprogramm(1929), http://www.documentarchiv.de/wr/1920/nsdap-programm.html.

115 Jürgen Peter Schmidt, "Hitlers Amerikabild," *Geschichte in Wissenschaft und Unterricht* 53(2002): 714~726; cf. Inge Marszolek, "Das Amerikabild im Dritten Reich," in *Amerika und Europa. Mars und Venus? Das Bild Amerikas in Europa*, ed. Rudolf von Thadden and Alexander Escudier(Göttingen: Wallstein, 2004), 49~64.

116 Hitler, *Mein Kampf*, 488~490(= Hitler, *Mein Kampf. Eine kritische Edition*, 2: 1115~1117).

117 퀼은 이 구절을 당연히 강조하고 있지만, 미국 법학자들은 그 점을 놓친 듯하다. Kühl, *Nazi Connection*, 26.

118 Hitler, "Außenpolitische Standortbestimmung nach der Reichstagswahl, Juni-Juli 1928," in Hitler, *Reden, Schriften, Anordnungen*(1928; Munich: Saur, 1994), 2A: 92.

119 Gerhard Weinberg, *Hitlers Zweites Buch. Ein Dokument aus dem Jahr 1928*(Stuttgart: Deutsche Verlags-Anstalt, 1961), 130, 132.

120 Alexander Graf Brockdorff, *Amerikanische Weltherrschaft?*, 2nd ed.(Berlin: Albrecht, 1930), 29; cf., e.g., Karl Felix Wolff, *Rassenlehre. Neue Gedanken aus Anthropologie, Politik, Wirtschaft, Volkspfledge und Ethik*(Leipzip: Kapitzsch, 1927), 173.

121 그의 관점은 2차 세계대전이 발발하기 전까지 암울하지 않았다. Fischer, *Hitler and America*, 10 참조.

122 Weinberg, *Hitlers Zweites Buch*, 132. 기타 관련 발언에 대해서는 다음을 참조. ibid., 121, 125.

123 Ibid., 132.

124 다음 문헌에서 부분적으로 인용되고 논의됨. Ian Kershaw, *Fateful Choices: Ten Decisions That Changed the World*(New York: Penguin, 2007), 386, 387; 원문을 보려면 다음을 참조. Hitler, *Reden, Schriften, Anordnungen*, 3: 1, p.161

125 Detlef Junker, "Die Kontinuität der Ambivalenz: Deutsche Bilder von Amerika, 1933~1945," in *Gesellschaft und Diplomatie im transatlantischen Kontext*, ed. Michael Wala(Stuttgart: Steiner, 1999), 171, 172, 인용문은 171쪽에 있다.

126 Philipp Gassert, *Amerika im Dritten Reich: Ideologie, Propaganda und Volksmeinung, 1933~1945*(Stuttgart: Steiner, 1997), 95~97.

127 Ibid.

128 예컨대 Hans Reimer, *Rechtsschutz der Rasse im neuen Staat*(Greifswald: Adler, 1934), 47.

129 융커는 1930년대 초에 나치가 미국에 대해 일반적으로 선의적 관점을 지녔다고 주장한다. Junker, "Kontinuität," 166, 167. 이 책에서 연구된 법역사적 관점에 따르면, 미국을 바라보던 나치의 관점이 어쩌면 융커의 판단보다 더 복잡했을 수 있다는 결론이 나온다.

130 Hartmann, "Deutchland und die USA," 493, 494. 하르트만은 광범위한 상호 이해를 바라는 취지에서 문화교류를 촉구했다.

131 Juliane Wetzel, "Auswanderung aus Deutschland," in *Die Juden in Deutschland 1933~1945*, ed. Wolfgang Benz(Munich: Beck, 1988), 414; Philippe Burrin, *Hitler et les Juifs. Genèse d'un génocide*(Paris: Éditions du Seuil, 1989), 37~65.

132 Wetzel, "Auswanderung," 426.

133 Hans Christian Jasch, *Staatssekretär Wilhelm Stuckart und die Judenpolitik*(Munich: Oldenbourg, 2012), 316~340(Wannsee), 392~424(war crimes trial).

134 Stuckart, "Nationalsozialismus und Staatsrecht," 15: 23. 이 문구는 다음 문헌의 서론에도 담겨 있으나 좀 더 억제된 버전이다. Wilhelm Stuckart and Hans Globke, *Kommentare zur deutschen Rasssengesetzgebung*(Berlin: Beck, 1936), 1: 5. 슈투카르트가 배제의 정치에서 말살 정책으로 전환한 데 대한 상세한 설명은 다음을 참조. Jasch, *Staatssekretär Whilhelm Stuckart*, 290~372.

135 Reichsgesetzblatt(1933), 1: 529.

136 Uwe Dietrich Adam, *Judenpolitik im Dritten Reich*(Düsseldorf: Droste, 1972), 80, 81.

137 Ibid.

138 Jörg Schmidt, *Otto Koellreutter, 1883~1972*(New York: Lang, 1955); Michael Stolleis, "Koellreutter, Otto," in *Neue Deutsche Biographie*, vol. 12(1979), 324, 325. https://www.deutsche-biographie.de/gnd119235935.html#ndbcontent. 뮌헨과 나치 독일에서의 쾰로이터의 역할에 관해서는 추가로 다음을 참조. Michael Stolleis, *A History of Public Law in Germany, 1914~1945*, trans. Thomas Dunlap(Oxford: Oxford University Press, 2004), 300, 327. 나중에 쾰로이터는 나치 정권에 불만을 품게 되었다.

139 Rolf Peter, "Bevölkerungspolitik, Erb- und Rassenpflege in der Gesetzgebung des Dritten Reiches," *Deutsches Recht* 7(1937): 238n1; 기타 대영제국 법률에 관해서는 앞 문헌에서 주 73~78 참조.

140 Koellreutter, *Grundriß der allgemeinen Staatslehre*, 51, 52.

141 예를 들어 다음을 참조. Bernhold Schenk Graf von Stauffenberg, "Die Entstehung der Staatsangehörigkeit und das Völkerrecht," *Zeitschrift für Ausländisches öffentlisches Recht und Völkerrecht* 4(1934): 261~276, 270. 물론 이 문헌의 저자는 10여 년 후 히틀러 암살을 시도했던 그 슈타우펜베르크의 형이다.

142 예가 많지만 그중 하나는 다음과 같다. Gerhard Röhrborn, "Der Autoritäre Staat,"(diss., Jena, 1935), 53; Adalbert Karl Steichele, *Das deutsche Staatsangehörigkeitsrecht auf Grund der Verordnung über die deutsche Staatsangehörigkeit vom 5. Februar 1934*(Munich: Schweitzer, 1934), 16; Theodor Maunz, *Neue Grundlagen des Verwaltungsrechts*(Hamburg: Hanseatische Verlags-Anstalt, 1934), 10n3.

143 Robert Deisz, "Rasse und Recht," in *Nationalsozialistisches Handbuch für Recht und Gesetzgebung*, 2nd ed., ed. Hans Frank(Munich: Zentralverlag der NSDAP, 1935), 47. 이 논문은 재판에 추가되었다.

144 Valdis O. Lumans, *Himmler's Auxiliaries: The Volksdeutsche Mittelstelle and the German National Minorities of Europe, 1933~1945*(Chapel Hill: Univeristy of North Carolina Press, 1993), 89. 키어는 독일민족대책 본부에서 일하던 전형적인 관리였으나 비교적 지적인 그룹에 속했고, 나치 무장친위대가 저지른 최악의 행위에는 상대적으로 거의 연루되지 않았다.

145 Herbert Kier, "Volk, Rasse und Staat," in *Nationalsozialistisches Handbuch für Recht und Gesetzgebung*, 1st ed., ed. Hans Frank(Munich: Zentralverlag der NSDAP, 1935), 28.

146 Edgar Saebisch, *Der Begriff der Staatsangehörigkeit*(Borna-Leipzig: Noske, 1935), 42. 이 박사학위 논문의 1934년 제출 날짜는 표지의 이면을 참조.

147 Martin Staemmler, *Rassenpflege in völkischen Staat*(Munich: Lehmann, 1935), 49.

148 Sahm, *Die Vereinigten Staaten von Amerika*, 134. "교육" 방침에 관한 나치의 관심에 관해서는 2장 참조.

149 Otto Harlander, "Französisch und Englisch im Dienste der rassenpolitischen Erzeihung,"

Die Neueren Sprachen 44(1936): 61, 62. 나치즘에 경도되지 않은 또 다른 동시대의 예시로는 다음을 참조. Josef Stulz, *Die Vereinigten Staaten von Amerika*(Freiburg im Breisgau: Herder, 1934), 314. 1930년대 초 문헌에서 나치에 의해 미국 이민법이 일상적으로 인용되었던 예시를 더 살펴보고 싶으면 다음을 참조. Drascher, *Vorherrschaft der Weissen Rasse, 370;* Steichele, *Das deutsche Staatsangehörigkeitsrecht,* 14; Gottfried Neesse, *Die Nationalsozialistische Deutsche Arbeiterpartei. Versuch einer Rechtsdeutung*(Stuttgart: W. Kohlhammer, 1934), 169n19.

150 Krieger, *Rassenrecht*, 74~109.

151 Cornelia Essner, *Die "Nürnberger Gesetze" oder die Verwaltung des Rassenwahns, 1933~1945*(Paderborn: Schöningh, 2003), 82, 83.

152 Kurt Daniel Stahl, "Erlösung durch Vernichtung. Von Hitler zu Nasser. Das bizarre Schicksal des deutschen Edelmannes und Professors Johann von Leers," *Die Zeit*, Maz 30, 2010, http://www.zeit.de/2010/22/GES-Johann-von-Leers.

153 Johann von Leers, *Blut und Rasse in der Gesetzgebung. Ein Gang durch die Völkergeschichte*(Munich: Lehmann, 1936), 80~103.

154 Saebisch, *Begriff der Staatsangehörigkeit* 45, 46.

155 Ibid., 43.

156 The Cable Act of 1922(ch. 411, 42 Stat. 1021, "Married Women's Independent Nationality Act"), Sec. 3. 독일에도 이 문제는 알려져 있었다. Karl Zepf, "Die Staatsangehörigkeit der verheirateten Frau"(diss., Tübingen, 1929), 17, 18. 외국인과 혼인하는 여성의 국적을 박탈하는 법규를 지닌 국가는 미국뿐이 아니었다. 독일 문헌들도 그 점을 인식하고 있었다. 예컨대 다음의 문헌에 수많은 예시들이 담겨 있다. Hans Georg Otto Denzer, "Die Statutenkollision beim Staatsangehörigkeitserwerb"(diss., Erlangen, 1934), 34; Alfons Wachter, "Die Staatlosen"(diss., Erlangen, 1933), 24, 25. '케이블법'의 독특한 점은 물론 인종에 근거한 차별의 성격을 지닌다는 점이다.

157 Saebisch, *Begriff der Staatsangehörigkeit*, 44, 45.

158 Leers, *Blut und Rasse*, 127.

159 Bernhart Lösener, "Staatsangehörigkeit und Reichsbürgerrecht," in Lammers et al., *Grundlagen, Aufbau und Wirtschaftsordnung*, 13: 32.

160 Stuckart und Globke, *Kommentare*, 76.

161 Friedrich Luckwaldt, *Das Verfassungsleben in den Vereinigten Staaten von Amerika*(Berlin: Stilke, 1936), 47.

162 *Der SA-Führer 1939*, Sonderhelft 10/11, 16.

163 "Wie Rassenfragen Entstehen. Weiß und Schwarz in Amerika," *Neues Volk. Blätter des*

Rassenpolitischen Amtes der NSDAP 4, no. 3(1936): 14.

164 Leers, *Blut und Rasse*, 115.

165 당시 독일 여론에 관한 학계의 시각에 존재하는 이견에 대해서는 다음을 참조. Robert Gellately, *Backing Hitler: Consent and Coercion in Nazi Germany*(Oxford: Oxford University Press, 2001), 121~124.

166 Christian Albert, "Die Staatlosen"(Niedermarsberg: Boxberger, 1933)(diss., Göttingen, 1933), 8, 9: "Schwebezustand."

167 Heinrich Krieger, "Das Rassenrecht in den Vereinigten Staaten," *Verwaltungsarchiv* 39(1934): 327.

168 Dr. L., "Das Rassenrechtsproblem in den Vereinigten Staaten," *Deutsche Justiz* 96(September 21, 1934): 1198. 이 논문은 더 광범위한 나치 지지자들을 위해 같은 주제에 관하여 하인리히 크리거의 1934년 논문을 요약하고 있다.

169 Dietrich Zwicker, *Der amerikanische Staatsmann John C. Calhoun, ein Kämpfer gegen die "Ideen von 1789"*(Berlin: Ebering, 1934), 66, 68.

170 Ibid., 68. 츠비커는 흑인의 국외 추방도, 시오니즘도 성공할 것으로 생각지 않았다.

171 예컨대 *Deutsche Justiz* 98(1936): 130.

172 예컨대 이 책 2장에 나오는 그라우에 관한 설명과 Adam, *Judenpolitik im Dritten Reich*, 46~64 참조.

173 특히 다음을 참조. William Archibald Dunning, *Reconsturction, Political and Economic, 1865~1877*(New York: Harper, 1907), xiv: "the struggle through which the southern whites, subjugated by adversaries of their own race, thwarted the scheme which threatened permanent subjugation to another race(같은 인종인 적들에게 지배당한 남부 백인들의 투쟁이 다른 인종에게 영구히 예속될 위협을 가하던 책동을 물리쳤다)." 더닝 학파의 오랜 영향에 관해서는 다음을 참조. Hugh Tulloch, *The Debate on the American Civil War Era*(Manchester: Manchester University Press, 1999); 그리고 1920년대와 1930년대 초까지 지속했던 더닝 학파의 영향력에 관해서는 다음을 참조. Eric Foner, *Reconstruction: America's Unfinished Revolution, 1863~1877*(New York: Harper & Row, 1989), xx-xxi를 참조.

174 Krieger, "Das Rassenrecht in den Vereinigten Staaten," 329.

175 Ibid., 326~328.

176 Ibid., 330~331.

177 Sahm, *Die Vereinigten Staaten von Amerika*, 80 및 개괄적으로 78~80.

178 Ibid., 95및 개괄적으로 92~96.

179 Leers, *Blut und Rasse*, 87, 88.

180 Hitler, *Mein Kampf*, 490(= Hitler, *Mein Kampf. Eine kritische Edition*, 2: 1117).

181 Sahm, *Die Vereinigten Staaten von Amerika*, 97~99. 잠은 뉘른베르크법과의 관련성에 관해서 명시하지 않았지만, 1936년의 역사적 상황 속에서 그 점이 함축되는 것을 피할 수 없다. 푸에르토리코인들에 관한 그의 언급은 1917년 그들의 시민권 지위가 변경된 점을 반영한다. 다음을 참조. Christina Duffy Burnett and Burke Marschall, "Between the Foreign and the Domestic: The Doctrine of Territorial Incorporation, Invented and Reinvented," in *Foreign in a Domestic Sence: Puerto Rico, American Expansion and the Constitution*, ed. Christina Duffy Burnett and Burke Marshall(Durham, NC: Duke University Press, 2011), 17.

182 Sahm, *Die Vereinigten Staaten von Amerika*, 98~100. 여기서도 역시 뉘른베르크법에 대한 구체적인 언급은 없지만, 이 주제에 관한 법학 박사학위 논문이라면 배경에 당연히 전제된다고 봐야 한다.

183 Ibid., 98, 99.

184 Ibid., 98~100, 여기서도 뉘른베르크법에 대한 구체적인 언급은 없다.

185 Drascher, *Vorherschaft der Weissen Rasse*, 213.

186 Krieger, *Rassenrecht*, 307.

187 Charles Vibbert, "La génération présente aux États-Unis," *Revue des Deux Mondes* 58(1930): 329~345, 332.

188 Bettram Schieke, *Alien Americans: A Study of Race Relations*(New York: Viking, 1936), 125.

189 Gunnar Myrdal, *An American Dilemma: The Negro Problem and Modern Democracy*(New York: Harper, 1944), 1: 458.

190 Krieger, *Rassenrecht*, 305.

191 Saebisch, *Begriff der Staatsangehörigkeit*, 45, 46.

192 Ibid., 46(이 저자가 미국 인종법에 존재하는 수많은 빈틈으로 인식했던 부분을 미국 이민법이 메우기 시작했다).

193 Fitzerald and Cook-Martin, *Culling the Masses*, 7.

2장 나치 혈통과 나치 명예의 수호

1 예컨대 Claus Eichen, *Rassenwahn. Briefe über die Rassenfrage*(Paris: Éditions du Carrefour, 1936).

2 Gehard Werle, *Justiz-Strafrecht und polizeiliche Verbrechensbekämpfung im Dritten Reich*(Berlin: De Gruzter, 1989), 179.

3   Entscheidungen des Reichsgerichts in Strafschen 72, 91, 96(Decision of 23.2.1938): "eines der Grundgesetze des nationalsozialistischen Staates"; also in *Deutsche Justiz* 100(1938): 422~424.

4   Gustav Klemens Schmelzeisen, *Das Recht im nationalsozialistischen Weltbild. Grundzüge des deutschen Rechts*, 3rd ed.(Leipzig: Kohlhammer, 1936), 84.

5   Wilhelm Stuckart and Hans Globke, *Kommentare zur deutschen Rassengesetzgebung*(Berlin: Beck, 1936), 1: 15.

6   Matthias Schmoeckel, "Helmut Nicolai," in *Neue Deutsche Nationalbiographie* 19(Berlin: Dunker & Humblot, 1999), 205; Klaus Marxen, *Der Kampf gegen das liberal Strafrecht. Eine Studie zum Antiliberalismus in der Strafrechtswisssenschaft der zwanziger und drißiger Jahre*(Berlin: Duncker & Humblot, 1975), 90, 91.

7   아힘 게르케(Achim Gercke)의 작업에 관해서는 다음을 참조할 것. Cornelia Essner, *Die "Nürnberger Gesetze" oder die Verwaltung des Rassenwahns, 1933~1945*(Paderborn: Schöningh, 2003), 76~82; Alexandra Przyrembel, *"Rassenschande". Reinheitsmythos und Vernichtungslegitimation im Nationalsozialismus*(Göttingen: Vandenhoeck & Ruprecht, 2003), 103 and 103n112.

8   Bernd-Ulrich Hergermöller, *Mann für Mann. Biographisches Lexikon zur Geschichte von Freundesliebe und Mann-Männlicher Sexualität im Deutschen Sprachraum*(Hamburg: Männerschwarmskript, 1998), 275, 536, 537. 니콜라이가 흑림(Black Forest)에서 체포된 사건, 자백, 그리고 이후 결혼한 일에 관해서는 다음을 참조. Martyn Housden, *Helmut Nicolai and Nazi Ideology*(Houndmills: Macmillan, 1992), 111.

9   Przyrembel, "Rassenschande"; Cornelia Essner, "Die Alchemie des Rassenbegriffs," *Jahrbuch des Zentrums für Antisemitismusforschung* 4(1995): 201~225.

10 "교육과 계몽"이 나치 정책의 목표로 설정된 일에 관해서는 아래의 주 75, 86을 참조.

11 Przyrembel, "Rassenschande," 104.

12 Helmut Nicolai, *Die Rassengesetzliche Rechtslehre. Grundzüge einer nationalsozialistischen Rechtsphilosophie*(Munich: Eher, 1932), 27.

13 Ibid., 45, 46. 알프레트 로젠베르크가 1930년에 시민권과 혼혈 문제를 연관 지은 일에 관해서는 다음을 참조. Essner, "Nürnburger Gesetze," 56; 그리고 히틀러에 관해서는 ibid., 58을 참조.

14 Arno Arlt, "Die Ehehindernisse des BGB in ihrer geschichtlichen Entwicklung und im Hinblick auf künftige Gestaltung"(diss., Jena, 1935)(submitted December 15, 1934), 87.

15 Heinrich Krieger, *Das Rassenrecht in den Vereinigten Staaten*(Berlin: Junker & Dünnhaupt, 1936), 311: "die von Negern oft verübte Notzucht an weissen Frauen." 미국 남부의 법원들은 그보다 20년이 지난 후에도 동일한 관점을 여전히 옹호할 수 있었다.

다음을 참조. *McQuirter v. State*, 36 Ala. App. 707, 63 So. 3d 388(1953).

16 *Pace & Cox v. State*, 69 Alabama Rep. 231, 232(1882). 이 판례는 다음 문헌에 번역, 인용, 논의되었다. Detlef Sahm, *Die Vereinigten Staaten von Amerika und das Problem der nationalen Einheit*(Berlin: Buchholz & Weisswange, 1936), 68.

17 다음 문헌에 인용, 논의되었다. David Bernstein, *Rehabilitating Lochner: Defending Individual Rights against Progressive Reform*(Chicago: University of Chicago Press, 2011), 80, 81.

18 빌보의 발언은 다음 문헌에 인용, 논의되었다. Katznelson, *Feal Itself: The New Deal and the Origins of Our Time*(New York: Liveright, 2013), 86.

19 예컨대 Philippa Levine, "Anthropology, Colonialism and Eugenics," in *Oxford Handbook of the History of Eugenics*, ed. Alison Bashford and Philippa Levine(New York: Oxford University Press, 2010), 52~54.

20 1934년 6월 5일 형법위원회 회의록은 다음 문헌에서 찾아볼 수 있다. Jürgen Regge and Werner Schubert, eds., *Quellen zur Reform des Straf- und Strafprozeßrechts*(Berlin: De Gruyter, 1989), 2: 2, pt. 2: 277.

21 Richard Espenschied, *Rassenhzgienische Eheverbote und Ehebeschränkungen aus allen Völkern und Zeiten*(Stuttgart: Olnhausen & Warth, 1937), 52~54은 미국법을 조사하고 있으며, 같은 책 57쪽에서 다른 지역에서 그와 같은 금지는 교회의 결정에 맡기고 있다는 점을 지적한다.

22 1871년 제국 형법(Reichsstrafgesetzbuch)에 명시된 독일 형법상 중혼 금지에 관해서는 제국 형법 제171조 참조. 중혼 외에도 특정 형태의 혼인에 관한 법적 금지의 전례는 이전에도 분명히 존재했으나, 내가 아는 한 나치에 의해 활용되지 않았다. 테오도시우스 법전은 유대인을 겨냥하여 종교가 다른 자 간의 혼인을 범죄로 규정하는 조항을 담고 있다. Amnon Linder, *The Jews in Roman Imperial Legislation*(Detroit: Wayne State University Press, 1987), 178~182. 예컨대 이베리아반도 지역을 중심으로 한 중세의 예시는 다음의 문헌에서 찾아볼 수 있다. David Nirenberg, *Communities of Violence: Persecution of Minorities in the Middle Ages*(Princeton: Princeton University Press, 1996), 129~138. 다른 형태의 중혼도 물론 서유럽에서 원칙적으로 형사처벌의 대상이었지만, 뉘른베르크법 제정에 관한 논의에서 주요한 요소로 등장하기에는 사례가 지극히 드물었다.

23 The Nothern Territory Aboriginal Act 1910(SA)(Austl.), s. 22.

24 더 광범위한 입법 조건과 배경, 그리고 오스트레일리아 법이 미국에 비하면 "비교적 순화"된 것처럼 보였다는 결론은 다음 문헌을 참조. Katherine Ellinghaus, *Taking Assimilation to Heart: Marriages of White Women and Indigenous Men in the United States and Australia, 1887~1937*(Lincoln: University of Nebraska Press, 2006),

202, 203. 뉴질랜드에서 동요의 결과가 제한적이었던 점에 관해서는 다음을 참조. Angela Wanhalla, *Matters of the Heart: A History of Interracial Marriage in New Zealand*(Auckland: Auckland University Press, 2013), 134~138. 특히 남아프리카에는 혼혈금지법이 결여되어 있었다는 점에 주목한 문헌으로는 다음을 참조. Johann von Leers, *Blut und Rasse in der Gesetzgebung. Ein Gang durch die Völkergeschichte*(Munich: Lehmann, 1936), 113.

25   Md. Code Ann., Crimes and Punishments, art. 27, §§ 393, 398(1957).

26   예컨대 Espenschied, *Rassenhygienische Eheverbote*, 61는 일부 사례에서 민사상 무효였던 점을 지적한다. Leers, *Blut und Rasse*, 115. 나치가 찾아낼 수 있었던 외국 각지의 혼인 무효 사례에 관해서는 다음을 참조. Andreas Rethmeier, *"Nürnberger Rassegesetze" und Entrechtung der Juden im Zivilrecht*(New York: Lang, 1995), 140~141n171.

27   Essner, "Nürnberger Gesetze," 136.

28   Eduard Mezer, *Die Vereinigten Staaten von Amerika. Geschichte, Kulture, Verfassung und Politik*(Frankfurt: Keller, 1920), 93, 94: "Unmasse."

29   Lothar Gruchmann, *Justiz im Dritten Reich, 1933~1940. Anpassung und Unterwerfung in den Ära Gürtner*, 3rd ed.(Munich: Oldenbourg, 2001), 865; cf. Gürtner in Regge and Schubert, *Quellen*, 303(East Asia); Lösener in ibid., 306(South America and East Asia); Gürtner in ibid., 308(South Asia).

30   Peter Longerich, *Holocaust: The Nazi Persecution and Murder of the Jews*(Oxford: Oxford University Press, 2010), 36, 54~57. 좀 더 전반적인 설명은 다음을 참조. Longerich, *Politik der Vernichtung. Eine Gesamtdarstellung der nationalsozialistischen Judenverfolgung*(Munich: Piper, 1998), 65~115.

31   Otto Dov Kulka, "Die Nürnberger Rassengesetze und die deutsche Bevölkerung im Lichte geheimer NS-Lage- und Stimmungsberichte," *Vierteljahrshefte für Zeitgeschichte* 32(1984): 608; Gruchmann, "'Blutschutzgesetz' und Justiz," *Vierteljahrshefte für Zeitgeschichte* 31, no. 3(1983): 418~442, 426; Essner, "Nürnberger Gesetze," 110.

32   Krieger, *Rassenrecht*, 311("Lynchjustiz ⋯ auch bei uns in ihren typischen Einzelheiten bekannt geworden ist"). 크리거는 특별히 유대인에 대한 학살을 언급하지 않지만 "우리한테도 ⋯ 익숙하다"(auch bei uns ⋯ bekannt geworden)라는 구절이 학살 말고 다른 것을 가리킨다고 보기 어렵다.

33   예컨대 Longerich, *Politik der Vernichtung*, 97, 98; Gruchmann, "'Blutschutzgesetz' und Justiz," 428~430.

34   Gunnar Myrdal, *An American Dilemma: The Negro Problem and Modern Democracy*(New York: Harper, 1944), 1: 458.

35 Longerich, *Holocaust*, 58, 59; Essner, "Nürnberger Gesetze," 109~112; Uwe Dietrich Adam, *Judenpolitik im Dritten Reich*(Düsseldorf: Droste, 1972), 115, 120~124.

36 Adam, *Judenpolitik*, 115, 120~124.

37 Gruchmann, *Justiz im Dritten Reich*, 864.

38 Essner, "Nürnburger Gesetze," 96; 정치적 맥락에 관해서는 다음을 참조. Longerich, *Politik der Vernichtung*, 84~95.

39 그 중요성과 급진적 성격에 관해서는 다음을 참조. Gruchmann, *Justiz im Dritten Reich*, 764~771. 당의 공식 문서가 아니었던 것은 확실하지만, 초기에 실현되지 못한 방침을 추진하던 급진 세력이 작성한 문서였다. 다음을 참조. Marxen, *Der Kampf gegen das liberal Strafrecht*, 120.

40 Helmut Ortner, *Der Hinrichter: Roland Freisler, Mörder im Dienste Hitlers*(Darmstadt: Wissenschaftliche Buchgesellschaft, 1993).

41 Gruchmann, *Justiz im Dritten Reich*, 760.

42 Ibid., 764~765.

43 이와 연관된 법률 논쟁에 관한 상세하고 풍부한 내용을 다음 문헌에서 찾아볼 수 있다. Rethmeier, "Nürnberger Rassegesetze," 55~69. 명확한 법적 근거가 존재하지 않기 때문에 기존의 혼인을 해소하기는 어려웠다. 이 문제에 관해 나치 법이론가들은 나치가 제정한 법 규정이 인종 구분의 중요성을 명시하고 있기 때문에, 아리아인 배우자가 혼인의 성격에 관해 오해했다는 점을 근거로 혼인의 효력에 이의를 제기할 수 있다고 주장함으로써 애로점을 해결하려 했다. Ibid., 56, 57 참조.

44 Hanns Kerrl, ed., *Nationalsozialistisches Strafrecht. Denkschrift des Preußischen Justizministers*(Berlin: Decker, 1933), 47~49(이하 *Preussische Denkschrift*[프로이센 제안서]).

45 Grau, in Regge and Schubert, *Quellen*, 279: "sehr eingeschränkt."

46 *Preußische Denkschrift*, 49. 나는 *Preußische Denkschrift*에서 그 전문을 발췌해 다음 웹사이트에 복사해놓았다. http://press.princeton.edu/titles/10925.html.

47 프로이센 제안서의 성공에 프라이슬러가 대만족했던 점에 관해서는 다음을 참조. Gruchmann, *Justiz im Dritten Reich*, 770, 771.

48 예컨대 Karl Dietrich Bracher, *The German Dictatorship: The Origins, Structure, and Effects of National Socialism*, trans. Jean Steinberg(New York: Praeger, 1970), 238~240; Norbert Fri, *National Socialist Rule in Germany: The Führer State, 1933~1945*, trans. Simon B. Steyne(Oxford: Blackwell, 1933), 23~27; Ian Kershaw, *Hitler, 1889~1936: Hubris*(New York: Norton, 1999), 470, 471. 물론 일부 독일인들은 "장검의 밤"(Night of the Long Knives)을 질서의 승리로 보았다. ibid., 517. 그럼에도 불구하고 이 사건은 적법성에 대한 전통적인 시각의 붕괴라는 점에서 중요성을 띤다는 데 의심의 여지가 없다.

49 Gruchmann, *Justiz im Dritten Reich*, 868. 귀르트너의 반대는 "귀르트너 같은 인물에게 그렇게 받아들여질 수 있듯 — 법적, 윤리적 고려"(Überlegungen rechtlicher und — wie bei Männern wir Gürtner angenommen werden kann — ethischer Art)에 근거한 것이었다는 주장을 그루흐만은 이전 논문에 이어 여기서도 되풀이하고 있다.

50 그루흐만은 조심스러운 증거 조사에 근거하여, 귀르트너가 아마도 뮌헨 맥주 홀 폭동 재판에서 히틀러에게 유리한 결과가 나도록 부정한 행위를 하지는 않았을 것이라고 결론 내린다. 다음을 참조. Gruchmann, *Justiz im Dritten Reich*, 34~48.

51 Ibid., 79. 귀르트너가 조건부였다 하더라도 지속적으로 법치주의를 고수한 점에 대해서는 ibid., 68~78; 또한 그가 반유대주의자가 아니었다는 점에 관해서는 ibid., 71 참조. 귀르트너가 "진정한 보수파"로서 "법질서의 최후의 흔적을 지키기 위해" 애썼다는 평가에 관해서는 다음을 참조. Elisabeth Sifton and Fritz Stern, *No Ordinary Men: Dietrich Bonhoeffer and Hans von Dohnanyi, Resisters against Hitler in Church and State*(New York: NYRB Books, 2013), 45.

52 Claudia Koonz, *The Nazi Conscience*(Cambridge, MA: Harvard University Press, 2003), 171~177.

53 프라이슬러의 양보에 관해서는 Regge and Schubert, *Quellen*, 285, 286; 또한 예를 들어 Arlt, "Ehehindernisse des BGB"를 참조.

54 Rethmeier, "Nürnberger Rassegesetze," 54~69.

55 전반적인 배경에 관해서는 다음을 참조. Rethmeier, "Nürnberger Gesetze," 70~82.

56 Lawrence Friedman, "Crimes of Mobility," *Standford Law Review* 43(1991): 639~658, 638: "중혼자와 사기꾼은 둘 다 이른바 정체성 범죄를 저질렀다. 이들의 범죄는 허위의 구실, 위장된 인격, 과거에 대한 거짓말에 기초했다." 중혼의 초기 형태는 두 당사자의 결탁이 더 중요한 요건이었다는 점에 주목할 필요가 있다. 다음을 참조. Sara A. McDougall, *Bigamy and Christian Identity in Late Medieval Champagne*(Philadephia: University of Pennsylvania Press, 2012).

57 Gesetz zur Bekämpfung der Geschlechtskrankheiten, February 18, 1927, Reichsgesetzblatt(1927), 1: 61, §6; Regge and Schubert, *Quellen*, 290에서 클레 참조; Regge and Schubert, *Quellen*, 338에서 프라이슬러 참조; *Preußische Denkschrift*, 50.

58 바로 도나니(Dohnanyi)가 그렇게 보았다. Regge and Schubert, *Quellen*, 325, 326. 그는 오로지 "악의적 기만"을 범죄로 처벌하는 것은 그와 같은 처벌로 인해 보호되는 이익이 개인의 이익이고 '프로이센 제안서'가 요구하는 인종의 이익을 보호하는 것이 아니므로 개념적 일관성이 없다는 인상적인 주장을 펼쳤다.

59 Essner, "Nürnberger Gesetze," 83.

60 이후에 나오는 꼭지, ""잡종"에 대한 정의: 한 방울 규칙과 미국 영향의 한계"를 참조.

61 뢰제너에 대한 적의에도 불구하고 에스너의 궁극적인 판단은 그러했다. Essner,

"Nürnberger Gesetze," 173.

62 짤막한 최근 평전을 보고 싶으면 다음을 참조. Hans Christian Jasch, *Staatssekretär Wilhelm Stuckart und die Judenpolitik*(Munich: Oldenbourg, 2012), 481. 전쟁 직후 뢰제너의 행적에 관한 더 상세한 사항에 관해서는 ibid., 396, 397 참조. 뢰제너의 이력을 회의적으로 다루고 있는 주요 문헌은 다음을 참조. Essner, "Nürnberger Gesetze," 113~134. 영어로 번역된 관련 자료는 다음을 참조. Karl Scheunes, ed., *Legislating the Holocaust: The Bernhard Lösener Memoirs and Supporting Documents,* trans. Carol Scherer(Boulder, CO: Westview, 2001).

63 Adam, *Judenpolitik*, 135, 137; Essner, "Nürnberger Gesetze," 160, 161.

64 아래 주 166 참조.

65 1691년 버지니아법이 이전의 1664년 메릴랜드법과 특별히 다른 점은, 주인과 노예의 관계에만 국한해서 적용되는 것이 아니라 관계의 속성이 "종속이든 자유든" 비백인과의 남녀관계를 금지했다는 점이다. 다음을 참조. Peggy Pascoe, *What Comes Naturally: Miscegenation Law and the Making of Race in America*(Oxford: Oxford University Press, 2009), 19, 20. 그 배경에는 사회적 지위에 근거한 위계질서 관념에서 인종에 근거한 위계질서 관념으로의 전환이라는, 내가 이 책에서 논하지 못하는 상당히 중요한 이슈가 깔려 있다. Benedict Anderson, *Imagined Communities: Reflections on the Origins and Spread of Nationalism*(London: Verso, 1991), 149, 150. 이 버지니아법은 당대의 프랑스법과 강렬하게 대조된다. 프랑스의 1685년 흑인법(Code Noir) 제9조는 혼혈을 금지하기는커녕 오히려 "교회에서 따르는 방식으로(dans les formes observées par l'Église)" 흑인과의 혼인을 장려하려는 의도로 제정됐다. Robert Chesnais, ed., *Le Code Noir*(Paris: L'Esprit Frappeur, 1998), 12. 1724년 개정에 이르러서야 비로소 제6조로 금지가 도입되었다. Ibid., 43, 44. 1685년 법이 1724년 법으로 전환된 점에 관해서는 다음을 참조. Peter Sahlins, *Unnaturally French: Froeign Citizens in the Old Regime and After*(Ithaca, NY: Cornell University Press, 2004), 182, 183. 관련 프랑스법과 프랑스 정부의 결정 및 혼혈에 관한 법규가 실제로는 적용되지 않았다는 점에 관해서는 다음을 참조. Louis Charles Antoine Allemand, *Traité du Mariage et de ses Effets*(Paris: Durand, 1853), 1: 129, 130. 서구에서 도입한 초창기의 혼혈금지법은 종교가 다른 자들의 혼인을 금했지 다른 인종 간의 혼인은 금하지 않았다. 주 22와 예컨대 다음을 참조. Dagmar Freist, "Between Conscience and Coercion: Mixed Marriages, Church, Secular Authority, and Family," in *Mixed Matches: Transgressive Unions in Germany from the Reformation to the Enlightenment*, ed. David M. Luebke and Mary Lindemann(New York: Berghahn, 2014), 104~109.

66 미국의 혼혈금지법에 대한 관심은 영향력이 컸던 Geza von Hoffman의 *Rassenhygiene in den Vereinigten Staaten*(1913)에도 거론되었다. 다음을 참조. Stefan Kühl, *The Nazi*

Connection: Eugenics, American Racism, and German National Socialism(New York: Oxford University Press, 1994), 16.

67   Mont. Code Ann., ch. 49 §§ 1~4(1909); S.D. Civil Code, ch. 196 § 1(1909); N.D. Cent Code., ch. 164, § 1(1909); Wyo. Stat. Ann., ch. 57, § 1(1913).

68   Jens-Uwe Guettel, *German Expansionism, Imperial Liberalism, and the United States, 1776~1945*(Cambridge: Cambridge University Press, 2012), 127~160. 독일인들은 미국에 대해 열광한 나머지 적어도 한 차례 이상 오해를 일으켰다. Franz-Josef Schulte-Althoff, "Rassenmischung im kolonialien System. Zur deutschen Rassenpolitik im letzten Jahrzehnt vor dem Ersten Weltkrieg," *Historisches Jahrbuch* 105(1985): 64는 "미국인" 몽고메리 주교의 혼혈 반대 관점에 대한 독일인들의 찬양을 묘사하고 있는데 몽고메리는 사실 영국인이었다. 독일인들을 고무시킨 문제의 언급은 다음 문헌에 담겨 있다. *The Pan-Anglican Congress, 1908: Special Report of Proceedings &c., Reprinted from The Times*(London: Wright, 1908), 122. 더 광범위한 정치적 배경과 역사에 관해서는 다음을 참조. Dieter Gosewinkel, *Einbürgern und Ausschließen. Die Nationalisierung der Staatsangehörigkeit vom Deutschen Bund bis zur Bundesrepublik Deutschland*(Göttingen: Vandenhoek & Ruprecht, 2001), 303~309.

69   Wahrhold Drascher, *Die Vorherrschaft der Weissen Rasse*(Stuttgart: Deutsche Verlags-Anstalt, 1936), 217.

70   Birthe Kundrus, "Von Windhoek nach Nürnberg? Koloniale 'Mischehenverbote' und die nationalsozialistische Rassengesetzgebung," in *Phantasiereiche, Zur Kulturegeschichte des deutschen Kolonialismus*, ed. Birthe Kundrus(Frankfurt: Campus, 2003), 110~131.

71   이 회의의 중요성과 벌어진 논쟁에 관한 조심스러운 설명에 대해서는 다음을 참조. Gruchmann, *Justiz im Dritten Reich*, 864~868; Przyrembel, "Rassenschande," 137~143; Esser, "Nürnberger Gesetze," 99~106; Koonz, *Nazi Conscience*, 171~177. 여기서 나는 "Strafrechtskommission"을 형법개정위원회(Commission for Criminal Law Reform)로 옮겼다.

72   회의록 원본도 존재하지만, 회의 참석자들과 의논해 간추린 축약본도 있다: Regge and Schubert, *Quellen*, 223n1. 이 책은 원본을 인용했다.

73   그 세 명은 그라우, 클레, 셰퍼였다. *Preußische Denkschrift*, 10, 11.

74   특히 그루흐만의 조심스러운 설명을 참조. Gruchmann, *Justiz im Dritten Reich*, 865~868.

75   다른 형태의 기만에 관해서는 다음을 참조. Regge and Schubert, *Quellen*, 278, 298, 316.

76   Przyrembel, "Rassenschande," 138의 평가를 참조. "악의적 기만"에 근거한 접근방식이 어느 정도까지 이루어졌는지에 관한 논쟁에 관해서는 다음을 참조. Essner, "Nürnberger Gesetze," 103, 104, 또한 이후 규제안 발의 과정에 관해서는 다음을 참조. ibid., 151, 152.

77 Regge and Schubert, *Quellen*, 281~283. 법치주의 옹호자로서의 콜라우슈에 관해서는 다음을 참조. Eberhard Schmidt, *Einführung in die Geschichte der deutschen Strafrechtspflege*, 3rd ed.(Göttingen: Vandenhoeck & Ruprecht, 1965), 450~451.

78 아래 주 106 참조.

79 담(Dahm)은 Regge and Schubert, *Quellen*, 293; 프라이슬러(Freisler)는Regge and Schubert, *Quellen*, 288; 클레(Klee)는 Regge and Schubert, Quellen, 290, 291을 참조.

80 본문에서 뒤에 나오는 그라우 인용문과 아래 주84~87 참조.

81 Regge and Schubert, *Quellen*, 288, 300.

82 "운동을 주도하는 학생 지도부(aktivistischen, führenden Kreisen der Studentenschaft)"에 관한 담(Dahm)의 언급 참조. Regge and Schubert, *Quellen*, 292. 글라이스파흐(Gleispach)도 이들 학생들의 요구 사항이 사실임을 강조했다. Ibid., 295, 296.

83 예컨대 Regge and Schubert, *Quellen*, 283~288. 프라이슬러는 다른 인종 간의 혼인을 무효화할 예비적 결단이 있어야 한다는 점을 인정했다. "국가사회주의의 이 같은 원칙이 실행되어야만 한다는 … 정치적 결단"(a "politische Entscheidung … daß dieser Grunsatz des Nationalsozialismus durchgeführt werden soll").

84 그라우에 관해서는 다음을 참조. Ernst Klee, *Das Personenlexikon zum Dritten Reich. Wer War Was vor und nach 1945?*(Frankfurt: Fischer, 2003), 197. 인용된 문구는 나치의 유대인 학살에 관한 여러 주요 문헌에 담겨 있다. 다음을 참조. Götz Aly et al., eds., *Die Verfolgung und Ermordung der europäischen Juden durch das nationalsozialistische Deutschland*(Munich: Oldenbourg, 2008), 1: 346~349).

85 Regge and Schubert, *Quellen*, 280. 프라이슬러는 "유색인종"에 대한 명시적 언급을 삭제함으로써 "인종 명예의 훼손"(Verletzung der Rassenehre)을 범죄로 규정하는 법안을 살릴 수 있다고 주장했다. Ibid., 287, 308, 309. 그러나 그 외의 경우 그는 "유색"이라는 표현을 옹호했다. 아래 주 117 참조.

86 Regge and Schubert, *Quellen*, 278, 279.

87 Ibid., 279.

88 클레는 아래 주 104를 참조.

89 Regge and Schubert, *Quellen*, 280, 281.

90 Ibid., 281.

91 Ibid., 281, 282.

92 Sifton and Stern, *No Ordinary Men*, 46, 47.

93 Ibid., 126.

94 Regge and Schubert, *Quellen*, 282.

95 Ibid., 282.

96 Ibid., 282.

97 하지만 어쩌면 그의 언급이 그리 틀린 것이 아니었을 수도 있다. 형사처벌은 "산발적"이었다. 다음을 참조. Pascoe, *What Comes Naturally*, 135, 136.

98 Regge and Schubert, *Quellen*, 282.

99 예컨대 Regge and Schubert, *Quellen*, 307에서 귀르트너는 미국법을 자세히 논하고 있다.

100 클레에 관해서는 다음을 참조. Christian Kasseckerr, *Straftheorie im dritten Reich*(Berlin: Logos, 2009), 179.

101 Regge and Schubert, *Quellen*, 315.

102 *Brown v. Board of Education*, 347 US 483, 494(1954).

103 Avraham Barkai, Vom Boykott zur "Entjudung." *Der wirtschaftliche Existenzkampf der Juden im Dritten Reich*(Frankfurt: Fischer, 1987), 26~28.

104 Regge and Schubert, *Quellen*, 315.

105 독일법에서 이 원칙의 중요성과 나치가 이 원칙을 위반한 점에 관해서는 다음을 참조. Hans-Ludwig Schreiber, *Gesetz und Richter. Zur geschichtlichen Entwicklung des Satzes nullum crimen, nulla poena sine lege*(Frankfurt: Metzner, 1976).

106 Regge and Schubert, *Quellen*, 283. 여기서는 혼외 출생을 언급한다.

107 Ibid., 306.

108 Ibid., 307.

109 Ibid., 318. 뢰제너는 여기서 프라이슬러에게 일부 양보하되, 교육과 "의심스러울 때는 피고인에게 유리하게"(in dubio pro reo) 원칙을 강조하고 있다.

110 Regge and Schubert, *Quellen*, 314, 319에서 에른스트 셰퍼 참조; Regge and Schubert, *Quellen*, 310, 312, 320에서 프라이슬러 참조.

111 셰퍼를 가리킨다.

112 Regge and Schubert, *Quellen*, 319. 프라이슬러는 회의 전에 이 같은 어려움에 직면하지 않았다고 주장했다. Ibid., 313.

113 Ibid., 319, 320.

114 Ibid., 320.

115 물론 나는 이 구절을 요즘 우리가 하는 말로 "인종의 사회적 구성"을 반영하는 표현으로써 제시한다. 예컨대 다음을 참조. Ian F. Haney López, "The Social Construction of Race: Some Observations on Illusion, Fabrication and Choice," *Harvard Civil Rights-Civil Liberties Law Review* 29(1994): 1~62.

116 Regge and Schubert, *Quellen*, 320. "외래 인종"에 관해서는 위의 주 86에서 그라우 인용문을 참조.

117 Ibid. 프라이슬러는 상속농장법(Erbhofgesetz)이 법정에서 작동하는 방식을 염두에 두고 있었다. Regge and Schubert, *Quellen*, 309, 317 그리고 특히 320. 그라우 역시

상속농장법을 참조했다. ibid., 278. 한편 셰퍼는 "과학적" 접근보다는 "원초적" 접근을 옹호했다. ibid., 314.

118 Robert Rachlin, "Roland Freisler and the Volksgerichtshof: The Court as an Instrument of Terror," in *The Law in Nazi Germany: Ideology, Opportunism, and the Perversion of Justice*, ed. Alan E. Steinweis and Robert D. Rachlin(New York: Berghahn, 2013), 63. 예컨대 다음을 참조할 것. Uwe Wesel, "Drei Todesurteile pro Tag," *Die Zeit*, February 3, 2005. http://www.zeit.de/2005/06/A-Freisler.

119 Regge and Schubert, *Quellen*, 310, 312, 320.

120 Ibid., 321; cf. Ibid., 323.

121 Essner, "Nürnburger Gesetze," 102에서 그를(내가 볼 때는 부정확하게) "쿠르트"(Kurt)로 일컫고 있다.

122 Regge and Schubert, *Quellen*, 334.

123 예컨대 ibid., 316에서 귀르트너와 몬태나법에 대한 상세한 논의 참조.

124 아래 주 145~148 참조.

125 Regge and Schubert, *Quellen*, 227n3.

126 Heinrich Krieger, "Principles of the Indian Law and the Act of June 18, 1934," *George Washington Law Review* 3(1935): 279~308, 279.

127 Ibid.

128 오토 쾰로이터와 기타 인물에 대한 그의 감사 표시는 다음을 참조. Krieger, *Rassenrecht*, 11. 뒤셀도르프의 독일 학술 비상공동체(Notgemeinschaft der deutschen Wissenschaft)에서 연구원을 지냈던 일에 관해서는 다음을 참조. Krieger, "Principles of the Indian Law," 279.

129 Heinrich Krieger, "'Eingeborenenrecht?' Teleologische Begriffsbildung als Ausgangspunkt für die Kritik bisherigen und den Aufbau zukünftigen Rechts," *Rasse und Recht* 2(1938): 116~130. 이 문헌은 나미비아 빈트후크(Windhoek)에서 작성된 것으로 기록되어 있고 크리거의 신분은 "국가사회주의 독일노동자당 인종정책국 직원"으로 되어 있다.

130 Heinrich Krieger, *Das Rassenrecht in Südafrika*(Berlin: Junker & Dünnhaupt, 1944), 12. 아프리카에 관한 그의 초창기 저술은 다음을 참조. Krieger, "'Eingeborenenrecht?'"; Heinrich Krieger, *Das Rassenrecht in Südafrika*(Berlin: Junker & Dünnhaupt, 1940). 인종정책국으로부터 남아프리카를 연구하라는 임무를 위탁받은 사실에 대해서는 Krieger, *Rassenrecht in Südafrika*, 11의 "서론" 참조.

131 Krieger, *Rassenrecht in Südafrika*, 11. "현장(Im Felde)"에서 작성되었다고 기록되어 있다.

132 내 조사가 정확하다면, 크리거는 바일부르크의 필리피눔 김나지움에서 교육 공무원(Studienrat)으로 근무하고 후에 고급 교육 공무원(Oberstudienrat)으로

승진했다. 그는 국제문제의 지속적인 조명뿐 아니라 사회과학 분야에서 이전에 그가 글의 소재로 삼았던 앵글로 세계에 관해 저술활동을 계속했다는 점에서 두드러진다. Heinrich Krieger, "Fakten und Erkenntnisse aus der englischen Volkszählung," *Die Neueren Sprachen*(neue Folge) 1(1952): 87~91. 그가 프랑스와의 화해와 유럽통합의 옹호자 역할을 한 점에 관해서는 다음을 참조. "Europa-Union Oberlahn feiert 60-Järiges Jubiläum," http://www.oberlahn.de/29-Nachrichten/ nId,178202,Von-der-Gr%C3%BCndung-1954-1955-bis-2014.html 아프리카와 아시아에 원조와 학생 교류를 촉구한 일에 대해서는 다음을 참조. "Rund um den Pakistanberg. Völkerfreundschaft an der Lahn," *Die Zeit*, September 4, 1964, http://www.zeit.de/1964/36/rund-um-den-pakistanberg; Wolfgang Henss, "Entwicklungshilfe aus Pakistan. Volksverständigung. Vor 50 Jahren veränderten asiatische Studenten Kubach," *Weilburger Tagesblatt*, August 8, 2014. http:// www.mittelhessen.de/lokales/region-limburg-weilburg_artikel,-Entwicklungshilfe- aus-Pakistan-_arid,326225.html 전후 프랑스 및 영국과 교환학생 프로그램을 그가 관장한 일에 관해서는 다음을 참조. Heinrich Krieger, "Grundsätzliche Erfahrungen aus einem internationalen Schüleraustausch," *Neuphilologische Zeitschrift* 3(1951): 354~360. 유럽교육연맹을 공동 창립한 활동에 관해서는 다음을 참조. Wolfgang Mickel, *Europa durch Europas Schulen. 40 Jahre EBB/AEDE*(n.p.: Frankfurt, 1999), 2.

133 Krieger, "Principles of the Indian Law," 304, 308.

134 Guettel, *German Expansionism*, 209에 인용되어 있다. 그러나 귀텔은 경악을 최소화할 만반의 준비가 되어 있었다.

135 Heinrich Krieger, "Das Rassenrecht in den Vereinigten Staaten," *Verwaltungsarchiv* 39(1934): 316. 원 인용구는 다음 문헌에 등장한다. Thomas Jefferson, *Works*, ed. Paul Leicester Ford(New York: Putnam, 1904), 1: 77.

136 Krieger, *Rassenrecht*, 49~53.

137 Ibid., 55~61.

138 Ibid., 327~349. 평등 이념의 "현실에서 동떨어진 실증주의(lebensfremder Positivismus)"에 관해서는 Ibid., 57. 크리거의 주장은 내가 여기서 언급할 수 있는 범위 이상으로 길게 설명할 가치가 있다. 예컨대 *Rassenrecht*, 337~339에서 크리거는 노동시장에서의 평등 이념의 사회적 기반을 설명하고 "돌파구"를 찾는 인종주의적 감정의 역경향을 묘사하려고 노력한다.

139 버제스와 더닝, 그리고 그 제자들의 가르침에 관해서는 다음을 참조. Hugh Tulloch, *The Debate on the American Civil War Era*(Manchester: Manchester University Press, 1999), 212~220. 또한 더닝 학파가 1920년대와 1930년대 초까지 유지했던 영향력에 관해서는 다음을 참조. Eric Foner, *Reconstruction: America's Unfinished Revolution,*

1863~1877(New York: Harper & Row, 1989), xx-xxi.

140 예컨대 이 책에서 참고한 문헌 가운데 특히 다음을 참조. Roland Freisler, "Schutz von Rasse und Erbgut im wendenden deutschen Strafrecht," *Zeitschrift der Akademie für deutsches Recht* 3(1936): 142~146. 146쪽에는 혼혈금지법을 제정한 미국 주의 목록과 짐 크로 인종분리법에 대한 설명이 실려 있다.

141 Krieger, "Rassenrecht," 320.

142 Krieger, "Rassenrecht," 16.

143 *Monroe v. Collins*, 17 Ohio St. 665(1867)을 가리킨다.

144 Krieger, "Rassenrecht," 319, 320.

145 Herbert Kier, "Volk, Rasse und Staat," in *Nationalsozialistisches Handbuch für Recht und Gesetzgebung*, 1st ed., ed. Hans Frank(Munich: Zentralverlag der NSDAP, 1935), 17~28.

146 Ibid., 26, 27.

147 Arthur Gütt, Herbert Linden, and Franz Maßfeller, *Blutschutz- und Ehegesundheitsgesetz* 2nd ed.(Munich: Lehmann, 1937), 17~19. 이 문헌은 *Rassenpolitische Auslands-Korrespondenz*에 일차 재발행되었던 것을 다시 한 번 인쇄한 것이다. Ibid., 17.

148 Kier, "Volk, Rasse und Staat," 27~28. 이 문헌 역시 Gütt, Linden, and Maßfeller, *Blutschutz- und Ehegesundheitsgesetz*, 19에 아무 설명 없이 재인쇄되었다.

149 Kier, "Volk, Rasse und Staat," 28.

150 Ibid., 28.

151 독일 문헌 이외의 문헌에서는 참조할만한 자료를 거의 찾아볼 수 없다. 미국에서 보관하는 문헌 가운데 내가 조사한 프린스턴 대학교와 컬럼비아 대학교 소장 문헌들은 전후에 입수된 것이다. 나치 도서관 몇 곳에서 소장하던 문헌이 전후 미국 대학교에 배분된 것이 분명하다. 그러나 예일 대학교에서 소장하는 판본은 1935년에 입수한 것이다.

152 Helmut Nicolai, "Rasse und Recht," in *Deutscher Juristentag*(Berlin: Deutscher Rechts-Verlag, 1933), 1: 176.

153 *Preußische Denkschrift*, 47.

154 Konrad Zweigert and Hein Kötz, *Introduction to Comparative Law*, 3rd ed., trans. Tony Weir(New York: Oxford University Press, 1998), 16.

155 Philipp Depdolla, *Erblehre, Rasse, Bevölkerungspolitik: vornehmlich für den Unterricht in höheren Schulen bestimmt*(Berlin: Metzner, 1934), 90.

156 Otto Harlander, "Französisch und Englisch im Dienste der rassenpolitischen Erziehung," *Die Neuen Sprachen* 44(1936): 62.

157 Essner, "Nürnberger Gesetze," 77, 78, 81.

158 Bill Ezzell, "Laws of Racial Identification and Racial Purity in Nazi Germany and the

United States: Did Jim Crow Write the Laws That Spawned the Holocaust?," *Southern University Law Review* 30(2002~2003): 1~13; Judy Scales-Trent, "Racial Purity Laws in the United States and Nazi Germany: The Targeting Process," *Human Rights Quarterly* 23(2001): 259~307.

159 [Anon.], "Volkstümer und Sprachwechsel," *Nation und Staat: Deutsche Zeitschrift für das europäische Minoritätenproblem* 9(1935): 348. 이 학술지는 빈에서 발행됐지만, 문제의 논문은 짐작건대 독일에서 이미 발표되었던 논문을 출처 표기 없이 이 학술지에서 재인쇄한 듯하다.

160 Ibid.

161 Ibid.

162 Leers, *Blut und Rasse*, 89, 90.

163 *Bell v. State*, 33 Tex. Cr. R. 163(1894). 여기서 크리거가 사용한 출처는 Gilbert Thomas Stephenson, *Race Distinctions in American Law*(New York: Appleton, 1910), 17로 짐작된다. "일부 주는 인종을 규정하기 위해 신체적 특징 이외의 사실을 요건으로 인정한다. 이에 따라 노스캐롤라이나에서는 1865년에 노예였던 자는 흑인으로 추정한다. 같은 주에서 흑인들과 통상적으로 연관을 맺고 있는 자는 그 자가 흑인이라는 점을 배심원에게 제시하기 위한 적절한 증거로 제출된다. 만일 어느 여성의 첫 남편이 백인이었을 경우, 텍사스에서 그 사실은 그 여성이 백인임을 보여주는 증거로 받아들여진다."

164 *Entwurf zu einem Gesetz zur Regelung der Stellung der Juden*, in Otto Dov Kulka, ed., *Deutsches Judentum unter dem Nationalsozialismus*(Tübingen: Mohr Siebeck, 1997), 1: 38, also in Aly et al., eds., *Verfolgung und Ermordung der europäischen Juden*, 1: 123, 124. 이 제안과 중도파의 관련성에 관해서는 다음을 참조. Essner, "Nürnberger Gesetze," 84.

165 이 법규 제정의 배경에 관해서는 Essner, "Nürnberger Gesetze," 155~173 및 다음의 설명을 참조. Jeremy Noakes, "'Wohin gehören die "Judenmischlinge"?' Die Entstehung der ersten Durchführungsverordnung zu den Nürnberger Gesetzen," in *Das Unrechtsregine. Internationale Forschung über den Nationalsozialismus*, ed. Ursula Büttner(Hamburg: Christians, 1986), 2: 69~89.

166 http://www.verfassungen.de/de/de33-45/reichsbuerger35-v1.htm.

167 Bernhard Lösener, "Staatsangehörigkeit und Reichsbürgerrecht," in *Grundlagen, Aufbau und Wirtschaftsordnung des Nationalsozialistischen Staates*, ed. H.-H. Lammers et al.(Berlin: Spaeth & Linde, 1936), 13: 32. 슈투카르트와 글롭케는 지향성보다는 혈통이 문제라는 견해를 강경하게 견지했다. "부모 한쪽이 유대인인 혼혈인이 유대인과 혼인한다는 사실은 유대인의 피가 독일인의 피보다 더 강력한 영향을 발휘한다는 점을 증명한다." Stuckart and Globke, *Kommentare*, 76.

168 1장 참조. 혼인을 통한 여성의 국적 상실은 자주 논의되는 이슈로서 실현될 가능성이 높았던 것이 사실이고, 일부 나치들의 사고에 분명히 영향을 미쳤다. Adalbert Karl Steichele, *Das deutsche Staatsangehörigkeitsrecht auf Grund der Verordnung über die deutsche Staatsangehörigkeit vom 5. Februar 1934*(Munich: Schweitzer, 1934), 69. 그러나 '케이블법' 규정의 독특한 점은 확실하게 인종에 근거한 성격을 지녔다는 점이다.

결론 나치의 눈에 비친 미국

1 Roland Peter, "Es ging nur noch darum, wie man stirbt," *Die Zeit*, http://www.zeit.de/1990/45/es-ging-nur-noch-darum-wie-man-stirbt/komplettansicht에 인용됨.

2 바르샤바의 "고위 관리(Spitzenfunktionär)" 피셔에 관해서는 다음을 참조. Josef Wulf, *Das Dritte Reich und seine Vollstrecker. Die Liquidation von 500,000 Juden im Ghetto Warschau*(Berlin: Arani, 1961), 311~312; Reuben Ainsztein, *The Warsaw Ghetto Revolt*(New York: Holocaust Library, 1979), 3, 105. 피셔는 이제 거의 잊혔지만, 1930년대 초에 작성된 그의 글이 최근에 출간된 표준적 문헌에 담겼다. Ludwig Fischer, "Rasseschande als strafbare Handlung(1935)," in *Rechtfertigungen des Unrechts. Das Rechtsdenken im Nationalsozialismus in Originaltexten*, ed. Herlinde Pauer-Studer and Julian Fink (Berlin: Suhrkamp, 2014), 411~415.

3 1933년 1월에 4.2제국마르크였던 1달러의 가치가 1934년 1월에는 2.61, 1935년 1월에는 2.48제국마르크로 하락했다. 다음의 표를 참조. http://www.history.ucsb.edu/faculty/marcuse/projects/currency.htm.

4 "Herbst-Studienfahrt des BNSDJ. nach Nordamerika," *Deutsches Recht* 5(1935): 379.

5 "Studienfahrt des BNSDJ. nach den Vereinigten Staaaten von Nordamerika," *Wirtschaftstruhänder* 14/15(1935): 344.

6 "Studienfahrt des BNSDJ. nach Nordamerika," *Deutsche Justiz* 97(1935): 1424, col. 2.

7 "Brodsky Releases 5 in Bremen Riot," *New York Times*, September 7, 1935, 1, 5.

8 "Hotel is Picketed as Nazis Depart," *New York Times*, September 28, 1935, L13.

9 Ibid.

10 Ibid.

11 http://www.dailymail.co.uk/news/article-2296911/Amon-Goeth-Did-executed-Nazi-murderer-Schindlers-List-escape-justice.html 유감스럽게도 뉴욕시변호사협회에는 그들의 방문에 대한 기록이 남아 있지 않다.

12 Johnpeter Horst Grill and Robert L. Jenkins, "The Nazis and the American South in the 1930s: A Mirror Image?," *Journal of Southern History* 58, no. 4(November 1992), 667~694; George Fredrickson, *Racism: A Short History*(Princeton: Princeton University Press, 2002), 2, 129.

13 Ariela J. Gross, *What Blood Won't Tell: A History of Race on Trial in America*(Cambridge, MA: Harvard University Press, 2008), 5~7.

14 예컨대 다음을 참조. Bertram Schrieke, *Alien Americans: A Study of Race Relations*(New York: Viking, 1936).

15 Edgar Saebisch, *Der Begriff der Staatsangehörigkeit*(Borna-Leipzip: Noske, 1935), 42.

16 David Scott Fitzgerald and David Cook-Martin, *Culling the Masses: The Democratic Origins of Racist Immigration Policy in the Americas*(Cambridge, MA: Harvard University Press, 2014), 7.

17 Fitzgerald and Cook-Martin, *Culling the Masses*, 260는 바르가스(Vargas)가 원래 미국에서 유래한 모델을 도입한 점에 관해 논한다.

18 Marilyn Lake and Henry Reynolds, *Drawing the Global Colour Line: White Men's Countries and the International Challenges of Racial Equality*(Cambridge: Cambridge University Press, 2008), 29, 35, 49~74(브라이스의 영향), 80, 119, 129~131, 138~144, 225, 269. 예컨대 313쪽에서 레이크와 레이놀스는 또한 오스트레일리아를 향한 미국의 경탄을 지적한다. 두 국가가 백인의 임무에 대해 광범위한 감성을 공유했던 것은 틀림 없다. 그럼에도 이 논문에서 돋보이는 부분은 브라이스 같은 인물들로 대표되는 미국의 사례다.

19 Jens-Uwe Guettel, *German Expansion, Imperial Liberalism, and the United States, 1776~1945*(Cambridge: Cambridge University Press, 2012), 127~160.

20 Andreas Rethmeier, *"Nürnberger Rassengesetze" und Entrechtung der Juden im Zivilrecht*(New York: Lang, 1999), 140에서 지적하듯, 다른 인종 간의 혼인을 범죄화한 남아프리카의 사례가 이들이 제시한 주된 예시였다. 예컨대 다음을 참조. Rolf Peter, "Bevölkerungspolitik, Erb- und Rassenpflege in der Gesetzgebung des Dritten Reiches," *Deutsches Recht* 7(1937): 238n1. 혼인 외 성관계에 관한 이슈는 내가 이 책에서 다루는 것 이상으로 주목할 가치가 있다.

21 Hanns Kerrl, ed., *Nationalsozialistisches Strafrecht. Denkschrift des Preußischen Justizministers*(Berlin: Decker, 1933), 47.

22 16세기 이베리아반도의 '순수 혈통법(limpieza de sangre)'을 어떻게 볼 것이냐 하는 점부터 시작해서 이 문제에 관해서는 열띤 의견 충돌이 있다. Henry Kamen, *The Spanish Inquisition: A Historical Revision*(London: Weidenfeld and Nicholson, 1997), 239~241; María Elena Martinez, *Genealogical Fictions: Limpieza de Sangre, Religion,* *and Gender in Colonial Mexico*(Stanford: Stanford University Press, 2008), 45. 미국 인종주의의 유래를 이베리아의 전통에서 찾으려고 시도한 역사가 존재하는 것은 분명한 사실이다. James H. Sweet, "The Iberian Roots of American Racist Thought," *William and Mary Quarterly* 54(1997): 143~166.

23   Fitzgerald and Cook-Martin, *Culling the Masses*, 261.

24   Johann von Leers, *Blut und Rasse in der Gesetzgebung. Ein Gang durch die Völkergeschichte*(Munich: Lehmann, 1936).

25   Lake and Reynolds, *Drawing the Global Colour Line*.

26   1장 참조.

27   James Q. Whitman, "From Fascist 'Honour' to European 'Dignity,'" in *Darker Legacies of Law in Europe: The Shadow of National Socialism and Fascism over Europe and its Legal Traditions*, ed., C Joerges and N. Ghaleigh(Oxford: Hart, 2003), 243~266; Whitman, "'Human Dignity' in Europe and the United States: The Social Foundations," *Human Rights Law Journal* 25(2004): 17~23.

28   Daniel Howe, *What Hath God Wrought: The Transformation of America, 1815~1848*(Oxford: Oxford University Press, 2007), 37. Cf., e.g., Anthony Marx, *Faith in Nation: Exclusionary Origins of Nationalism*(New York: Oxford University Press, 2003), ix-x.

29   Hitler, *Mein Kampf*, 143, 144 ed.(Munich: Eher, 1935), 479(= Hitler, *Mein Kampf. Eine kritische Edition*, ed. Christian Hartmann, Thomas Vordermayer, Othmar Plöckinger, and Roman Töppel[Munich: Institute für Zeitgeschichte, 2016], 2: 1093~1095).

30   Cf. Jochen Thies, *Architekt der Weltherrschaft: Die "Endziele" Hitlers*(Düsseldorf: Droste, 1976), 41~45.

31   Theodore Roosevelt, "National Life and Character," in *American Ideals and Other Essays Social and Political*(New York: Putnam, 1897), 289. Lake and Reynolds, *Drawing the Global Line*, 102에 인용되고 논의됨.

32   나치 시대의 유명한 논의는 다음을 참조. Carl Schmitt, *Völkerrechtliche Grossraumordnung*, 3rd ed.(Berlin: Deutscher Rechtsverlag, 1941), 19, 20.

33   1장 참조.

34   많이 논의된 예외적 사례는 *Buchanan v. Warley*, 245 US 60(1917).

35   Desmond King and Rogers Smith, "Racial Orders in American Political Development," *American political Science Review* 99(2005): 75~92.

36   Gunnar Myrdal, *An American Dilemma: The Negro Problem and Modern Democracy*(New York: Harper, 1944), 1: 458.

37   Ira Katznelson, *Fear Itself: The New Deal and the Origins of Our Time*(New York:

Liveright, 2013).

38 Ibid., 166 및 다음 사이트에 정리된 수치를 참조. http://law2.umkc.edu/faculty/projects/ftrials/shipp/lynchingyear.html

39 Albrecht Wirth, *Völkische Weltgeschichte(1879~1933)*(Braunschweig: Westermann, 1934), 10.

40 Waldemar Hartmann, "Deutschland und die USA. Wege zu gegenseitigem Verstehn," *Nationalsozialistische Monatshefte* 4(November 1933): 493~494.

41 Ralf Michaels, "Comparative Law by the Numbers," *American Journal of Comparative Law* 57(2009): 765~795, 769.

42 Hermann Mangoldt, review of Karl Llewellyn, *Präjudizienrecht und Rechtsprechung in Amerika, Archiv für Rechts- und Sozialphilosophie* 27(1933): 304. 전후 독일 헌법에 관한 저명한 논평가로 활동하게 되는 망골트 역시 미국법 전공자로서 나치 지지자로 경력을 쌓기 시작했다는 점은 주목할만하다. 그의 저서 참조. *Rechtsstaatsgedanke und Regierungsform in den Vereinigten Staaten von Amerika*(n.p. [Essen]: Essener Verlagsanstalt, 1938).

43 Paul Mahoney, "The Common Law and Economic Growth: Hayek Might Be Right," *Journal of Legal Studies* 30(2001): 504, 505. 익명의 독자 의견에 답변하자면, 내 언급이 법역사학자나 법철학자들이 하이에크의 견해에 신경을 쓴다는 뜻은 아니었다는 점을 강조하고 싶다. 내 의도는 관습법에 대한 좀 더 일반적인 태도를 포착하려는 데 있다.

44 특히 다음 문헌에 담긴 중요한 설명을 참조. Edward Glaeser and Andrei Schleifer, "Legal Origins," *Quarterly Journal of Economics* 107(2002): 1193~1229.

45 H.L.A. Hart, "Positivism and the Separation of Law and Morals," *Harvard Law Review* 71(1958): 617.

46 Lon Fuller, "Positivism and Fidelity to Law — A Reply to Professor Hart," *Harvard Law Review* 71(1958): 633. 하르트와 풀러 사이의 논쟁은 영미 이해를 왜곡하는 데 크게 기여했다.

47 특히 기초를 다지는 다음의 문헌을 참조. Bernd Rüthers, *Die unbegrenzte Auslegung. Zum Wandel der Privatrechtsordnung im Nationalsozialismus*, 7th ed.(Tübingen: Mohr Siebeck, 2012).

48 "Der Eid auf Adolf Hitler," in Rudolf Hess, *Reden*(Munich: Zentralverlag der NSDAP, 1938), 12.

49 Ian Kershaw, "Working towards the Führer," *Contemporary European History* 2(1993): 103~118, 116, 117. 본서는 홀로코스트의 발생에 대한 기능주의(functionalism) 대 의도주의(intentionalism)라는 거대 논쟁을 다루거나 히틀러의 정확한 역할에 관하여 논할 공간이 못 된다. 내가 그것과 관련된 증거들을 검토하기 위한 노력을 기울이지

못했기 때문이다. 내가 본문에서 그 자료를 인용하는 이유는 순수히 그것이 이 책에서 제기하는 법역사적 문제를 판단하는 데 중요하기 때문이다.

50 다음의 고전을 참조. C.C. Langdell, "Harvard Celebration Speeches," *Law Quarterly Review* 3(1887): 124.

51 Laurence Tribe, *American Constitutional Law*(New York: Foundation, 2000), 1: 14.

52 Cf. Stefan Kühl, *The Nazi Connection: Eugenics, American Racism, and German National Socialism*(New York: Oxford University Press, 1994), 15: "유럽 우생학자들은 우생학이 반영된 법률의 통과를 성공시킨 미국 우생학자들에게 감탄했다."

53 나치의 무법성(lawlessness)에 몰두해야 할 중대한 필요성은 현재 다음의 문헌에서 강조되고 있다. Anselm Döring-Manteuffel, "Gesetzesbruch als Prinzip. Entwicklungslinien des Weltanschaulichen Radikalismus in der Führerdiktatur," *Zeitschrift der Savigny-Stiftung für Rechtsgechichte(Germanistische Abteilung)* 132(2015): 420~440.

54 다음 문헌에서 논의되는 프라이슬러의 견해를 참조. Cornelius Broichmann, *Der außerordentliche Einspruch im Dritten Reich*(Berlin: Erich Schmidt Verlag, 2014), 163. 또한 Ralph Angermund, "Die geprellten 'Richterkönige.' Zum Niedergang der Justiz im NS-Staat," in *Herrschaftsalltag im Dritten Reich*, ed. Hans Mommsen and Susanne Willems(Düsseldorf: Schwann, 1988), 304~373, 320, 321의 세심한 분석을 참조.

55 Broichmann, *Der außerordentliche Einspruch*, 168~171; cf. *Preußische Denkschrift*, 115~116.

56 그 시대의 법을 더 거대한 지성사의 맥락 속에 자리매김하는 논의에 관해서는 다음의 고전적인 설명을 참조. Holms in Morton White, *Social Thought in America: The Revolt against Formalism*(New York: Viking, 1949), 59~75.

57 Marcus Curtis, "Realism Revisited: Reaffirming the Centrality of the New Deal in Realist Jurisprudence," *Yale Journal of Law and Humanities* 27(2015): 157~200.

58 Brian Leiter, "American Legal Realism," in *Guide to the Philosophy of Law and Legal Theory*, ed. Martin Golding and William Edmundson(Oxford: Blackwell, 2005), 50.

59 Address at Oglethorpe University, May 22, 1932, http://newdeal.feri.org/speeches/1932d.htm

60 Jack M. Balkin, "Wrong the Day It Was Decided," *Boston University Law Review* 85(2005): 677~725, 686.

61 Friedrich Luckwaldt, *Das Verfassungsleben in den Vereinigten Staaten von Amerika* (Berlin: Stilke, 1936), 51.

62 여기서 이 인물들을 논하기에는 적합하지 않지만, 2차 세계대전 이후 독일 헌법의 대가로 변신한 테오도어 마운츠(Theodor Maunz) 정도는 미국인들이 알아두어야

할 가장 두드러진 사례다. 마운츠 사후에 그가 사회생활을 하는 내내 극우 신문에 익명으로 칼럼을 기고했었다는 사실이 밝혀졌다. http://www.zeit.de/1994/07/maunz-raus 독일연방공화국 자유주의 헌정주의의 화신이라는 이 인물이 실은 평생 나치에 대한 동조를 포기하지 못했던 것으로 보인다.

63 Morton Horwitz, *The Transformation of American Law, 1879~1960: The Crisis of Legal Orthodoxy*(New York: Oxford University Press, 1992), 188.

64 Joachim Rückert, "Der Rechtsbegriff der deutschen Rechtsgeschichte in der NS-Zeit: der Sieg des 'Lebens' und des konkreten Ordnungsdenkens, seine Vorgeschichte und seine Nachwirkungen," in *Die deutsche Rechtsgeschichte in der NS-Zeit*, ed. Rückert(Tübingen: Mohr Siebeck, 1995), 177; cf. E.g., Gehard Werle, *Justiz-Strafrecht und polizeiliche Verbrechensbekämpfung im Dritten Reich*(Berlin: De Gruyter, 1989), 144, 145. 바이마르 공화국의 법제도를 유지하는 일과 판사에게 권한을 주는 일의 중요성을 둘 다 강조하는 저명한 독일 법사상가의 발언은 다음을 참조. Philiipp Heck, *Rechtserneuerung and juristische Methodenlehre*(Tübingen: Mohr Siebeck, 1936), 5, 6.

65 Wolfgang Greeske, *Der Gedanke der Verfassung in der neueren Saatslehre*(Saalfeld: Günther, n.d.), 109. 이 주제에 대한 이전의 역사에 관해서는 다음을 참조. Katharina Schmidt, "Law, Modernity, Crisis: German Free Lawyers, American Legal Realists, and the Transatlantic Turn to 'Life,' 1903-1933," *German Studies Review* 39, no. 1(2016): 121~140.

66 G. Edward White, "From Sociological Jurisprudence to Realism: Jurisprudence and Social Change in Early Twentieth-Century America," in *Patterns of American Legal Thought*(Indianapolis: Bobbs-Merrill, 1978), 140.

67 나는 이를 다음 논문에서 인용하고 논의했다. James Q. Whitman, "Commercial Law and the American Volk: A Note on Llewellyn's German Sources for the Uniform Commercial Code," *Yale Law Journal* 97(1987): 156~175, 170. 이 부분은 다음 문헌에도 인용되고 논의되었다. N.E.H. Hull, *Roscoe Pound and Karl Llewellyn: Searching for an American Jurisprudence*(Chicago: University of Chicago Press, 1997), 237. 시카고 대학교는 내게 르웰린의 논문 가운데 그 부분이 누락되어 더 이상 찾기 어렵다고 통보해왔다. 그래서 나는 이 자리를 빌려 그 부분을 무심코 가져간 학자가 있으면 반환해달라고 호소하고자 한다. 내가 작성했던 메모도 사라진 지 오래여서, 나치의 르웰린에 관한 언급 중 어떤 것을 가리키는지 확신할 수 없지만, 위의 주 42에서 참고한 망골트의 르웰린 연구였을 것으로 짐작된다.

68 William Scheuerman, *Morgenthau*(Cambridge: Polity, 2009), 25.

69 물론 뉴딜 정책이 파시스트들에게만 관심을 불러일으켰다는 의미는 아니다. 유럽 진보주의자들 가운데 다수가 뉴딜 정책의 여러 측면에 경탄했다. Daniel Rodgers,

Atlantic Crossings: Social Politics in a Progressive Age(Cambridge, MA: Harvard University Press, 1998), 410, 411. 범대서양 관계의 일반적인 배경에 관해서는 같은 책 409~484 참조.

70 James Q. Whitman, "The Case for Penal Modernism," *Critical Analysis of Law* 1(2014): 143~198.

71 예컨대 Kevin McMahon, *Reconsidering Roosevelt on Race: How the Presidency Paved the Road to Brown*(Chicago: University of Chicago Press, 2004), 12 and passim.

72 나는 여기서 가공할 혈통보호법만을 인용한다. Entscheidungen des Reichsgerichts in Strafsachen 72, 91, 96(Decision of February 23, 1938). 이와 같은 판결에서 묻어나는 의기양양한 무법성의 기운은 내가 봤을 때 미국에서는 비슷한 예를 찾아보기 어렵다. 나와 견해를 달리하는 분도 있을지 모르겠다.

73 Jamal Greene, "The Anticanon," *Harvard Law Review* 125(2011): 438, 439.

74 다음 문헌의 논란 많은 주장을 참조. David Bernstein, *Rehabilitating Lochner: Defending Individual Rights against Progressive Reform*(Chicago: University of Chicago Press, 2011), 73~89. cf. Note, "Legal Realism and the Race Question: Some Realism about Realism on Race Relations," *Harvard Law Review* 108(1995): 1607는 르웰린(Llewellyn), 헤일(Hale), 펠릭스 코언(Felix Cohen) 같은 일부 주요 현실주의자들의 인종주의적 법률에 대한 확신에 찬 반대 경향을 조사하고 있다. 그러나 그와 함께 저자는 "법현실주의자 대다수는 인종 문제를 회피했다"라고 의무적으로 밝히고 있다. Ibid., 1619. 더 광범위한 지적 맥락을 살피고 싶으면 다음을 참조. Thomas C. Leonard, *Illiberal Reformers: Race, Eugenics and American Economics in the Progressive Era*(Princeton: Princeton University Press, 2016), 109~128.

75 Heinrich Krieger, *Das Rassenrecht in den Vereinigten Staaten*(Berlin: Junker & Dünnhaupt, 1936), 327~349. 평등 이념의 "현실에서 동떨어진 실증주의"(lebensfremder Positivismus)에 관해서는 같은 책 57쪽 참조. Guettel, German Expansionism, 200~201은 이 부분과 관련해 나치 독일이 크리거에 대해 판단했던 정도 및 현실 이상으로 크리거가 훨씬 더 미국에 비판적이었던 것으로 해석함으로써 크리거의 책을 오독하고 있다. 예컨대 Schmidt-Klevenow, review of Krieger, *Das Rassenrecht in den vereinigten Staaten, Juristische Wochenschrift* 111(1936): 2524는 "내면적으로 우리 독일인에게 가까운 나라(uns deutschen innerlich nahestehenden Landes)"라고 했던 크리거의 발언을 칭찬하고 있다.

76 Karl J. Arndt, review of Krieger, *Das Rassenrecht in den Vereinigten Staaten, Books Abroad* 12(1938): 337, 338.

77 나치 정권의 형법과 동시대 미국 형법의 유사성에 대해서는 다음을 참조. James Q. Whitman, *Harsh Justice: Criminal Punishment and the Widening Divide between America* *and Europe*(New York: Oxford University Press, 2003), 202, 203. 상습범에 대한 장기 징역형은 프로이센 제안서가 요구한 반자유주의적 조치 가운데 하나였다. *Prußische Denkschrift*, 138. 그러나 동 제안서는 알코올중독자, 정신질환자 등에 대한 체계적인 치료도 함께 요청하고 있다. 나치 정권이 시행한 형벌의 복합적 성격에 관해서는 이 책에서 논하기에 적절치 않다.

78 특히 다음을 참조. William J. Stuntz, "The Pathological Politics of Criminal Law," *Michigan Law Review* 100(2001~2002): 505~600.

79 나는 Whitman, *Harsh Justice*, 199~203에서 그 점을 더 상세히 주장했다.

찾아보기

ㄱ

가세르트, 필리프(Philipp Gassert) 38, 59
거리 폭력 33, 94~96
게르케, 아힘(Achim Gercke) 88, 92, 138
괴벨스, 요제프(Joseph Goebbels) 35, 37
국적 박탈 및 독일시민권 취소에 관한
　　법률(Law on the Revocation of
　　Naturalization and the Withdrawal of
　　German Citizenship) 61, 65, 103
귀르트너, 프란츠(Franz Gürtner) 13, 24, 91,
　　99~102, 104, 106~108, 111~114, 116,
　　121, 123~125, 129~132, 139, 148,
　　162, 163, 172
귀텔, 옌스-우베(Jens-Uwe Guettel) 15, 16,
　　22, 23, 106
그라우, 프리츠(Fritz Grau) 108, 172
그랜트, 매디슨(Madison Grant)
　　⇒『위대한 인종의 소멸: 또는 유럽

역사의 인종적 기반』 20

ㄴ

나치(Nazis)
　　⇒ 1920년 당 강령 55, 56, 109
　　⇒ 1930년대 초반의 나치 정책 60~70
　　⇒ 1935년 미국 현장학습(study trip)
　　　145~147
　　⇒ 거리 폭력 사태와 당 차원의 대응
　　　94, 95
　　⇒ 국가가 주도하는 박해에 대한 선호
　　　95, 157
　　⇒ 국적 박탈 및 독일 시민권 취소에
　　　관한 법률 61, 65, 103
　　⇒ 극렬 나치 96, 102, 138
　　⇒ 나치 과격파와 전통적 법률가 사이의
　　　갈등 96~104

⇒ 나치 역사관 88, 89, 97

⇒ 나치 현실주의(Nazi Realism) 167, 168

⇒ 나치당 인종정책국 71, 95, 125

⇒ 나치의 미국 인종법 지식의 출처 123~132

⇒ 나치즘과 미국식 법문화 158~173

⇒ '노르딕 인종의' 정치체로서의 미국과 영국에 대한 친근감 21, 32

⇒ 동유럽 점령 19, 20

⇒ 레벤스라움(Lebensraum) 21

⇒ 미국 시민법, 이민법, 국적법에 관한 관심 61~83

⇒ 미국 유대인에 대한 증오 31, 38

⇒ 미국에 대한 태도 18, 19, 21, 38~41, 153

⇒ 우생학 19

⇒ 유대인 상점 불매운동 115, 116, 123

⇒ 유전적 결함이 있는 자녀 출산 금지법(Law to Prevent the Birth of the Offspring with Hereditary Defects) 19

⇒ 인민재판소장 13, 106, 165, 172

⇒ 초기 나치 체제의 목표 60, 61

남북전쟁 47, 50, 51

남아프리카 48, 76, 92, 94, 125, 151, 152

노르딕 인종 21, 31, 39, 45, 48, 59, 67, 82, 89, 97, 125, 150, 154, 155, 158

뉘른베르크 전당대회 33, 37, 38, 50, 55, 90, 95, 109, 124, 145, 147

뉘른베르크법(Nuremberg Law)

⇒ 공포 31, 37

⇒ 나치 과격파와 전통적 법률가 사이의 갈등 96~104

⇒ 목표 44, 45, 60, 61, 87

⇒ 미국의 반응 31, 32

⇒ 브레멘 사건 31, 32

⇒ 시민권 23, 32, 41, 42, 80~83

⇒ 유대인에 대한 정의 103, 104, 116, 139~141

⇒ 제국 국기법 32, 33

⇒ 제국 시민법(Reichsbürgergesetz) 42, 43, 104, 140

⇒ 초안 작성 13

⇒ 프로이센 제안서(Preußische Denkschrift) 89, 96~99

⇒ 혼인에 대하여 31, 32, 87~141

뉴딜 정책 18, 19, 90, 156, 158, 165, 166, 169

뉴딜 현실주의 168

『뉴욕타임스』(New York Times) 31, 42

『뉴욕 헤럴드 트리뷴』(New York Herald Tribune) 44

뉴질랜드 20, 48

니콜라이, 헬무트(Helmut Nicolai) 87, 90, 135

ㄷ

대공황 19, 168, 169

대륙법 159~163

대륙법 법률가 161, 162

도나니, 한스 폰(Hnas von Dohnanyi) 112, 113, 130, 162

『돌격대 지도자』(Der SA-Führer) 71

독일

⇒ 1930년대 독미 관계 18

⇒ 거리 폭력 사태와 당 차원의 대응 94, 95

⇒ 나치 독일과 미국의 차이점 155~157

⇒ 독일 유대인 13, 14, 18, 32, 37, 61, 62, 92, 110, 128, 139

⇒ 두 개의 국기 36

⇒ 장검의 밤 100, 107

⇒ 최초의 반유대인법 제정 77

『독일 사법』(*Deutsche Justiz*) 76

독일 혈통과 독일 명예 보호법(Gesetz zum
　　Schutz des deutschen Blutes und der
　　deutschen Ehre) 42, 43

드라셔, 바르홀트(Wahrhold Drascher)
　　⇒ 『백인종의 우월성』(*The Supremacy of
　　the White Race*) 40, 70

드레드 스콧 대 샌드퍼드(Dred Scott v.
　　Sandford) 50

ㄹ

라이터, 브라이언(Brian Leiter) 165

라틴아메리카 119, 151, 154

러빙 대 버지니아(Loving v. Virginia) 46

레벤스라움(Lebensraun; 생활권) 21

레어스, 요한 폰(Johann von Leers) 67, 139,
　　151
　　⇒ 『입법상의 혈통과 인종: 민족사 산책』
　　(*Blood and Race: A Tour through the
　　History of People*) 68, 69, 151

레트마이어, 안드레아스(Andreas Rethmeier)
　　15, 24

로젠베르크, 알프레트(Alfred Rosenberg) 40

루스벨트, 시어도어(Theodore Roosevelt)
　　154

루스벨트, 프랭클린(Franklin Roosevelt) 18,
　　19, 22, 32, 35, 37, 38, 149, 158, 169

르웰린, 칼(Kral Llewellyn) 167, 169

리치, 노먼(Norman Rich) 21

린치 71, 90, 94, 95, 157

링컨, 에이브러햄(Abraham Lincoln) 127,
　　128, 170

ㅁ

마셜, 서굿(Thurgood Marshall) 40

마이어, 에두아르트(Eduard Meyer) 52, 93

마조워, 마크(Mark Mazower) 15, 50, 70
　　⇒ 『히틀러의 제국』(*Hitler's Empire*) 15

먼로주의(Monroe Doctrine) 154

메스티소(mestizo) 119, 121

모겐소, 한스(Hans Morgenthau) 167, 168

뫼비우스, 에리히(Erich Möbius) 122

문맹 테스트 47, 51, 81

물라토(mulatto) 112, 118, 120, 121

뮈르달, 군나르(Gunnar Myrdal) 80, 95,
　　127, 155
　　⇒ 『미국의 딜레마: 니그로 문제와 근대
　　민주주의』(*An American Dilemmma:
　　The Negro Problem and Modern
　　Democracy*) 156

뮌스터베르크, 후고(Hugo Münsterberg) 54

미국
　　⇒ 뉘른베르크법 공포에 대한 반응 31,
　　32
　　⇒ 다른 인종 간 혼인의 범죄화 91, 95,
　　123, 136, 137, 148
　　⇒ 먼로주의 154
　　⇒ 미국 남부와 파시즘 156
　　⇒ 미국 유대인 31, 78
　　⇒ 반나치 정서 146
　　⇒ 브레멘 사건 31~38
　　⇒ 서부 정복 20, 21, 59, 149, 152
　　⇒ 아시아 남성과 결혼한 여성의 시민권
　　박탈 69, 141
　　⇒ "용광로" 개념 58, 65
　　⇒ 우생학 운동 19, 50
　　⇒ 인종주의 역사 149~158
　　⇒ 투표권 51, 52, 76

미국 인종법
　　⇒ 나치조차 가혹하다고 평가했던

면모들 93, 99, 138, 141, 148
⇒ 대법원 40, 51, 52, 90, 115, 163, 166
⇒ 미국식 법문화 158~173
⇒ "백인종"과 "유색인종"의 구분 129~131
⇒ 분리에 기반을 둔 인종법 45
⇒ 세계 인종주의 역사에서 차지하는 미국의 위치 149~157
⇒ 우생학 20, 22, 46
⇒ 이등시민권 50~54
⇒ 코카서스 인종으로 분류된 유대인 112, 113, 119, 120
⇒ 한 방울 규칙 90, 103, 138, 148
⇒ 혈통법에 직접적으로 미친 영향 89, 90, 99, 105~124, 135~137
⇒ 혼혈금지법 23, 91, 92, 135, 147, 148
미헬스, 로베르트(Robert Michels) 52
민족 혁명(National Revolution) 62, 64, 81, 82, 94, 95, 125, 153, 165
민주당 34, 51, 80, 156, 158, 169

ㅂ
바이마르 공화국 36, 96, 167
반유대주의 13, 38, 49, 68, 103, 107, 120
반쪽 유대인(half Jews) 104, 140, 141
백인 우월주의 40, 41, 60, 80, 81, 151, 153~155, 157, 158
번스틴, 리처드(Richard Bernstein) 15
벌킨, 잭(Jack Balkin) 166
법실증주의(legal positivism) 160, 161, 164
법현실주의(legal realism) 126, 128
⇒ 미국 법현실주의 167~169
베른하르트, 뢰제너(Lösener Bernhard) 13, 99, 100, 103, 104, 106, 107, 116, 117, 141, 162, 163, 164
『베를리너 일루스트리르테 차이퉁』(Berliner Illustrirte Zeitung)
베버, 막스(Max Weber) 51
보통법 54, 120, 121, 126, 151, 152, 158~164, 170
브라운 대 교육위원회(Brown v. Board of Education) 45, 115, 150, 168
브라이스, 제임스(James Bryce) 51, 154
브라질 151
브레멘 사건 31~38
브로드스키, 루이(Louis Brodsky) 32~38, 41, 81, 146, 147
비르트, 알브레히트(Albrecht Wirth)
⇒ 『민족세계사』(Völkisch World History) 39
빌보, 시어도어(Theodore Bilbo) 90

ㅅ
『새 민족』(Neues Volk) 71
샤흐트, 얄마르(Hjalmar Schacht) 95
섬 판례(The Insular Cases) 52~54
성문법 62, 110, 128, 130, 132, 159, 161
세비슈, 에드가르(Edgar Saebisch) 69
⇒ 『국적자의 개념』(Der Begriff der Staatsangehörigkeit) 66, 69
수정헌법 제14조 50, 52, 68, 80, 128, 157, 163, 169
슈리케, 베르트람(Bertram Schrieke) 79
슈미트, 카를(Karl Schmitt) 37, 62
슈템러, 마르틴(Martin Staemmler)
⇒ 『민족국가의 인종 순수성 유지』(Rassenpflege im Völkischen Staat) 67
슈투카르트, 빌헬름(Wilhelm Stuckart) 60
슐라이허, 쿠르트 폰(Kurt von Schleicher)

36, 37, 101

스미스, 로저스(Rogers Smith) 155

스와스티카(swastika) 100, 145, 146

    ⇒ 나치 공식 국기로 확정 31

    ⇒ 브레멘 사건 31~38

스토더드, 로스롭(Lothrop Stoddard) 20

스페인-미국 전쟁 52

시그프리드, 앙드레(André Siegfried) 49

『시온 장로 의정서』(The Protocols of the Elders
    of Zion) 49

식민지법 53

ㅇ

아리안족 23, 31, 32, 40, 59, 81, 92, 98,
    107, 127, 153, 157

아시아인

    ⇒ 아시아 남성과 결혼한 여성의 시민권
       박탈 69, 141

    ⇒ 미국 인종주의와 아시아인 150; 이민
       제한 47

악의적 기만(malicious deception) 98, 102,
    103, 107, 108, 121, 136,

앵글로색슨 38, 41, 63, 77, 79, 154

오스트레일리아 48, 51, 91, 99, 151, 152

오이로파호 145, 146, 162,

와이트, G. 에드워드(G. Edward White) 167

우생학 19, 20, 22, 46

『월간 국가사회주의』(National Socialist
    Monthly) 60, 157

윌슨, 우드로(Woodrow Wilson) 56

유대인(독일)

    ⇒ "교육과 계몽" 107, 109

    ⇒ 강제 이주 60~62, 65

    ⇒ 시민권 55, 56, 61

    ⇒ 유대인 상점 불매운동 115, 116, 123

    ⇒ 유대인의 영향력과 관련한 "유대인

문제" 77, 109, 110

    ⇒ "유대인"의 정의 103, 139~141

    ⇒ "잡종"의 분류와 지위에 대한 논의
       87, 88, 92, 103

    ⇒ 최초의 반유대인법 제정 77

유전적 결함이 있는 자녀 출산 금지법(Law
    to Prevent the Birth of the Offspring with
    Hereditary Defects)

융커, 데틀레프(Detlef Junker) 59

『의지와 권력』(Wille und Macht) 18

이등시민권(second-class citizenship) 24,
    50, 54, 70, 76

이등시민법 27, 52, 55, 105, 147, 150, 169

이민 및 귀화법(immigration and
    naturalization law) 23, 46, 47, 50, 67,
    68

이민 할당제 81

인디언법 45, 125, 126, 127

인종 명예훼손죄(Causing Harm to the Honor
    of the Race) 97, 98

인종 반역죄(Race Treason) 97, 98, 102

인종분리법 15, 16, 22, 24, 45, 99, 110,
    111, 147

인종 오염(Rassenschande) 23, 40, 88, 94

인종차별법 15, 17, 22, 24, 94, 109

인종 혼합 39, 89, 90, 90, 92, 97, 114, 127,
    133, 134, 154

일본인 47, 58, 59, 70, 117, 118

ㅈ

자유의 전당대회(Party Rally of Freedom) 32,
    36, 37, 41, 95, 145

잠, 데틀레프(Detlef Sahm)

    ⇒ 『미합중국과 민족통합의 문제점』(Die
       Vereinigten Staaten von Amerika und
       das Problem der nationalen Einheit)

67

잡종법 92, 94, 147

장검의 밤(1934) 100, 107

제국 국기법 32, 33

제국 시민법 42, 43, 104, 140

제퍼슨, 토머스(Thomas Jefferson) 127, 170

『조지 워싱턴 로 리뷰』(George Washington
　　Law Review) 125

주인 인종(Master Race) 153, 154

중국인 23, 45, 47~49, 54, 58, 59, 63, 70,
　　76, 112, 118

중혼 91, 102, 114, 136

지도자원리(Führerprinzip) 161

짐 크로 법(Jim Crow laws) 15, 16, 22, 68,
　　97, 99, 110, 111, 115, 116, 123, 149,
　　152, 156, 179

ㅊ

츠바이게르트, 콘라트(Konrad Zweigert)
　　137

ㅋ

카우프만, 에리히(Erich Kaufmann) 53, 54

칼훈, 존 C.(John C. Calhoun) 76, 77

캐나다 20, 48

캐츠넬슨, 아이라(Ira Katznelson) 18, 156

커쇼, 이언(Ian Kershaw) 161

케를, 한스(Kerrl Hanns) 96

케이블법(Cable act of 1922) 69, 141

쾨츠, 하인(Hein Kötz) 137

쿠 클럭스 클랜(Ku Klux Klan: KKK) 79

쿡-마틴, 데이비드(David Cook-Martin) 150

퀼, 슈테판(Stefan Kühl)
　　⇒ 『나치와의 연관성: 우생학, 미국
　　　　인종주의, 독일 국가사회주의』

(The Nazi Connection: Eugenics,
　　American Racism, and german
　　National Socialism) 19

퀼로이터, 오토(Otto Koellreutter) 62, 64,
　　125, 151, 158

크리거, 하인리히(Heinrich Krieger) 68,
　　76~78, 80, 94, 125~131, 134, 139,
　　140, 141, 169, 170
　　⇒ 『미국의 인종법』 (Das Rassenrecht in
　　　　den Vereinigten Staaten) 68, 125,
　　　　127, 128, 130, 170

클레, 카를(Karl Klee) 115, 123

클리블랜드, 그로버(Crover Vleveland) 47

키어, 헤르베르트(Herbert Kier) 65,
　　132~134, 139

킹, 데스먼드(Desmond King) 155

ㅌ

투표권 51, 52, 76

투표세 51, 81

ㅍ

파시즘 53, 156

파운드, 로스코(Roscoe Pound) 26

『페르발퉁스아르히프』 (Verwaltungsarchiv)
　　129

평등주의 49, 153, 155

포드, 헨리(Henry Ford) 22, 49

푸에르토리코인 45, 50, 52, 54, 70, 76,
　　172

프라이슬러, 롤란트(Roland Freisler) 96,
　　106, 108, 115~125, 130~132, 136,
　　148, 158~160, 162~165, 171, 172

프랑크, 한스(Hans Frank) 65, 127, 145, 162
　　⇒ 『법과 법 제정에 관한 국가사회주의

안내서』(*National Socialist Handbook for Law and Legislation*) 64, 65, 81, 125, 132, 148, 172

프로이센 제안서(Prussian Memorandum) 89, 92, 96~110, 115, 117, 123, 135, 147, 152, 162

프로인드, 언스트(Ernst Freund) 54

프리치, 테오도어(Theodor Fritsch)
⇒ 『유대인 문제 안내서』(*Handbuch der Judenfrage*) 49, 60

프리크, 빌헬름(Wilhelm Frick) 61, 95, 125

플레시 대 퍼거슨 판례(Plessy v. Ferguson) 45, 150

피셔, 루트비히(Ludwig Fischer) 145~147

피츠제럴드, 데이비드(David Fitzgerald) 150

필리핀인 23, 45, 50, 52, 54, 70, 76, 150, 172

ㅎ

한 방울 규칙 138, 139

항케, 마르쿠스(Marcus Hanke) 15, 22~24

헤스, 루돌프(Rudolf Hess) 161

혈통법(Blood Law) 32, 42, 43, 61, 76, 83, 87~90, 93, 95~97, 124, 133, 136, 148, 152, 169

형법개정위원회 106, 124, 132

호이버, 빌헬름(Wilhelm Hauber) 145, 146

혼인
⇒ "교육과 계몽" 107, 109
⇒ 중혼 91, 102, 114, 136
⇒ 독일 내 다른 인종 간 혼인의 범죄화 32, 42, 43, 97, 107, 114, 121, 136
⇒ 미국 내 다른 인종 간 혼인의 범죄화 91, 95, 123, 136, 137, 148
⇒ 미국의 다른 인종과 결혼한 여성에 대한 국적 박탈 69

혼혈 23, 24, 44, 45, 58, 62, 67, 88, 90, 92, 98, 133

혼혈금지법(anti-miscegenation law)
⇒ 미국 23, 91, 92, 135, 147, 148
⇒ 우생학 46
⇒ 크리거의 언급 131
⇒ 키어의 언급 132
⇒ 폐지 46
⇒ 혈통법에 끼친 영향 91, 105~107, 113, 114, 135~137

흑백적 삼색기 36, 100

흑인
⇒ "니그로 문제"와 "유대인 문제" 77, 139
⇒ 미국 인종주의 역사 149~156
⇒ 인종 분류 90, 92, 129~131, 138, 139
⇒ 투표권 및 시민권 박탈 51, 52, 71, 79
⇒ 한 방울 규칙 138, 139
⇒ 혼혈금지법 23, 91, 92, 135, 147, 148

히틀러, 아돌프(Adolf Hitler)
⇒ 『나의 투쟁』(*Mein Kampf*) 13, 18, 23, 55, 56, 58~60, 78, 81, 90, 147, 153
⇒ 뉘른베르크 전당대회 147
⇒ 뉘른베르크법 공포 31, 37
⇒ 독일 거주자의 세 계급에 관하여 78, 79
⇒ 레벤스라움 21
⇒ 미국 인종법에 대한 관심과 찬사 13, 50, 55~59, 62~64, 153, 171
⇒ 미국의 백인 우월주의에 대한 찬사 40, 59
⇒ 미국의 서부 정복에 대한 찬사 59, 152

⇒ 시민권에 대하여 55~57
⇒ 지도자원리(Führerprinzip) 161
⇒ 히틀러 치하의 법철학 160
힌덴부르크, 파울 폰(Paul von Hindenburg) 36

기타
1790년 귀화법 46
1904년 루스벨트 귀결론 154
1917년 아시아 이민 금지 구역법 48
1920년 나치당 강령 55
1921년 긴급 이민 할당법 48
1934년 6월 5일 회의 105~124
1965년 이민 및 국적법 46
1차 세계대전 17, 40, 54, 61, 69, 106
2차 세계대전 152, 154, 156, 168

제임스 Q. 위트먼 지음

예일 법대 비교법 교수. 전공 분야는 비교법, 형법, 법역사이다. 컬럼비아 대학교에서 유럽사 전공으로 석사학위를 받았으며 시카고 대학교에서 지성사 전공으로 박사학위를 취득했다. 지은 책으로는 미국형사법학회 국제형사법 부문 우수도서상을 수상한 『가혹한 정의: 형벌 그리고 미국과 유럽 간에 커져가는 괴리』를 비롯해 『합리적 의심의 기원: 형사 재판의 신학적 뿌리』, 『전장의 판결: 승리의 법칙과 근대 전쟁의 형성 과정』 등이 있다.

노시내 옮김

연세대학교에서 법학을 공부하고 조지 워싱턴 대학교에서 정책학 박사학위를 받았다. 미국, 오스트리아, 스위스 등지를 떠돌며 20년 넘게 타국 생활 중이다. 지금은 모스크바에 머물며 글을 짓거나 옮기고 있다. 『빈을 소개합니다』, 『스위스 방명록』을 썼으며, 옮긴 책으로는 『진정성이라는 거짓말』, 『누가 포퓰리스트인가』, 『이탈리아 사람들이라서』, 『자본주의를 의심하는 이들을 위한 경제학』 등이 있다.

히틀러의 모델, 미국
미국의 인종법은 어떻게 나치에 영향을 미쳤는가

제임스 Q. 위트먼 지음
노시내 옮김

초판 1쇄 인쇄 2018년 6월 11일
초판 1쇄 발행 2018년 6월 18일

발행처   도서출판 마티
출판등록 2005년 4월 13일
등록번호 제2005-22호
발행인   정희경
편집장   박정현
편집   서성진, 정정희
마케팅   최정이
디자인   오새날

주소   서울시 마포구 동교로12안길 31 2층 (04029)
전화   02. 333. 3110
팩스   02. 333. 3169
이메일   matibook@naver.com
블로그   blog.naver.com/matibook
트위터   twitter.com/matibook
페이스북 facebook.com/matibooks

ISBN 979-11-86000-64-9 (03340)
값 15,000원